生涯学習時代の
まちづくり
ニッポン学びの花

全国生涯学習
まちづくり協会
35周年
記念誌

全国生涯学習まちづくり協会
大田順子監修　福留 強著

本誌発刊にあたって

　まち研（全国生涯学習まちづくり協会、全国生涯学習まちづくり研究会、両方の略称）が関わってきた活動は、平成元（1989）年のまち研の前身である「生涯学遊研究会」から数えて2,744回にも及んでいます。本誌は、日誌や記録をもとに35年間を概観し、なお、まちづくりを市民の立場から、どのように進めるかなどに留意しつつ、まとめてみたものです。

　この活動は、わが国で小さいながらも花を咲かせ続けてきました。生涯学習の先駆的な事例に基づいた確かな研究や時代に即した実践活動など、いわば全国生涯学習まちづくり研究会の活動家が知恵を出し合い、汗をかき合いながら育て、改良し、磨きあげた「ニッポンの学びの花」。これからももっとたくさんの大きな花を咲かせることを目指していきたい、その願いをこめて、本誌タイトルを「ニッポン学びの花」といたしました。

　本誌は、単に35周年記念誌としてだけでなく、市民、行政それぞれの立場からまちづくりにどのようにかかわればよいかというヒントを提供しようと試みました。つまり多くの活動家たちにとって参考資料としても読んでいただける図書「ニッポン学びの花」を目指してまとめたものです。

　なお、これらの基礎となった資料は、平成27（2015）年にまとめた活動資料集「まちを創る〜市民が主役のまちづくりを推進する27年〜」ほか、まち研の活動から誕生した、全国の首長を対象とする全国生涯学習市町村協議会による令和4（2022）年度発行の20周年記念誌「生涯学習でまちが変わった」を参考としています。

生涯学習時代のまちづくり　ニッポン学びの花　目次

全国生涯学習まちづくり協会 35 周年記念誌

本誌発刊にあたって			1
はじめに	全国生涯学習まちづくり協会理事長	大田順子	7
生涯学習まちづくりに貢献	全国生涯学習市町村協議会 8 期会長（志布志市長）	下平晴行	9
生涯学習の伝道師	札幌国際大学元学長・名誉教授	小山忠弘	10
現代の薩摩隼人	鹿児島大学名誉教授・歴史研究家	原口　泉	12

〈対談〉35 年間に延べ 44 万人が参加のまち研の意義　　大田順子・福留　強　　　13

1 部　なぜ生涯学習、まちづくりか　　21

1　全国生涯学習まちづくり協会とは　　22
⑴ 全国生涯学習まちづくり研究会の活動　　22
⑵ 生涯学習・まちづくりの啓発事業　　23

2　生涯学習まちづくりの意義　　25
⑴ 生涯学習の理念と目的　　25
⑵ 生涯学習論の導入と生涯学習社会　　26
⑶ 生涯学習まちづくり　　27
⑷ 学習の成果を幅広く活かす　　30

2 部　まち研　活動の足跡　　31

はじめに　平成元（1989）年以前　　32

1　新しい風　平成元〜 2 年（1989-1990）　　33
⑴ はじまりは生涯学遊研究会「瓢箪倶楽部」から　　33
⑵ 生涯学習体制への動き　文部省に新しい風　　35
⑶「全国生涯学習まちづくり研究会」の誕生　　38

2 生涯学習ブーム　平成3～4年（1991-1992）　　44

⑴ 自治体では生涯学習まちづくりの動きが活発化　　44

⑵ 生涯学習が日常生活に浸透　　46

⑶ 全国生涯学習まちづくり研究会の活動　　48

⑷ 三陸町エコミュージアム・シンポジウム　　49

3 九州からの発信　平成5～6年（1993-1994）　　55

⑴ まち研本部機能が九州女子大学生涯学習研究センターに　　55

⑵ 各地で全国生涯学習まちづくり研究大会　　58

⑶ エコミュージアム研修が活発化　　64

⑷ ふるさとづくりの活動に重点を　　65

4 連携を強め理解者を拡大　平成7～9年（1995-1997）　　70

⑴ ボランティアに注目　　70

⑵ ブロック大会が活発化　　71

⑶ 女子大生グループ　卑弥呼の活躍　　74

⑷ 連携を強め理解者が拡大　　77

⑸ 地域アニメーターとまちづくりコーディネーター　　79

⑹ ユニーク事業が評判　　85

⑺ 研究交流会に重点を置く　　88

5 関東から全国へ　大学との連携　平成10～11年（1998-1999）　　92

⑴ 聖徳大学生涯学習研究所内にまち研事務局を設置　　92

⑵ 話題の嘉例川駅　　94

⑶ 亀岡市の生涯学習センター「ガレリア」関西の中心で活動　　95

⑷ 文部省の答申で注目されたまちづくりボランティア　　101

⑸ 活発な研究交流会が広がる　　102

⑹ 全国生涯学習市町村協議会の発足　　105

6 新しい事業の展開 平成 12 〜 13 年（2000-2001） 107

⑴ 海部俊樹氏（元総理大臣）が名誉顧問に就任 107
⑵ NPO 法人全国生涯学習まちづくり協会の認証 経済企画庁 109
⑶ 全国生涯学習市町村協議会との連携事業の活発化 111
⑷ 各地に広がった生涯学習まちづくりフォーラム 112
⑸ 文部科学省スタート 116
⑹ 各地で地域アニメーター講座の実施が活発化 117
⑺ 軽米町・生涯学習でメシが食えるか 121
⑻ ロシア・ユジノサハリンスク大学で講義 123

7 新しいまちづくり手法と青少年育成 平成 14 〜 15 年（2002-2003） 127

⑴ まち研「生涯学習奨励賞」受賞 127
⑵ 子どもをめぐる活動が注目された 128
⑶ 全国生涯学習市町村フォーラム 130
⑷ 全国子どもをほめよう研究大会 135
⑸ 聖徳大学生涯学習研究所のプロジェクト 137
⑹ 市民大学 141
⑺ 生涯学習まちづくりモデル支援事業 143
⑻ 韓国日本生涯学習友好フォーラムの発展 146

8 大学と連携した創年事業の展開 平成 16 〜 17 年（2004-2005） 149

⑴ 聖徳大学生涯学習研究所 学術フロンティア推進事業に協力 149
⑵ 子どもが主役のまちづくり 152
⑶ 活発化したまち研の活動 157
⑷ 聖徳大学生涯学習社会貢献センター竣工式 160
⑸ 創年の活動の提案と展開 162
⑹ 集まる場「創年のたまり場」の整備 164
⑺ 聖徳大学発・生涯学習啓発イベントが活発化 168

9 観光とまちづくり　平成 18 〜 19 年（2006-2007）　172
⑴ 観光の意義と楽しみ方の変化　172
⑵ 旅のもてなしプロデューサー養成講座のスタート　177
⑶ 注目される志布志市の動き　179
⑷ 創年の学びあう場と子ども育成　182
⑸ 海外に目を向ける　189
⑹ 日本ふるさとづくりフォーラム　190

10 日常的な学習活動　平成 20 〜 22 年（2008-2010）　194
⑴ 新しい視点　新しい楽しみ方を提示する　194
⑵ 協働参画によるまちづくり IN かるまい　202
⑶ 全国の活動成果の学習、各種研修会　203

11 自然災害等の克服　元気回復　平成 23 〜 24 年（2011-2012）　207
⑴ 東日本大震災　平成 23（2011）年 3 月 11 日　207
⑵ 町内会・自治会はまちづくりの基礎　209
⑶ お寺もまちづくりの拠点　212
⑷ 日韓生涯学習まちづくりフォーラム　金ケ崎大会　214

12 交流がもたらす活性化　平成 25 〜 27 年（2013-2015）　219
⑴ 楽習フェスタ　219
⑵ 女子力とまちづくりフォーラム　220
⑶ 廃校活用研究会　全国生涯学習市町村協議会フォーラム　222
⑷ 全国生涯学習まちづくり協会と酒々井町が連携協定　224
⑸ 平戸市生涯学習まちづくりフォーラム　228
⑹ 私らしさ　このまちに咲かせます　232

13 女性たちの活躍　平成 28 〜 29 年（2016-2017）　238

⑴ 男女共同参画社会　239
⑵ 地方創生とまちづくり　240
⑶ 酒々井事務所 KOKO　242
⑷ 各地で活躍する市民大学　244

14 横須賀ストーリー　平成 30 〜令和元年（2018-2019）　248

⑴ 大田順子理事長が誕生　248
⑵ クルーズ市民大学　市民大学指導者セミナー　251
⑶ 中国訪問・中日高齢者創年活動研究会設立　北京市調印　254

新型コロナウイルス感染拡大時における
15 脱 3 密社会で問われるまち研の存在　令和 2 〜 4 年(2020-2022)　257

16 ポストコロナ時代の出発　令和 5 〜 6 年（2023-2024）　264

⑴ 創年と学びのまちフォーラム　264
⑵ ふるさと交流 KOKO　265
⑶ 創年の日宣言　269
⑷ まち研の再建へ　272

3部　令和時代の活動と課題　275

⑴ 令和時代の活動　276
⑵ 全国生涯学習まちづくり協会　活動の課題　277
⑶ 新しい時代に対応するまちづくり活動　278

編集後記　282
本誌に登場した方々　283

はじめに

全国生涯学習まちづくり協会理事長　大田　順子

生涯学習時代、
まち研も本番はこれから

　令和の5年間、わが国は、コロナ禍に翻弄され、苦難の時代の真っ最中でした。世界中がこれほど翻弄されるとは思いませんでした。全国生涯学習まちづくり協会（まち研）を引き継いで以来、活動らしい活動はできていないような気がします。しかし、コロナ禍にあってもできることはいくつかあるものです。家族との時間が増えた、読書や趣味を楽しむ時間が増えたなど、それぞれ何かしらあるものです。

　このたび、まち研35年間の結成から今日までを、初の記念誌としてまとめることができました。まち研を支えてきた福留強・前理事長のご協力によって、資料整理、記念誌編集を行いました。30名余りの方々の寄稿文を見ると、各時代の様子が伝わってくるようです。何よりも前理事長を中心に結束された皆さんの情熱に、今日まで活動が続いてきた理由がわかります。自治体との連携、相互の研究連携など、生涯学習推進体制を支えてきた団体としての力が、本誌を通じてあらためて高く評価されるのでないかと自負しています。

　「まち研」がわが国の生涯学習の発展にもたらした成果として、本誌の中で、今西幸蔵教授は3つの点を挙げられています。

　第1に、何と言っても「生涯学習」という難しい用語の概念説明を、実践を通じて果たしたということ。

　第2に、社会貢献をめざすボランタリーな活動を組織できる人を養成したという点。

　「まち研」のプログラムは、実際に地域で活動する人々を発掘し、育成し、まちの活動に寄与する方向性を与えたところに特徴と成果があります。

　第3に、プログラムに参加した人々が、さまざまな職業、年齢、ジェンダーを超えて理解しあって、まちづくりのためにつながる場を作ったこと。さらに、近年の「ダイバーシティ」（多様性）や、「インクルーシブ」（仲間外れにしない）といった1990年代からのこうした思想を、まち研が先取りしていた点は特筆されるものがあります。

　また今西教授は、今から考えると「まち研」のプログラムでは、臨教審答申が柱としてあげたことのほとんどを具現化していました、とも述べられています。これらは、ま

さにまち研が結成以来、一貫して目指していたことであり、その精神を、正確に示してくださったと嬉しく感謝しております。

　本誌の特色は、生涯学習を民間の団体がいかに拡げ、まちづくりに関わったか、その貴重な記録になっている点です。我が国の生涯学習史の一つとしても貴重なものになると思います。ただし本誌に記載する記録は詳細ではなく、各時代の出来事を当時の話題を加えながら綴っています。より詳細な資料については、写真、新聞記事などもふくめて膨大なものがあり、今後、資料集として別途にまとめてみたいと思っています。

　これらの事業は皆、直接かかわった福留前理事長にとっても鮮明に記憶に残っている事業であり、残存する資料とともに、そのまま、この35年間の生涯学習・まちづくり推進の歴史です。その多くは、国・文部省（のちに文部科学省）及び県自治体の事業と連動しており、本誌は、民間団体から見た、生涯学習推進の歴史とも言えるのではないでしょうか。

　また、寄稿文に見る多くのご感想やご意見は、私たちが目指し実践してきたことへの評価です。関係者にとっても、大きな自信と勇気を得ることが多いでしょう。皆さんからの期待に近づけるよう、これからも発展させたいと願っております。

　平成4年、国の組織上の生涯学習体制が変わり、総合教育政策局としてスタートしました。生涯学習推進をやめたわけではありませんが、世間では後退したというイメージを持ってしまうようです。案の定、多くの県も組織を変え、市町村もそれに倣うところが出てきました。時代とともに、「生涯学習」に注目し、理解する首長も少なくなり、まち研と協力・提携してきた全国生涯学習市町村協議会でも、生涯学習推進を標榜する加入団体が減りつつあるようです。

　こうした中で、今後のまち研のあり方を考えるとともに、時代にマッチする活動を展開し、さらに一致団結してまち研を発展させていきたいと思います。皆様のご指導、ご協力にあらためて感謝申し上げますとともに、なお一層のご指導をお願いいたします。

■ 大田順子理事長について

　70歳にして大学の歯科大学の門をたたき、大学院、博士課程、歯学博士という、超異例の学習をされた、全国的にも知られる生涯学習実践者のモデルともいうべき人です。いわば我が国の生涯学習指導者としては、他に類のない実績を持ち、今なお進化中という研究者でもあります。大田理事長は、まち研35周年のうち実際は30年間を全く見聞のないまま理事長のバトンを渡され、なお数年、コロナ禍で足止めのまま、まち研のリーダーであるのです。しかし、さすがに的確にまち研の全体像を把握されています。学院の経営者であり、会社経営の事業家でもあることは意外と知られていませんが、健康、医療、子どもの教育の分野など、その活動や関心の分野はますます多面的に広がっています。美術や音楽を愛し、いわば創年の心豊かさを実現され、自らの生きがいの分野での発信を続けています。理事長には、本誌発行の機会を作っていただいたことに深く感謝いたします。

（編集部）

生涯学習まちづくりに貢献

全国生涯学習市町村協議会 8 期会長（志布志市長）

下平　晴行

　全国生涯学習まちづくり協会が、発足して 35 周年と聞き、驚いています。
　志布志町時代から福留先生には指導していただきました、創年市民大学は、福留先生はもちろんのこと、まさにまち研とともにあったといっても過言ではありません。創年市民大学は、その支部でもある志布志まちづくり研究会が母体となって今日まで発展してきたものです。子ほめ条例のまち、創年と子どもの宣言都市などはすべて、先生の指導によるものです。これまで研究会の会員や、かつては多くの学生たちをまちに引率され、フィールドワークに使っていただくなど、常に志布志市の活性化を念頭に実施されたものでした。市民大学にとって先生は名誉学長でもあり、私も先生の教え子のひとりでもあります。
　志布志市も全国各地で知られるようになっております。その多くは創年市民大学の活躍であり、創年に関する話題であり、子どもの教育に関することであり、生涯学習まちづくりについてであります。これらはいずれも先生の指導と全国生涯学習まちづくり協会の協力があったからこそのことであります。さらにまち研の活動は、志布志市だけではなく、鹿児島県内にも配慮されているところがあり、その幅広さに感謝するところであります。こうした、先生やまち研の協力、活動に対して、わが市民の活動が本当について行っているかどうかが、むしろ課題であると思っております。
　また、全国生涯学習市町村協議会も世話人として先生の指導によるところが多く、その 20 周年記念誌が令和 4 年度に発刊されましたが、資料収集から執筆、発行まですべて先生の努力で出来たものです。いわば世話人に頼って今日まできたものです。まち研と全国生涯学習市町村協議会の生みの親は先生であり、いわば親子の関係でもあります。
　まち研は、全国の自治体からの信頼が厚く、先生が手掛けてきた研究会は、これからも発展していくことと思います。まち研の後任の会長、大田理事長も生涯学習の権威者、実践者と聞いています。新理事長のもと、ますますの発展と、我が国の生涯学習まちづくりに貢献していただきますよう祈念します。
　今後とも、自治体としては、まち研と連携を図り、また指導をいただきながら発展するよう努力いたしますが、変わらぬご指導、ご協力をお願いいたします。末筆ながら、全国生涯学習まちづくり協会には、これまでのご指導ご協力に感謝いたしますとともに、全国生涯学習まちづくり協会がますます発展しますように心から祈念いたします。

生涯学習の伝道師

札幌国際大学元学長・名誉教授
小山　忠弘

　福留先生との出会いは、昭和50年（1975）10月、私が北海道教育委員会社会教育主事から国立社会教育研修所（現国立教育政策研究所社会教育実践研究センター、略称国社研）の専門職員として着任したことが始まりです。福留先生は鹿児島県教育委員会社会教育主事から専門職員として就任され、バリバリ仕事をしておられました。当時国社研には社会教育各分野のベテラン専門職員が在職されて、浅学菲才の私などは入り込む余地はありませんでした。我が国の社会教育の展望を語っていた時「鹿児島と北海道の二人で、日本の社会教育を変えよう！」と意気投合して握手したことが懐かしく思い出されます。今考えると、その時すでに全国生涯学習まちづくり研究会のデザインが描かれていたのかもしれません。国社研で福留先生は、図書館や博物館施設に詳しく、その研修担当をしておられました。持ち前の明るさと行動力で、全国の社会教育主事をはじめ、多くの首長や社会教育施設関係者とのネットワークのすごさに驚くばかりでした。

　私は国社研5年、文部省青少年教育課2年勤務して北海道に戻りましたが、先生は国の社会教育・生涯学習指導者のトップである社会教育官に就任され、豊かな発想力に基づく斬新な事業を企画されました。生涯学習まちづくり研究会の発信もその一つであったと思います。

生涯学習まちづくり

　生涯学習まちづくりという用語に出会って、「生涯学習」に続く言葉として、「の」「による」「での」「を進める」のどれが相応しいのか戸惑いました。全国の市町村の中にも、生涯学習のまちづくり、生涯学習を進めるまちづくりなどの名称で、事業を推進する事例が見られました。しかし最後まで「生涯学習まちづくり」を貫いて「全国生涯学習まちづくり研究会」を立ち上げ、それに賛同する仲間が全国的に増えていきました。その根底には、住民主体でなければ、行政主導の生涯学習まちづくりは長続きしないということを見通しておられたのだと思います。

　生涯教育論全盛の昭和54年（1979）頃、「生涯教育宣言のまち」を宣言して、生涯学習の振興に取り組む市町村が増えましたが、4年ごとの首長選挙で市町村長が交代すると、それまで生涯学習のまちづくりで全国的に知られていた市町村が、すっかり影をひそめてしまった事例もありました。そうした流れを止めるため、先生は熱心に全国の

市長村長に働きかけて「全国生涯学習市町村協議会」を立ち上げました。毎年の総会に於いて文部科学省に陳情・要望を行う道も拓いています。

生涯学習伝道師

　生涯学習まちづくりは、住民主体の活動であるべきだというのが、先生の持論でしたから、「研究会」という学問的な色彩を無くして、多様な個人・団体が気軽に参加できるように「NPO法人全国生涯学習まちづくり協会」へと発展的に改組されたのもそのためだと思います。また、全国にはまちづくりをはじめ、様々な名称のボランティアが活躍していますが、共通した知識・技術を身に付けていないことが、全国的に広がらない原因の一つと考え、共通の学習プログラムで学ぶシステムを提唱されたのが、人々に活気を与える生涯学習・まちづくりボランティア「地域アニメーター」でした。このことによって、近隣同士の交流、全国的な交流活動が盛んになり、生涯学習まちづくりを発展させる基盤づくりが完成したのです。

　こうして見ると、我が国の生涯学習・社会教育発展のために、先生が描かれた夢は、見事に実現しています。勿論そのためには労を厭わず全国を駆け巡り、熱っぽく説いた回数は1800回を超えたと聞いています。生涯学習まちづくりの創始者であると同時に、今なお我が国の生涯学習・社会教育の発展を、熱心に説いて回る伝道師であることはまぎれもない事実です。これからもご健康に留意され、一層のご活躍を祈念いたします。

現代の薩摩隼人

鹿児島大学名誉教授、歴史研究家

原口　泉

　まち研は志布志市まちづくり研究会の本家であり、その35周年に当たるということから改めて活動のすばらしさに敬服するとともに、35周年に心からお祝い申し上げます。

　全国生涯学習まちづくり研究会は、発足当時から文部省と強い連携がありました。その活動は、国の生涯学習推進、啓発にも大きく寄与しているといわれています。生涯学習まちづくりは、当時から文部省の福留強社会教育官の仕掛けであるといわれていました。

　福留先生は、志布志創年市民大学の実質の生みの親であり、その基礎を創ってこられたことは、意外と知られていないかもしれません。先生は、鹿児島県教育委員会から文部省に長年、社会教育、生涯学習の専門官として全国を指導した人ですが、志布志市でお会いするときはいつも笑いの渦の中にいる人で、これが人気の秘密なのだと思っておりました。東京在住ですが、鹿児島育ちの根っからの薩摩隼人で、現代の薩摩をこよなく愛する人でもあります。

　昔、鹿児島新報という新聞で、薩摩を背負う若者の代表として福留先生と尾辻秀久先生が、並んで取り上げられていたことがあったようですが、片や政治家、方や民間の活動家・研究者として、その通りになっているといえます。その先生が35年間、ブレずに全国の生涯学習まちづくりをリードしたということは、さすがです。全国をつなぐ活躍はまさにボランティアの世界ですが、沈壽官さんが先生を「薩摩の現代の坂本龍馬みたいな男」と評していたことが思い出されます。先生の幅広い人脈が、まち研を支えてきたといいますが、それは先生の引力みたいなものでしょう。

　私は、いくつかの研究会と、志布志創年市民大学でのお付き合いですが、それでも20年の歴史ですから、やはりいつの間にか身近な先生になっているのです。ますますまち研が発展するためには、第2、第3の薩摩隼人の出現も気になるところです。まち研はいわば福留塾、と言う人もいますが、ならば、今後はさらに塾を充実させて、人材の発掘養成に活躍をしていただきたいところです。

対談

全国生涯学習まちづくり協会理事長　全国生涯学習まちづくり協会顧問
大田 順子 × 福留 強

35年間に延べ44万人が参加のまち研の意義

聖徳大学事務所にて。左から清水英男氏、まち研スタッフの皆さん、中央は筆者(福留)。平成14 (2002) 年

Go Foward 創年時代 神奈川大会の様子。
平成30 (2018) 年

　特定非営利活動法人（NPO法人）全国生涯学習まちづくり協会（まち研※）は、NPOとして20年、研究会としての発足からまもなく35周年を迎えようとしています。当協会の前身である全国生涯学習まちづくり研究会（こちらもまち研と呼ぶ）は、平成元（1989）年当時、生涯学習とまちづくりを研究し推進する目的で、文部省社会教育官室を中心に非公式にスタートした研究グループであり、様々な変遷を経て今日まで活動を続けてきました。全国で延べ約44万人が、この運動に参加した計算になります。これらの実績や現状と課題等を踏まえ、対談ではまち研がさらに飛躍するための将来の姿を探りました。　　　（記録・永島 靜）

※「まち研」とは、「全国生涯学習まちづくり協会」と「全国生涯学習まちづくり研究会」の両方に使われている略称です。

1．まち研の誕生と発展について

大田　まち研の歴史は、生涯学習の啓発事業として生涯学習フェスティバルから始まりました。そのなかの「全国生涯学習まちづくりサミット」にボランティアとして加わったメンバーが集まったのが、全国生涯学習まちづくり研究会（まち研）となったと聞いています。これが35年間も活動が続いてきたということは、ものすごいことで、注目されるべきことです。

福留　過去、まち研が関与した全国での事業数は、研修会、講演など私が関与したものだけで延べ2,700回に及んでいます。実際はもっと数は多いでしょう。あらためて、多くの人々と関わったことに驚き、またそれだけ多くの人々のご指導、ご協力をいただいたことに、深く感謝しています。昭和62年当時のサークル時代から数えると、生涯学習、または研究会という名称がついたもので、筆者が関わった公民館大会等の参加者は、合計で延べ44万人くらいになっているようですね。

大田　まち研が生涯学習の視点でまちづくりに取り組み、実績を積み重ねてきたことで、市町村もまち研に相談にくるようになり、結果的に多くの県も町も助言通りになりました。県大会実行の依頼があると、まち研は「まち研で応援します、全国に我々もPRし、みんな集まります

から頑張ってください」と、開催を支援してきたと聞いていました。

福留　生涯学習がブームの初期にはマスコミも注目し、県も町も一会場800人集まるという研究会はざらにありました。これらは常に私も企画した側でしたから把握していたのですが、それ以外でも各市町村で独自にやっていたものもあり、実際はもっと膨大な数になっているでしょう。全国大会と名前をつけた大会だけでも200回ぐらいあります。

大田　研究会からスタートしたNPO法人全国生涯学習まちづくり協会（これもまち研と呼ぶ）は、この事業の中心の団体であると、国も納得し認めるようになりました。当時「生涯学習まちづくり研究会」という名前も全国で初めてで、そのあとも我々しか使っていません。「全国生涯学習まちづくり研究会」という事業名でずっと続いてきたことも、日本の生涯学習の歴史の上で、明記される必要がありますね。

福留　自治体事業は、一切を自治体が負担していました。まち研からは助言者、指導者という立場で参加していました。当初は、文部省（のち文部科学省）からの補助、委託金、子どもゆめ基金、民間の助成金（カメイ財団など）、民間の公募資金などが活動資金になっていました。その分、事務局は研究しなければな

らないわけですが、結果的にそれが大きな信用にもなったのでしょう。

大田 こうした活動の規模について、つくづくまちづくり研究会という名のとおり、まちの人たちが積極的にかかわって中身の充実した事業が行われてきたことを感じます。この度、先生とご一緒に、生涯学習まちづくりの活動を振り返ってみるという機会をいただき大変感謝しています。先生の数十年の生涯学習まちづくり研究会の活動、しかも延べ2700回、44万人以上の人と語り合ってきたという事実を本として記録に残すことは、過去にも例がありません。日本の生涯学習史にとって大変意義深いものです。

私は先生と同い歳で、かたや先生は文部省（のち文科省）をはじめ、教育界で生涯学習、まちづくりを推進・研究する立場で生涯学習の理論と実践を全国に発信してこられました。私も「生涯学習まちづくり」という言葉に非常に惹かれるものがありました。歳を重ねるにつれて、先生の「創年（※）」という考え方を含めて、時代に即した提案に共感していきました。先生が全国に発信し続けてきたことについて、まち研としてこれからどのように花を咲かせていくべきかということに私も責任を感じ、夢を描いています。
（※創年とは、実年齢×7掛けを合言葉に生涯現役、自らの力を発揮する中高年の生き方）

2．まち研が続いた理由

大田 当協会・研究会から発展した例として、全国生涯学習市町村協議会（市町村長全国組織）や、日韓生涯学習まちづくり交流会の実施（韓国に日本の方式が発展し定着した）などがありますね。また、子ほめ条例のまち、平成子どもふるさと検地、子どもおもてなしカレッジ、「創年」運動、「地域アニメーター」、まちづくりコーディネーター、旅のもてなしプロデューサーなど、独自に広げ、全国各地に定着したものも、いくつかあります。

福留 まち研自体が、会員との連携で必要と思える事業を実施してきたこと、その過程で素晴らしい出会いがあったということでしょう。様々な人との出会いが楽しくうれしかったことにつきます。35年間に44万人に出会ったと計算していますが、長い年月で多くの事業をしたということでしょう。その間、研究者だけでなく議員、市町村長、政財界、芸能界、スポーツ界など、多くの分野の方々に、指導をいただきました。

大田 生涯学習がまだあまりなじみのないころから、活動を広げていくことは大変だったのですね。寄稿文を見ると、先生とのご縁が強く深くつながっており、多くの人々に影響を与えていることがわかります。皆さんの寄稿文を読むと面白いですね。みんな先生と出会ったときの

ことを書いていて、男性も女性も、会ってから人生が変わった、それがきっかけで今の仕事に至っている、という人もいます。今までまちづくりなど知らなかった人たちが皆、あのとき初めて目覚めたと書いていますね。ある研究者は、先生の卓越した企画力が、プロの手腕を発揮しているとみています。全く同感です。

寄稿文で今西幸蔵教授が、まち研の成果を見事に分析されていて、印象に残ります。「まち研」がわが国の生涯学習の発展にもたらした成果として次の3つの点を挙げられています。

第1は何と言っても「生涯学習」という難しい用語の概念説明を果たした点。

第2に、社会貢献をめざすボランタリーな活動を組織できる人を養成したという点。「まち研」のプログラムは、実際に地域で活動する人々を発掘し、育成し、まちの活動に寄与する方向性を与えたところに特徴と成果があります。

第3に、プログラムに参加した人々が、さまざまな職業、年齢、ジェンダーを超えて理解しあって、まちづくりのためにつながる場を作ったこと。

この3つの点は、まさにまち研が結成以来の一貫した精神をまとめていただいたのだとうれしく思います。

永島 寄稿文では、先生との出会いについて述べられており、皆さんとの絆に強さを感じますし、まさしくそれがまち研の発展の原動力となっていたのですね。

大田 そのとおりですね。また寄稿文で長谷川幸介先生は、研究者には「歴史を語る人」と「歴史を創る人」があり、福留先生は「歴史を創る人」と評されています。面白い見方であり、納得させられますね。

福留 汗顔の至りですが、うれしいです。私としてはごく普通の活動ですし、当然のことです。寄稿文をいただいた皆さんは、年齢にかかわりなく、大切な友人仲間で、自分にないものを持っている、わが人生にとって大切な仲間ですね。

大田 寄稿文での齊藤ゆか教授のリーダー分析も、長い間近くで活動されていただけに研究者らしい紹介です。先生の部下で、最も近いところで見てきた人です。素晴らしいスタッフでいらしたのですね。

3. まち研リーダーのユニーク性

大田 齊藤教授のまち研リーダー(福留強先生)の分析で、様々なユニーク性を挙げていますね。次の10点をご紹介しますと、

①陽気 いつも陽気で楽しそう。一緒に

いて思わず笑顔になる雰囲気作り名人
②話題 全国の話題豊富。常に情報収集している。美術・野球・音楽等多彩で物知り
③行動 思いついたら即行動。話題の場

所に顔を出す。好奇心旺盛で動き回る
④創造　アイデアマンで新世界を見通す。夢語りはすぐ企画書となり、実現に動く
⑤話力　いつも市民目線で話が面白い。聴衆の心をつかみ、皆をファンにする
⑥熱意　人の心（ハート）に火をつける。誰でもやる気にさせるマジシャン
⑦平等　人に対する差別意識がない、人の成長を信じ、相手によって態度を変えない
⑧人脈　いい人材を集める。首長、行政等にパイプがある。側近を置いて力に変える
⑨説得　キーマンをつかんで説得。相手はやらざるを得なくなり、周りが動き出す
⑩先導　トップをつかんで周りを動かすリーダーシップ。先導力が優れている

福留　ちょっと甘い見方ですが、うれしく思います。斎藤さんは、もっとも研究者らしい資質と熱情の女性です。さすがに社会教育を現場で実践し、研究され期待されている教授ですね。

　大学の研究者として、私の周辺の、小山忠弘学長をはじめ、清水英男氏、今西幸蔵氏、長谷川幸介氏、古市勝也氏、西村美東士氏、松下倶子氏等諸教授、それに新進気鋭の齊藤教授等、皆さん社会教育の同僚であり先輩であり、日本の社会教育の現場も知り尽くしている研究者ばかりですね。

大田　今回、寄稿してくださった人たちの寄稿を読みますと、30年前の当初、情熱を持って先生と一緒に活動した懐かしい人たちが、当時の燃え上がっていた活動の様子を生き生きと記されています。この本を通じて、ほぼ全員の読者が、おそらく共通の思い出に深く感銘されるでしょう。福留先生の半生の証言者みたいに思えてきました。皆さん本当に素敵ですね。

4．まち研の特色　ボランティアで市町村をサポート

福留　まち研の特色は何ですか、と聞かれることがありますが、自分なりに調べていくと、まち研には多くの分野にわたり、様々な特色があることがわかります。

大田　なんといってもいい仲間に恵まれるというのも特色のひとつでしょうね。その結果、団体として、行く方向を見誤ることなく一貫して進めたということがあったと思いますし、例えば次のような点があるのではないでしょうか。

・文部省や・自治体の動きと連動し、連携していること
・徹底して生涯学習推進と、まちづくりを追究していること
・生涯学習・まちづくりを一貫して標榜した我が国唯一の団体として自負し、評価されてきたこと、情報ネットの中心機能（文科省と地方自治体）双方

に提供してきたこと

・行政で出来ないことを実行。例えば、認定・資格制度をつくったこと

・各世代の話題の事業を開発。「子ほめ条例」「創年」が広がったこと

福留 これらの事業は、言うまでもなく、まち研で独自に広げ、全国各地に定着したものも数多いですね。また、まち研はオールボランティアという点もあると思います。

大田 多くの事業は、地方創生に最も接近する事業として、見直されつつあると聞きました。また、創年は、高齢化の課題に対応して、最も重要な項目であるといわれますが、文科省の施策にはないものです。しかし、いずれも、いくつかの自治体では中心的事業となっています。「子ほめ運動」「子どもおもてなしカレッジ」などの青少年の事業は、いじめの問題や、社会体験、多様な生活体験などの分野で、効果的事業として認められつつあるそうですね。

福留 まち研では、徹底して市町村をサポートしてきました。それも特色です。

5．まち研は、徹底して自治体協力を心掛けていた

大田 全国生涯学習まちづくり協会というのは、一貫して国と並行して活動してきた団体ですが、今後のためにきちんと業績を残していくことも考えていく時期だと思います。

　まち研が推進してきた事業と効果は、これまでまちづくりを研究する大学でも取り上げられてきました。まち研が一貫して、生涯学習を全面的にサポートしてきたことや、文科省の要望を踏まえた事業を行ってきたことは検証されています。とはいえ、まち研は決して文科省に言われた通りにしたわけではなく、独自に、また文科省ではできないことを積極的にやってきたのですね。ですが（文科省スタッフも）一国民として、やはりこうでなければいけないという思いから、福留先生と一緒に語り、先生と共に研究を発表し、実現してこられ、歩を同じくしてきてくださったのだと思います。

福留 ただ、まだまだ、知っていただくべく努力が足りないと思っています。

大田 先生は常に現場で懸命にやってており、本当に自分の命をかけて事業をしている。先生がこれまで語り、言い続けてこられた熱意こそが、ここまで各地に定着できた原動力だと思います。その実態に、国や自治体の担当者は目を向けていただきたいものです。共に花を咲かせていかないと。先生と共に学び、話をお聞きしている私の実感です。文部省時代、福留先生ほど丹念に自治体の面倒を見た文部省職員はいなかったという声を聞きます。まさにその通りだと感じます。

福留 生涯学習フェスティバルを、各市町村で定着させていく過程で、北海道や

福岡県、山梨県など、まち研の支部を結成した県がいくつかあって、しっかり根を張った形になったのです。文科省にとっても、国の政策がこのように民間に伝わって活動する団体が育っているということで、高い評価となっていきました。

大田 まち研は、名乗り出た事業は全部やっていくことを徹底しており、どの市町村でも必ず応援しますと伝えてきました。先生は、かつて社会教育雑誌に日本のまちという連載をされていましたが、ここでは市町村の批判等一切書いていません。甘いと指摘する評もあったようですね。でもそれはあえて甘く書かれたと聞いています。「いいところを残しておきたい、徹底して市町村の味方になった」と以前、福留先生から伺いました。先生のそうした姿勢が、生涯学習まちづくり運動を盛り上げ、大きな成果を得てきたのだと思います。

福留 行政とはそうした役割を担っていくべきものなのです。できる力で、継続してやるということだけですね。それしかないと思います。

大田 生涯学習まちづくり活動を続けていくための市町村への支援も、そのときは理解してもらっても、時代は変わり、人も変わります。人を育てていないと根づいていきません。それを考え、まち研で地域アニメーターや、まちづくりコーディネーターの事業を行ったのですね。

福留 そう、これだけやってこられたのは、人間同士の交流の楽しさがあったことと、私自身のことで言えば、頼られていたからなのですね。彼（福留）に聞けばいいとか、あの団体と一緒にやればいいと。だから、関わる事業も増えたのだろうと思います。

6．持続発展させる秘訣は「面白い」ということです

大田 先生は意図的に、まちとまちを競わせる、繋ぐことに腐心されて、今もそうされています。その例が全国生涯学習市町村協議会でしょう。応援していただいた人も多かったのですね。

福留 大田理事長は常に、まち研の活動を持続させ、成果を社会に正しく評価してもらうための尽力をなさっておられる。生涯学習まちづくり活動は、継続が重要だというのが共通認識だと思います。そのうえで、やはり私がたった１つ、常に大切にしていることは、**活動が面白いかどうか**です。事業をする上でも、面白いかどうかにかかってきます。面白いことで繋がるしかない。みんなが関心を持つ要素はそこであり、それが必要です。

大田 福留先生は生涯学習に「面白い」というキーワードを挙げていますね。この面白いという言葉には、私も幅広い可能性を感じます。生涯学習とは、人間が生まれて死ぬまでが生涯学習であり、これが人間の最たることである、というの

が私のキーワードです。それはやはりまちづくりで人と人とが繋がっていくことの中にある面白さでしょう。

永島 加えて、まち研の理事だった鈴木真理先生は、課題の焦点化、精選化も提起されていました。楽しさも必要だが、もっとアカデミックな場でありたい旨の記事だったように思います。

福留 すべて貴重な意見です。まち研はその時代の課題を捉えているのが特色だ

と考えています。今は高齢社会であり、「創年」というキーワードが今に続いてきています。創年がどう学び、創年をどう生かすか。健康のためでもいいし、地域のためでもいい。創年の能力は資源だと言ってきたのは正解だと思います。

大田 時代の流れをつかんで福留先生が創年と生涯学習と結びつけたものでしたね。創年活動は、中国をはじめ国際的に広がっていきそうです。

7．本誌を参考に、新しいまちづくりへ

大田 これまでの活動を記録に残し、記憶を共有することも大切です。本誌をツールとして、これからの新しい事業を過去と照らし合わせて考えることができます。本誌で紹介の事業は鮮明に記憶に残り、そのまま、この35年間の生涯学習まちづくり推進の歴史を示しています。

永島 その意味で本誌は、民間団体から見た生涯学習推進の歴史とも言えます。

大田 本誌を参考に、新しいまちづくり講座等を開催できればいいですね。かつて一緒に事業を実施した自治体との連携事業など。今後、新たな事務局・センターを設置し、まち研を再建し、本部機能強化を図りたいと考えています。その第一弾に講座ができればいいですね。

福留 令和5年以降には、全国生涯学習市町村協議会との連携で、全国元気まちづくり研究会とともに、全国の数ヵ所で、全国規模のまちづくり研究大会も計画さ

れそうです。改めて組織再建に取り掛かることが必要です。

永島 寄稿文を寄せていただいた人が集まり、まち研の歴史を記録した本誌の出版を、ともに喜び、分かち合いたいです。

大田 これほどの大冊をまとめた福留先生のお力に驚き、敬服します。資料や記録が整っていなければできない作業です。

福留 書いていたときは、楽しいものでした。資料を広げ、その頃の光景を思い浮かべながら、皆さんとのやりとりなどを思い出すのです。多くの励ましをいただいた皆さん、寄稿していただいた皆さんに、一人一人お会いして本誌を手渡したい思いです。皆様に心から感謝します。

大田 まさに歴史の転換点である今、ＡＩの普及など情報社会のただ中で、人間に感動を与えるのは「生涯学習」そのものです。人は生まれてこの世を去る、これこそ真のアートと言えるでしょう。

1部 なぜ生涯学習、まちづくりか

1 全国生涯学習まちづくり協会とは

　全国生涯学習まちづくり協会は、創立35周年を迎えます。時代により盛衰はありますが、今日まで何とか活動してきました。本誌では、時系列的な流れをたどり、全国で活動した仲間の記録をかすかにとどめつつ、関係者の記憶の補助・基本にしたいと願っています。以下に同協会の前身である全国生涯学習まちづくり研究会（まち研）からの活動の集積を概観してみたいと思います。

（1）全国生涯学習まちづくり研究会の活動

　全国生涯学習まちづくり研究会は、全国生涯学習まちづくりサミットの運営に参画したボランティアにより結成された任意団体です。平成元（1989）年に組織化され、翌年に第2回京都大会(亀岡市会場)で全国組織として正式に決定されました。同研究会は、生涯学習の推進やまちづくりのために研究と実践を通じて個性豊かなまちづくりに寄与することを目指し、平成12（2000）年12月12日、経済企画庁よりNPO法人の認証を受けたもので、「生涯学習まちづくり」を冠した唯一の全国的な組織として活動してきました。行政では実施しがたい事業をいち早く展開する機能的な集団として活動を継続し、その後10年間は、自治体とタイアップしたまちづくり推進事業を手がけ、全国約120ヵ所で約10万人の関係者を集めた研究・研修大会等を実施してきました。

　活動の特色は、なんといっても自治体の活動と連携し、自治体に積極的に協力、支援したことです。たとえば「全国生涯学習まちづくりサミット」は18回を実施し、全国規模の「生涯学習まちづくりフォーラム」は年平均3～4回、北海道、東北、関東、西日本、南日本などの名称で実施。八潮市、亀岡市、茅野市、金ケ崎町、志布志市など全国をリードした生涯学習宣言都市における大会を開催してきました。各地の生涯学習まちづくり研究会会員が、地区ごとに活動したものを加えると、その数倍のイベントを実施しました。主要な大会等には、理事長（筆者）が事業の企画から参与しました。

　もう一つの特色は、行政では実施しがたい事業の展開です。例えば、全国生涯学習まちづくり協会の事業の一つに、まちづくりボランティア・リーダーの養成事業があります。まちづくりにかかわるボランティア・リーダーとして認定資格を設定しているものです。平成8（1996）年にスタートした「地域アニメーター養成講座」は、自治体、

公民館等で実施され、これまで150の市町村等で開催、全国で約9,000人が受講し、各地で活動しています。そのほか、地域アニメーターを組織化し、新たな企画を提示するまちづくり全般に活躍するリーダー「まちづくりコーディネーター」も養成し、全国に約1,000人が地域のイベントの企画、講座の開設、学校教育支援など、各自治体で市民サイドのリーダーとしてまちづくりに関わり、多くの分野で活躍しているのです。

そのほかに全国生涯学習まちづくり協会の諸活動では、「全国子どもをほめよう研究会」の設立や「平成子どもふるさと検地」など、子どもの健全育成事業の実施のほか、中高年の事業として「創年のたまり場」の普及運動、「創年市民大学」の開設・支援など、創年の多様な活動を推進しています。また、韓国の生涯学習を推進する韓国生涯学習フェスティバルへ協力する、いわば日本側の団体として、過去には「韓日生涯学習まちづくりフォーラム」を開催しています。さらに、「生涯学習・まちづくり研究会等の実施」「創年運動の推進」「青少年の健全育成運動」「観光・まちづくり人材養成」「国際交流の推進」「情報提供」「まちづくりに関する受託事業の実施」などがあります。

（2）生涯学習・まちづくりの啓発事業

まち研が力を入れてきたものに生涯学習・まちづくりの啓発事業があり、自治体と協力して市民への学習、地域参加を呼びかけてきました。市民が学習して自主的に活動し、地域を活性化させていくために、年に2～3回は大規模なまちづくり大会を実施しました。「全国生涯学習まちづくりサミット」は累計18県で開催し、約2万人の各県指導者が参加、各県、自治体等生涯学習振興大会など、約200回、8万人が参加しました（その後、平成21〈2009〉年の民主党政権時の事業仕分け以後、開催はなくなりました）。

九州、北海道などブロック別の研究大会等では、全国大会と同規模の大会を実施しました。さらに自治体の大会では、市町村との連携による振興大会、フォーラム、研修会等の活動を、基本的には自治体の事業と共催して、年間平均6回程度実施してきました。これらの延長線上に、全国生涯学習市町村協議会事業への協力もあります。

・創年運動の推進

創年とは、まち研の理事長として私が提唱した造語です。それは、地域のために自らの力を発揮し、創造的に生きる大人（中高年）のことで、つまり、「老人」や「高齢者」という扱いではなく常に前向きに生きようとする生涯現役の考え方です。そのために、学ぶ場として市民大学の普及、開設を勧めています。創年の集まる場（たまり場）の設置とネットワークづくり、「年金プラス5万円」(創年の仕事づくり)事業の提唱などです。

これらの活動は、まち研では会員に中高年が多いため、いわばメインになっています。

取得資格として、地域アニメーター、まちづくりコーディネーター、旅のもてなしプロデューサーなどの養成講座を開設して、地域指導者を養成しながら活躍の場を広げています。このうち、「まちづくりコーディネーター」と「地域アニメーター」については、国の生涯学習審議会答申「学習の成果を幅広く活かす」の中で、まちづくりに活躍する事例として紹介され、国会でも質疑応答、紹介されました。

　　　（文部省生涯学習審議会答申「学習の成果を幅広く生かす」平成 11〈1999〉年 6 月 9 日）

・青少年の健全育成運動

　青少年健全育成に関する事業では、3 つの「子ども育成事業」として、「平成子どもふるさと検地」（子どもゆめ基金助成）、「ふるさと歳時語り部講座」、「子どもをほめよう研究会」を実施したほか、「青少年おもてなしカレッジ」を平成 26（2014）年から継続実施しています。生涯学習とまちづくりに関する情報提供や、研究資料・図書の発行もしており、これまでまち研が関与し発行した図書は、20 冊以上に及んでいます。

　海外との交流や海外研修には、ヨーロッパ、オーストラリア、中国、韓国などへ研修旅行を実施したほか、韓国における生涯学習まちづくり研究会の設立に協力、その他、会員の声を反映させた多数の事業を行っています。

・会員組織と今後の課題

　新型コロナウイルスの感染拡大が招いた災難や危機的状況（以下「コロナ禍」と略す）以後、会費徴収や会員募集もなく、会員の高齢化もあり、地方では組織も消滅、理解ある熱心な首長の引退、交代が続き、地方組織も影響を受けています。また、行政組織が変わったこともあり、各自治体の生涯学習課は質量ともに変化しつつあります。そのため自治体や首長の姿勢、認識も変わりつつあるようです。コロナ禍で社会教育行政の停滞も当面の課題です。これからは初期の動きに帰って学びのグループの再結成や様々な交流機会を設け、学びや交流の楽しさを学び、体験することから再スタートする必要があります。その時に本誌の活用と影響があるように期待しているところです。

・全国生涯学習市町村協議会

　生涯学習を核として、総合的なまちづくりを推進する自治体（まち研に加盟の自治体）が連携し、平成 11（1999）年 11 月 11 日に全国生涯学習市町村協議会を設立しました。各年度、理事長を選任し、理事長当番の自治体を中心に本部を設定し、大会等を実施してきました。

　事業の推進に当たっては、まち研が共催しており、筆者（福留）が同協議会の世話人としてこの 20 年間、担ってきたものであり、今日まで発展してきました。同協議会がまち研といわば車の両輪として運営されてきたと言われるのは、そのためでした。

2　生涯学習まちづくりの意義

（1）生涯学習の理念と目的

　「生涯学習とは、一生涯勉強することでしょう」という人が少なくありません。それも間違いではありませんが、そればかりではありません。この生涯学習については、中央教育審議会の「生涯学習の基盤整備について」（第28回答申、平成2〈1990〉年1月30日）では次のように述べており、市民生活のすべての領域の中で行われるものであると理解されています。

①生涯学習は、生活の向上、職業上の能力の向上や、自己の充実をめざし、各人が自発的意志に基づいて行うことを基本とするものであること。

②生涯学習は、必要に応じ、可能なかぎり自己に適した手段および方法を自ら選びながら生涯を通じて行うものであること。

③生涯学習は、学校や社会の中で意図的、組織的な学習活動として行われるだけでなく人々のスポーツ活動、文化活動、趣味、レクリエーション活動、ボランティア活動などの中でも行われるものであること。

　人は青年期まで学校で知識・技術を会得して、その蓄積（学歴）を人生の武器として、世に出ていきました。しかし、科学技術の進展は激しく、情報も4年も持たずに陳腐化する時代になった今、かつての情報は通用しなくなり、今後の人生のために、学ばざるを得ない時代になっているのです。

・生涯学習の理念

　法的に、生涯学習の定義はありませんが、中央教育審議会の答申「生涯教育について」の内容が、ほぼ国が推進する生涯学習の意味として理解されています。そして平成18（2006）年、教育基本法の第3条に「生涯学習の理念」を規定しています。

　「国民一人一人が、自己の人格を磨き、豊かな人生を送ることができるように、その生涯にわたって、あらゆる機会、あらゆる場所において学習することができ、その成果を適切に生かすことのできる社会の実現が図られなければならない」

（２）生涯学習論の導入と生涯学習社会

　全国生涯学習まちづくり協会（まち研）は、生涯学習の推進を標榜して、活動してきました。いうまでもなく、まち研の基本、根底にあるものは、生涯学習を進め、まちづくりを進めるということです。

　生涯学習の考え方が、我が国に紹介されたのは、昭和40（1965）年、パリで開かれた第３回成人教育推進国際委員会において、ユネスコのポール・ラングラン氏が提唱して以来のことと言われています。生涯教育は、人々の全人格の完成のために、生涯にわたる学習が必要であること（垂直的な統合）、学校・家庭・社会のそれぞれの教育の機会が十分に得られ、そのために、それらが相互に連携し、不足する部分を補完しあい、より効果をあげることが必要であること（水平的な統合）などを主張したものです。

　昭和48（1973）年 OECD においても「リカレント教育〜生涯学習のための戦略」というレポートが出され、多くの共感を呼びました。我が国においては、こうした生涯教育の理念は、今後の教育の在り方の理念として取り上げられ、今日、その実現に向けてさまざまな方策が考えられ実施されてきました。

・臨時教育審議会答申

　かつて、臨時教育審議会（昭和59〜62〈1984-1987〉年）は、４次にわたる教育の改革に関する答申を行いました。その中で、生涯学習は、自由な意思に基づいて自分に合った手段や方法によって行われるという立場から「生涯教育」というよりは積極的に「生涯学習」の用語を用い、生涯学習体系への移行を図るべきであると提起したことが注目されました（以後、主に「生涯学習」が用いられるようになった）。

　また、最終答申において、「我が国が今後、社会の変化に主体的に対応し活力ある社会を築いていくためには、学歴社会の弊害を是正するとともに、学習意欲の新たな高まりと多様な教育サービス供給体系の登場、科学技術の進歩などに伴う新たな学習需要の高まりにこたえ、学校中心の考えを改め、生涯学習体系への移行を主軸とする教育体系の総合的な再編成を図っていかなければならない」と述べています。文部省（現在の文部科学省）は、それに合わせて、生涯学習局を文部省の筆頭局に位置づけ、生涯学習の推進にあたり、その推進体制を確立したのでした。

　筆者も発足当時の生涯学習局のメンバーとして心機一転して、その推進に微力ながら全身全霊で打ち込んだ時期がありました。生涯学習体系への移行は、明治以来の大改革という人もいたほどでした。

・中央教育審議会答申と教育基本法

　中央教育審議会答申「生涯学習の基盤整備について」（平成2〈1990〉年1月）では、生涯学習推進における留意点を述べています。この答申を受けて、生涯学習振興法（「生涯学習の振興のための施策の推進体制等の整備に関する法律」）が同年7月に施行されました。その結果、国をはじめ、全国の都道府県で生涯学習審議会の設置や、大学における生涯学習センター設置などがみられるようになりました。

　生涯学習は、その目指すところは、自己の向上と生活の向上と理解されています。平成18（2006）年12月に改定された日本の教育基本法では、初めて「生涯学習の理念」として謳われています。生涯学習の結果、個人が高まり、さらに、市民全体が高まるということが大切なのですが、これは生涯学習がコミュニティ形成には不可欠であることを意味しています。いうまでもなく、これが「まちづくり」そのものということができるでしょう。

（3）生涯学習まちづくり

・生涯学習とまちづくりの関係

　生涯学習の理解は、「自己の向上」にのみとどまっており、「一生涯のお勉強」と、とらえられている実態があります。しかし、生涯学習に関して理解している自治体では、あえて「生涯学習まちづくり」を標榜している例が少なくありません。生活も含めて、あらゆる分野で「学習する」ということは、それぞれが活性化することであり、まちの活性化につながるものであるからです。そのために、行政の総合化、連携化を工夫するなど、「生涯学習とまちづくり」がすすめられてきたといえるでしょう。まちづくりの有効な手段として、住民が地域について学び、まちを元気にしたことも多く知られています。全国的に、生涯学習の推進がまちづくりに大きな役割を果たしていることが認識されてきました。

　「生涯学習まちづくり」とは、広い意味では「地域全体で取り組んでいる生涯学習推進の体制づくりや環境づくり」で、生涯学習とまちづくり推進の全体を意味しています。これらは、いずれも教育委員会、文部科学省が中心となった教育型まちづくりのように受けとられてきました。

　中央教育審議会答申（「今後の地方教育行政の在り方について」平成10〈1998〉年）の「3　地域コミュニティの育成と地域振興」）でも、「生涯学習を中核としたまちづくりの推進」について、「地域住民の学習活動、芸術文化活動、スポーツ活動を活性化し、住民の地域社会への参加を促していくことは、地域の豊かな人間関係の形成、地域意識の向上に役立ち、生き生きとした地域コミュニティの基盤形成を促進するものである」

と提言しています。

　そして、まちづくりの方法として、地域住民の学習活動、芸術文化活動、スポーツ活動等の活性化を推奨しているものです。

・生涯学習まちづくりの経緯　「全国生涯学習フェスティバル」

　生涯学習を推進する啓発事業方策の一つとして、文部省は、国民体育祭、国民文化祭に並ぶ事業として「生涯学習フェスティバル」を実施しました。平成元（1989）年11月23日から5日間、千葉市の幕張メッセにおいて、「第1回生涯学習フェスティバル〜まなびピア89〜」が開催されました。幕張メッセの3会場で展開されたイベント数は、「教育の場・施設」「食・スポーツ・健康」「映像・情報」「趣味・遊び・余暇」「世代・ヒューマンリレーション」「ふるさと」「家庭」「人間・人生」の8領域で、50以上のイベントが開催され、約24万人が参加したといわれました。文部省「生涯学習局」の初のビッグイベントでした。

　それより3ヵ月前、熊本大学で筆者（福留）は社会教育主事講習の集中講義中に、文部省生涯学習局政策課長に電話で呼び出されました。「文部省提案のフェスティバルが大蔵省を説得できた。内容の目玉イベントを至急考えてくれ」という電話でした。筆者の「生涯学習の推進は、首長の協力なくしては無理であり、首長を狙った〝まちづくりサミット〟を考えてみませんか」という提案がOKになったというものでした。かくして全国生涯学習フェスティバルのメイン事業の一つとして、文部省は「全国生涯学習まちづくりサミット」を開催することになったのでした。そして自動的にこのサミットは、筆者が担当することとなりました。「サミット」にしたのは、首脳会議をイメージしたものでした。生涯学習の推進には、首長の理解を得るのが最重要と考え、知事や市町村長の参画を期待したものでした。この企画は大当たりでした。全国の生涯学習都市や、文部省が指定した生涯学習モデル市町村、まちづくり企画担当者、企業内教育担当者ら約1,000名を超える参加者があり、話題を呼びました。

　ちなみに、国が関与した事業で正式に「生涯学習まちづくり」の呼称が使用された最初でもありました。

・生涯学習推進モデル事業

　平成元（1989）年から、文部省は「生涯学習推進事業」を実施し、3年間で約1,000ヵ所の市町村をモデルとして指定し、この事業に補助しました。これは一般に「生涯学習推進モデル事業」と呼ばれたもので、生涯学習推進の象徴ともされた事業でした。

　この事業の結果、自治体では、学級講座の開設、生涯学習推進大会の実施やイベントの実施、生涯学習推進会議の設置及び活動など、全国的に生涯学習まちづくりの運動が広がるとともに、担当する教育委員会等の部局、課の活性化に貢献したのでした。

これまで、「生涯学習まちづくり」という事業は、多くは教育委員会が主管になって行ってきました。そしてその内容は、もっぱら①生涯学習推進体制の整備、②学習機会の提供、③学習情報の提供、④学習相談体制の充実、⑤地域の教育機関の連携、⑥イベントによるまちづくり、などが中心課題として実施されていました。

これは、まちづくりとはいえ、通常、教育行政が行うべき生涯学習関連事業を、結果的により総合的に徹底して行っている、という形を主張しているにすぎない、という反省もありました。しかし、成果がなかったわけではありません。生涯学習のまちづくりとして、まちの活性化に、具体的に市民の活動（学習）の成果が顕れているものも数多く見られたのです。

・自ら考え自ら行う地域づくり事業「ふるさと創生」

昭和 63（1988）年度の地方財政補正措置で各市町村が行う「自ら考え自ら行う地域づくり事業」に対し、地方交付税を 1 億円措置する、いわゆる「ふるさと創生」は、国・地方を通ずる内政上の最重要課題として実施されました。

この事業は、各自治体で、市民が自ら考え実行する意欲と能力を高めた点で、従来にない成果を挙げたものでした。もちろん、まちづくりに関して市民の力を高めたという点でもかつてない成果でした。市民活動の歴史に残る事業といえるものでした。

・生涯学習のまち宣言への発展　生涯学習まちづくりモデル事業からの発展

生涯学習を全庁的に取り組む体制として、生涯学習都市宣言を実施する掛川市や金ケ崎町のような例があります。生涯学習をまちづくりの基底におき、総合的に行政を推進し、市民のまちづくり活動を活性化しようとするものです。生涯学習宣言都市等は全国に 100 〜 140 ほどあったと思われます。宣言は「生涯学習」が主ですが、文言として「生涯学習」ではなく「花と音楽の里」や「文化学習の町」などの文言でも、「生涯学習のまち」を意味している場合もあり、それらを加えると、実質的な生涯学習宣言のまちの現状は、もっと多いものと考えられます。

・全国生涯学習まちづくり研究会の活動

行政だけでなく、民間の活動が自治体の生涯学習まちづくりの推進に貢献しているのは周知のとおりです。その一例として、「全国生涯学習まちづくり研究会」の活動が挙げられます。全国生涯学習まちづくりサミットに参画し、それを運営したボランティアにより結成された任意団体でした。この団体は、生涯学習の推進やまちづくりのために、研究と実践を通じて個性豊かなまちづくりに寄与することを目指しており、多くの事業を自治体と連携して実施してきたのです。

（4）学習の成果を幅広く活かす

　平成11（1999）年、国の生涯学習審議会の答申「学習の成果を幅広く生かす」が出されました。この答申の中で、全国生涯学習まちづくり研究会が実施しているボランティア「地域アニメーター」「まちづくりコーディネーター」が紹介されていました。さらにこのことは当時の国会の文教委員会でも質問がありました。

　4月から11月まで、「地域アニメーター養成講座」「まちづくりコーディネーター養成講座」は、全国25の都道府県で実施されました。さらに、関西地区（京都府）、南九州地区（鹿児島県隼人町）、関東地区（千葉県柏市）などで県レベルの生涯学習社会教育実践研究交流会を実施しています。

教えることは二度学ぶこと　学習成果を活かす

　「教えることは二度学ぶこと」（J・ジュベール、フランスのモラリスト）という言葉があります。それは学習方法として極めて効果のあることが知られています。教えることによって、自らより理解が深まること、教えることを前提に学ぶことから、より積極的に学習すること、より深く正確に学ぶことになります。また、教える人と教わる人の関係からは、相互理解が深まること等が期待されるのです。「学び合う人間関係」は、尊敬しあう関係、相互理解、相互信頼につながるものです。そのために「生涯学習まちづくり」が多くの人びとや自治体に受け入れられたのでしょう。

　同義語ですが次の言葉もよく知られています。

教うるは学ぶのなかばなり（書経）

　これは、「書経」殷の宰相、傅悦のことばと言われています。人に教えるということは自分も学んでよく理解していなければ教えることができません。したがって自らも学ぶということになり、教えるということは、半分は自分も学ぶということです。市民大学・講座は、今後、高齢者の福祉、仕事づくり、生きがいづくりなど、あらゆる部分に社会的に大きな役割を果たすことが期待されています。

　「**教学相長ず**」という言葉もありますが、同様な意味です。市民大学等の成果を活かす工夫をすることです。学習成果を活かすことは、学習の質を高めるためにも必要であり、今後の課題となっています。

2部 まち研 活動の足跡

平成24（2012）年6月、中央は原口泉教授、右は筆者（福留）

はじめに　平成元（1989）年以前

　全国生涯学習まちづくり研究会は、やはり筆者（福留強）のことから始まらざるを得ないようです。筆者は、当時、国立社会教育研修所（国社研）教務課長として、社会教育職員の研修のスタッフ責任者として勤務していました。全国の社会教育行政担当者に知られる国社研の専門スタッフとして活動していたのでした。鹿児島県教育委員会では、社会教育課社会教育主事として、県内くまなく飛び回るセクションを経験、また、県の委託研修生として学校教育から文部省、国社研に派遣されており、若いころから仕事は社会教育に一貫していました。

　国社研は、受講生でも年間2,500人近くの受講生があり、全国の都道府県及び市町村教育委員会から行政職員が長期研修に来所、筆者はその企画、運営に係る部門のスタッフであったことから、その間に指導者を含め3,000人とかかわっていたことになります。その10年間の専門分野での人脈は、一般の公務員の比ではない状況であったと言えます。ちなみにその後、文部省社会教育官、九州女子大学、聖徳大学の生涯学習センター、生涯学習研究所の所長の仕事を加えれば、さらに多くの人脈が築かれたと思われます。一部財界、市町村長をはじめ行政担当者、教育、社会分野の学者、実践者、文化スポーツ関係者など、社会活動で接する人々たちも少なくありません。

　こうした日常で、多くの若者とも接し、付き合う機会が多かったと思います。あらゆる分野の魅力的な若者も、時として異分野の人と付き合いがないことが気になるものでした。例えば、教師は教師だけの世界にあり、他分野の人々とのかかわりはほとんどないというような傾向が強かったのです。筆者を介して異分野の若者同士が交流する姿は新鮮で、相互に学ぶものが多いと感じたものでした。そういう時に生まれたのが生涯学遊研究会・瓢箪倶楽部というサークルでした。

　インフォーマルなグループとして、生涯学遊研究会・瓢箪倶楽部が、定期的に交流会を楽しんでいました。その活動の一つとして、雑誌「みんなのスポーツ」でのゲーム作りの連載交流会が発展していました。またグループの中にも「まちづくり研究会」を名乗るグループも誕生しました。

　平成元（1989）年からは、いくつかの事業に、生涯学遊研究会を名乗りながら参加するようになっていました。いわば若者のサークルが、大人のまちづくり研究会に脱皮していったというイメージがあったように感じられたものでした。

平成元～2年（1989-1990）

1 新しい風

◆平成元年　1989
　昭和天皇崩御、「平成」に年号が変わりました。消費税スタート、天安門事件、「ベルリンの壁」崩壊など、国内外で、大きな出来事があった年でした。6月には、戦後の日本に明るい希望をもたらした歌姫、美空ひばりさんがご逝去され、ファンならずとも新しい時代に入ったことを実感させられたものでした。

　生涯学習体制への動きとして、生涯学習社会を語るときのキャッチコピーが広まりました。生涯学習時代の到来を表す文部省のキャッチフレーズに、「新しい風・生涯学習」があり、これが合言葉ともなりました。文部省では、実施しにくいものを、まちづくり研究会と名乗って実施したともいわれており、そういう点もあったと言えます。

（1）はじまりは生涯学遊研究会「瓢箪倶楽部」から

瓢箪倶楽部
　瓢箪倶楽部は、若い活動家約50名が筆者の周囲に定期的に集まる会でした。毎月1回、都内でゲストを迎え講話を聴き、終わって近くの居酒屋等で交流会というもので、形式にはこだわらない会でした。指揮者の岡本仁氏、日本舞踊の花柳千代氏、東京ゾリステンの赤松安氏など、筆者の身近な指導者を招いていました。のちに、清澄庭園で「ビールを飲みながらクラシックコンサート」と銘打って、演奏者は縁側で、観覧客は室内から庭園を眺めながら演奏を聴くなどのイベントも実施しました。また、柏市の麗澤大学で、宿泊学習も行い、グラウンドでスポーツ交流も楽しみました。
　日本体育大学卒でNHK体操指導者をしていた平野仁氏は、この会のリーダーでもあり、体育レクリエーション指導者として、かつてみたこともないぐらい洗練され、面白く若者を惹き付ける人でした。国立社会教育研修所のレクリエーション指導のコマを担当する指導者に起用したほどです。もちろん結果は大評判で、国社研でも人気を博したものでした。さらに、松下政経塾の講師も務め、当時の自民党幹部にも通じ、信任も厚かったようです。日中友好協会にも通じ、特に中国との連携も強く、よく中国政府に招かれていました。日本政府系議員よりも実績のある平野氏がより信頼されていたといわ

33

れていたのです。その当時は、国会議員の小沢一郎氏、二階堂進氏らとも近かったようでした。のちに、筆者が、海部俊樹氏に接したのも、平野仁氏のかかわりによるものだったのです。

　瓢箪倶楽部の例会で、「寄席若竹」に交渉して、例会を落語寄席にしたことがありました。寄席若竹は、先代の円楽師匠が建てたものでまもなく倒産したことから、笑いのネタにもなったものでした。切符売り場窓口で「ひょうたん」と名乗れば、入場が1000円安くなるように話をつけて入場したこともありました。なんと寄席の中で「瓢箪」がテーマとされ、多くの参加者もびっくりした記憶があります。たぶん寄席は今の人気番組「笑点」だったのではないかと思います。会場にはいつもは見慣れない女性たちも多く、瓢箪倶楽部のメンバーが目立っており、瓢箪倶楽部へのサービスだったのでしょう、寄席が終わって近くの居酒屋で瓢箪恒例のビール会には、落語家も多く参加し、杯を交わしたのでした。小学校教師の安田育代さんは、子どもたちに「先生はこの人たちと一緒に食事をしたよ」などと、子どもたちに印象付けたといいます。若者集団としてみんなが、瓢箪倶楽部を自慢していたのでした。

　この会に、ガールスカウト日本連盟の指導者・松下倶子氏らが参加され、勉強会は充実したものでした。文部省の寺脇研氏も時々顔を見せていました。この時に加わった里見親幸氏は、わが国のエコミュージアムの指導者であり、丹青総合研究所長として活躍していましたが、なんと小学生のころ、鹿児島県隼人町で筆者と同じボーイスカウトに入隊し、小さな集団の班員であった里見少年であり、筆者とは何十年ぶりでの再会となったのでした。

　このように瓢箪倶楽部では多くの若者をまとめてきました。毎月の定例会のほかにもいくつかの行事を楽しみましたが、メンバー60人で創ったゲームの数々は爆笑ものばかりで、「電車の中では読まないほうがいい本」を目指して、「生涯学遊ネットワーク」という本にまとめて日常出版から発行されました（平成元〈1989〉年10月）。

　瓢箪倶楽部は、多くは発展途上にある若者であり、筆者が呼びかけた集団でした。あらゆる職種が集まったもので、岡本仁氏、花柳千代氏のほか、バレエの小林紀子氏も指導者で顔を出していただいたことを覚えています。メンバーの中には日本体育大学の平野仁門下生の西川佳克君などもおり、後にNHKテレビ・ラジオ体操指導者として出演していました。

　筆者の仕事を手伝った池田明美さんは、放送利用セミナーから瓢箪倶楽部を経て、全日空スチュワーデスになりましたし、青年の船で地域活動に目覚めた安田育代さんは、瓢箪倶楽部の中核から千葉県教育委員会、国立婦人会館のスタッフを経て小学校長になりました。そのころ多くの青年団体が衰退していった時期において、瓢箪倶楽部は、自由に学ぶ楽しい集団であり、ユニークな活動が続いていたのです。

まぼろしの青年の船団長　平成元（1989）年7月25日（火）
千葉県青年洋上研修（天安門事件のため中止）

　前年に千葉県青年洋上研修の主任講師として中国・上海に参加した筆者は、平成元年に団長として参加を委嘱され、数回の事前研修などを終えていました。いざ出発というときに中国の天安門事件が起き、中国の治安が危惧されたため中止になりました。

　一連の活動では、市川なおみ氏、熊谷嘉子氏など優れたリーダーたちに出合い、瓢箪倶楽部後の活動にも中核としてつながっていきました。

（2）生涯学習体制への動き　文部省に新しい風

臨時教育審議会と生涯学習体系への移行

　生涯学習の必要性が叫ばれるなか、国は臨時教育審議会（臨教審）を設置。昭和60（1985）年から「生涯学習体制移行について」を議論し、昭和62（1987）年に第4次臨時教育審議会最終答申が出されました。昭和62年7月1日。この日のことを筆者は鮮明に覚えています。国は答申を受けて生涯学習推進体制を整備するため、文部省に社会教育局を改組し、筆頭局として生涯学習局を発足させ、教育全体を生涯学習体系へ移行することを図っていったのでした。前日まで文部省内では、予算、人員、規模とも省内で弱小社会教育局とされていたものですが、翌日には文部省全体の筆頭局になり、内部の対応のあまりの違いに驚いたものでした。「生涯教育」ではなく「生涯学習」推進に言い換えたのも、この答申以後のことです。

　文部省としては当時、生涯学習の啓発が最大の課題となり、文部省始まって以来のテレビコマーシャルやキャッチフレーズ「新しい風・生涯学習」を決めたり、人気漫画家の石ノ森章太郎氏にキャラクター「マナビィ」を依頼・作成したりしたものでした。テレビ番組はNHKをはじめ各局が生涯学習を取り上げることも多く、テレビ討論や深夜番組までキャンペーンは浸透したようでした。筆者は、地方への生涯学習の啓発を命ぜられていたこともあって、各県に関連の研修のため飛び回る日々が続いたのでした。

「全国生涯学習フェスティバル」と「第1回全国生涯学習まちづくりサミット」

　平成元（1989）年、生涯学習を推進する方策の一つとして、文部省は、啓発事業として「生涯学習フェスティバル」を実施しました。このメイン事業の一つ「全国生涯学習まちづくりサミット」は、国が関与したイベント事業で、正式に「生涯学習まちづくり」の呼称が使用された最初の事業だったでしょう。この「全国生涯学習まちづくりサミット」は、以後、「生涯学習まちづくりフォーラム」「生涯学習まちづくり推進大会」等の名称で、メインのイベントとして全国各地で急速に広がっていったのでした。

自治体は、生涯学習活動として文化・スポーツ、ボランティアなど様々な活動を展開してきました。その生涯学習活動の結果、学習者である個々人が高まり、さらに、市民全体が高まるというコミュニティの活性化に努めてきたというわけです。いうまでもなく、これが、「生涯学習まちづくり」の実際の形であるといえるのではないかと思います。

　宮城県知事、知覧町長、小見川町長はじめ、まちづくりに強い関心を持っている首長や、広尾町にノルウェーの町を再現させたいという夢を持っていた俳優の津川雅彦氏など、すべて筆者と親しくしていただいていた人で、生涯学習まちづくりサミット開催の趣旨を理解している人ばかりが参加し、自ら、資金集めから当日の開催まで奔走し、実施したものでした。この企画は、これまで付き合いのある東映、丹青社、第一法規出版などの協賛をえて、開催にこぎつけたものでした。

　この「第1回全国生涯学習まちづくりサミット」は、全国の生涯学習都市や、文部省が指定した生涯学習モデル市町村、まちづくり企画担当者、企業内教育担当者ら約1,000名が参加し、話題を呼びました。自治体との連携が功を奏して、定員の2倍の参加申し込みを得るほどの大盛況でした。正直、文部省もその反応に驚いたのでした。このサミットの開催を実質ボランティアとして支えたボランティアグループが、後の任意団体「全国生涯学習まちづくり研究会」（現在の全国生涯学習まちづくり協会）で、その何人かは瓢箪倶楽部のメンバーであり、若者集団から大人のまちづくり集団に発展しました。

　なお、全国生涯学習まちづくりサミットは18回まで筆者も企画・運営に携わりました。場所の選定は、生涯学習に取り組む熱心な首長、担当者が存在することなどで選び、交渉したのでした。文部省の動向を関西から見ていた今西幸蔵教授は、当時の感想を手記にされています。

まち研発足のころ

今西　幸蔵

　全国生涯学習まちづくり協会（研究会）は、私たちの間で、通称「まち研」と呼ばれています。その頃、わが国の経済は行き詰まりを示し、教育荒廃の問題をはじめ多くの社会的課題が発生していました。政府、財界が一緒になって問題の解決に取り組もうとした時期でした。やがて、中曽根康弘首相が提示した諮問に対して、臨時教育審議会（以下、臨教審）が4つの答申をしました。その際のキーワードとなったのが「生涯学習」という用語でした。特に臨教審第3次答申は「生涯学習を進めるまちづくり」というテーマを掲げ、教育・研究・文化・スポーツ施設のインテリジェント化を推進しようとしたことはよく知られています。

　その後、平成2（1990）年の中央教育審議会答申において、生涯学習の基盤整備が急務であることが求められ、その考え方は同年7月から生涯学習振興法と言われる法律

によって具現化されました。毎年の秋に「全国生涯学習フェスティバル（まなびピア）」が全国の都道府県持ち回りで実施されるようになり、自治体には生涯学習課が開設され、生涯学習推進計画が策定され、生涯学習推進センターなどの施設も設置されました。特に、イベントの「まなびピア」では、マナビィちゃんという可愛いマスコットキャラクターが人気となり、これは現在も使用されています。また、第1回大会は千葉県の幕張メッセで挙行され、開会式には100台のピアノの連弾があるという度肝を抜くような催しがありました。

　行政的には、生涯学習審議会が中心となって事業を進めることになったのですが、全国で110を超える市町村が「生涯学習都市宣言」を行い、平成元（1989）年からの3年間、1,000ヵ所の市町村が、「生涯学習まちづくりモデル事業」として特色のあるまちづくりに取り組んだことは記憶に残っています。　　　　　　（高野山大学客員教授）

　また、まち研が、生涯学習フェスティバル、まちづくりサミットの影響を受けたことについて、上士幌町長の竹中貢氏は次のコメントを残しています。

フェスティバルをプロデュース

竹中　貢

　福留先生との出会いが生涯学習との出会いでもありました。それは30数年前、東京上野の国立社会教育研究所が主催する「社会教育主事講習」で専門職員として指導に当たっていた先生の講義を受けた時が最初の出会いでした。どこの大学を出たかという学歴社会に対して、何を学んでいるか、そして学んだことが適切に評価される社会、いわゆる生涯学習社会の時代が到来する、という教えに共感し、以来、福留先生を師と仰ぎ行動を共にしてきたのです。「生涯教育と生涯学習」、「生涯学習社会とは」など、社会教育主事の仲間が集まると議論が始まり、一献入ると更にヒートアップし未明まで議論が沸騰したものでした。

　何かと気難しいイメージの教育が明るく語られ、広く国民に浸透することになったのは、ミツバチをイメージキャラクターとした「全国生涯学習フェスティバル」の「全国生涯学習まちづくりサミット」の影響が大きかったと思います。第1回の開催は、幕張メッセを会場に、自治体や企業等が一同に会し、生涯学習の祭典として子供からお年寄りまで会場に押し寄せ、マスコミも大々的に報道するなど大成功でした。この時、北海道の代表として、上士幌町も出展に参加したのです。以来、全国各地で開催され、生涯学習の普及啓発に大きな役割を担ったことは言うまでもありません。

（上士幌町長）

◆平成2年　1990

（3）「全国生涯学習まちづくり研究会」の誕生

　「全国生涯学習まちづくり研究会」の活動は、行政だけでなく民間の活動として自治体の生涯学習まちづくりの推進に貢献しました。以後、研究会が関与する全国規模の大会、研究会ではほとんど「生涯学習まちづくり」が標榜されていました。これらに各ブロックで関わった市町村が結果的に全国生涯学習推進の中心となり、やがて全国生涯学習市町村協議会に集結したと言えるのです。まちづくり研究会は平成元（1989）年に組織化されていました。インフォーマルなグループとしてはそれ以前から存在しており、公的なイベントに関わるようになってから正式な名称として名乗るようになりました。

　第2回全国生涯学習フェスティバルは、平成2（1990）年に京都市内で開催されることになっていました。また、前年度人気があった全国生涯学習まちづくりサミットは筆者が担当することになっており（実際は担当制ではなかったが、筆者のほかに担当する人はいなかった）、当然早くから開催希望地を探していました。

　生涯学習フェスティバルのメイン事業は当然、京都の国際会議場で行うことになっていましたが、筆者としては、全国生涯学習まちづくりサミットだけは、生涯学習をまちづくりに結び付けているまちで実施するほうが望ましいと考え、調査していたのです。

　その結果、候補地に浮上してきたのが、京都に近い亀岡市でした。市長が生涯学習推進に熱心であり、その実践も目立っていたことから、筆者は早速亀岡を訪ね、サミットの開催地になってほしい旨打診したのです。もちろん即答でOKをいただいたのでした。谷口義久市長は、亀岡がいかに生涯学習都市にふさわしいかを述べ、逆に、会場地として開催するよう迫ったのでした。市役所を改築・建設中であり、サミットの開催に完成を急がせること、また市内を開催ムードで盛り上げることなどを約束されました。石門心学の祖、石田梅岩の活躍の歴史があり、文句なく全国大会の開催地にふさわしいと確信したものでした。文部省内でも大いに賛同を得たものです。

　平成2（1990）年10月31日（水）、全国生涯学習フェスティバル・亀岡フォーラム（亀岡市）は、もちろん大盛会でした。参加者との交流パーティーでは新装の市役所ロビーが披露されました。市役所の女子職員は和装で応対していました。市街には、サミット歓迎のポスターと提灯の歓迎アーチ等が飾られ、ムードを盛り上げていました。

まちづくり仕掛け人会議

　サミット終了後の11月1日（木）は、参加者による交流パーティーが行われ、ビールを片手に和やかな交歓会となりました。この交流が契機となり、以後新しい交流事業

が生まれることが数多くありました。名刺100枚もたちまちなくなるほどで、このパーティーは「まちづくり仕掛け人会議」と呼ばれるようになりました。参加者が楽しみにしている時間でもありました。流行の歌を披露し盛り上げてくれた研究会本部の小澤芳子さんなど全国からの参加者にあっという間に知られる存在になった人もいました。

また、このパーティーにおいて、兵庫県青垣町の仕掛け人、足立宏之氏から「まちづくり研究会」の「全国生涯学習まちづくり研究会」への名称変更と全国組織化が提唱されました。もちろん会場の盛り上がりから「全国生涯学習まちづくり研究会」への改編が満場一致で決まったのでした。

まち研の発足と出会い

今西　幸蔵

「まち研」が発足したのは、国を挙げて生涯学習に取り組もうとした時期に合致しています。当時、国立社会教育研修所に在籍されていた福留強先生が中心になり、日本生涯教育学会会長の岡本包治先生や、後に国立オリンピック記念青少年センター所長になられた松下倶子先生らの参加もあったと聞いています。福留先生らが「まち研」を創設された動機については、全国のだれもが「生涯学習まちづくり」の意味がよくわからなかった時代だったため、具体的に「生涯学習まちづくり」の意味が理解できる手立てになるモデルを示され、それが全国的な運動・活動につながったのではないかと推察しています。先生は、常に「全国」を強調されており、今も変わりません。その目指すところは、生涯学習の推進やまちづくりのために、研究と実践を通じて個性豊かなまちづくりに寄与するということでした。その後10年間は、自治体とタイアップしたまちづくり推進事業を手がけ、全国約120ヵ所で約2万人の関係者を集めた研究・研修大会等を実施してきたのでした。この全国生涯学習まちづくり研究会は、平成12年10月、経済企画庁より、NPO法人「全国生涯学習まちづくり協会」としてのNPO法人の認証を受けたのです。「生涯学習まちづくり」を冠した唯一の全国的な組織のNPO法人と言われていました。そして、その活動は、行政では実施しがたい事業を、いち早く展開するという機能的な集団として、活動を継続してきたことが評価されてきたのです。

臨教審後の日本において、生涯学習の普及に大きな影響を与えた団体の一つが「まち研」でした。私がこの「まち研」の活動と出会ったのは平成10年の夏でした。当時、京都学園大学(現京都先端科学大学)教授として、生涯学習論を教えていました。そこに、後に大阪経済大学や帝塚山学院大学で教鞭をとられた足立宏之先生（故人）から、大学が立地していた亀岡市が誇りとするような史跡や文化遺産、あるいは国際交流機関（当時、亀岡市にはオクラホマ州立大学の分校もあった）といったハード的なものを生涯学習の視点から執筆することを依頼されたのです。「まち研」は、全く知らない団体でし

たので大変驚きましたが、仕事をお引き受けして３週間後には写真と原稿を提出しました。やがて冊子『生涯学習都市　亀岡はいま』（福留強編著、亀岡市刊）として日の目をみることになりました。ご依頼が縁で、夏に実施された「地域アニメーター養成講座」に、受講生として参加させていただきました。そこには、亀岡市きっての老舗料理旅館「楽々荘」のご亭主である中田さんや、男女共同参画社会づくりを目的とした女性リーダーの佐藤理恵さん（グループ・キティー代表）がおられました。アニメーターの資格を頂戴した上に、ローンボウルズを楽しんだり、多くの亀岡市民と交流ができたりしたのです。

（高野山大学客員教授）

亀岡市の生涯学習都市構想

福田　正弘

　私は、亀岡市職員として平成２年に生涯学習都市推進室に配属されました。「生涯学習」という言葉自体が社会に浸透していない時代に、谷口義久市長は「生涯学習まちづくり」を市政の重点施策として打ち出され、全庁挙げての事務、事業施策を展開していました。行政組織・機構は市長部局に生涯学習都市推進室を配置し、市長直属の筆頭部に位置づけ「市政全般が生涯学習である」との信念で、総合行政での取り組みが進められました。その間、文部省の社会教育官として活躍していた福留強先生との出会いがありました。

　平成２年には、第２回全国生涯学習フェスティバルが京都府で開催されることとなり、全国生涯学習フェスティバル「亀岡フォーラム」を担当することとなりました。その関連事業として平成２年10月に竣工したばかりの市役所庁舎で「全国まちづくり仕掛け人会議」が盛大に開催されましたが、その時に「全国まちづくり研究会」が「全国生涯学習まちづくり研究会」として組織化されたのでした。以後、全国各地に生涯学習ブームが巻き起こり、地域の実情に即した生涯学習の展開が見られるようになりました。私は谷口市長と生涯学習に関する全国大会や講演会などに同行することとなりました。そこには常に福留先生の姿があって、この人こそ生涯学習の請負人、仕掛け人だなあ、と思っていました。まさに亀岡で開催した仕掛け人会議の張本人の姿がありました。そこには、常に「全国生涯学習まちづくり研究会（まち研）」というチームの存在がありました。

　その後、まち研が関わる大会が全国各地で自治体の大会と連携し、開催されることとなり、年に３～４回程度は実施されて来ました。時に亀岡市では、生涯学習まちづくりの集大成である施設として「ガレリアかめおか」が平成10年に竣工し、全国に類を見ない施設として発足し、以後、大変賑わっています。平成11年には、全国の生涯学習に取り組む市町村で構成する全国生涯学習市町村協議会が立ち上げられ、新たな歩みが始まりました。その変遷では、平成の大合併や首長の政治姿勢等により組織維持が困難になり、参加市町村も減少しています。

（かめおか財団ガレリア事務局長）

小松市生涯学習シンポジウム　平成2（1990）年2月26日（日）小松市民センター

「これからの生涯学習のありかた」をテーマに、筆者のほか讃岐幸治氏、芹洋子氏らが参加。生涯学習推進体制以前から長い付き合いの小松市での初めての生涯学習シンポジウムの実施でした。石川県での生涯学習事業は、多くは小松市発でした。

会う人みんな研究会

「全国まちづくり研究会」が、全国生涯学習まちづくり研究会組織化を提唱し、次第に会員を増やそうという活動を始めました。平成2（1990）年3月3日（土）北上市生涯学習推進大会では、筆者も「自ら学ぶ　生涯学習時代に生きる」と題する講演を行い、これも生涯学習まちづくりモデル事業の一環でした。各地で多くの関係者に接する機会があるたびにまち研のことを熱く語り、研究会への加入を誘ったものです。当時の筆者は、会う人みんなに研究会加入を誘っていたような気がします。単純にみんなを仲間と思い、楽しく生涯学習推進の仕事をしたいという無意識の心が作用していたのでした。まちづくりに関わることは、文部省に身を置かなくとも好きであることに変わりはないということです。

まち研とつながる団体
・生涯学習開発財団

当時まち研を応援する団体もありました。その代表が、生涯学習開発財団です。ミサワホーム、住宅研修財団などの協力体制のもと、「ライフラーニング」創刊号が出版されたのです。筆者も局長から指示を受けて財団を訪れ、松田妙子理事長に相談を受けて編集に協力、創刊号から各地の情報を提供しました。

・スコーレ協会

正式名称は、スコーレ家庭教育振興協会です。文部省では初めて名前を聞く団体や新しい学習団体には「この団体は社会教育団体と言えるのか」と議論していました。筆者は「月刊スコーレ」を発行している団体で、家庭教育を徹底研修している学習団体として認証すべきことを提案したものでした。一方で、同協会には「今後、徹底して全国に生涯学習団体であることをアピールしてください。文部省の啓発事業として、全国生涯学習フェスティバルを企画しているので協力してほしい」旨伝えました。今日まで同協会がすべてのフェスティバルに参加されたのは周知のとおりです。真面目に日本の家庭教育に真っ向から取り組むスコーレ協会を、もっと知ってほしいと思います。あたたかいチームワークの良さを常に感じるのは永池榮吉会長の力です。人柄と自らを律するリーダーの姿です。着実に発展したスコーレは、公益法人法に基づいて、平成26（2014）年4月1日に「公益社団法人」として移行、設立し、その後も発展を続けています。

スコーレと福留先生との出会い

永池　榮吉

　文部省時代の福留先生との出会いは、四十年も前になります。先生は当時、一般にはまだ認知されていなかった、"生涯学習"の提唱者でした。私自身、その数年前、"スコーレ"という生涯学習団体を発足させていたのです。"スコーレ"は本来、スクールの語源として「学び、遊び、余暇」の意味を持っていましたが、さらに独自の意味づけをした社会教育活動を、全国的な規模で進めていました。

　通常、家庭教育そして学校教育、社会教育へと広がっていくわけですが、当時は教育と言えば学校教育のみのイメージが一般的でした。そんな中で当時の日本社会を驚嘆させる事件が起こされたのです。それは受験生だった高校2年の男子が、父親を撲殺するという惨事でした。戦後、日本社会が変化する中で、家族関係で犯罪が起こされるなどという事件は、かつてありえなかったことです。当時、社会教育活動に取り組んでいた私は、日本社会の基礎を担う家庭の危機を感じ、周囲の勧めもあって、家庭教育を重視する新しい団体をつくる決意をしたのでした。

　幸いにして、多くの協力者が現れ、その趣旨に賛同する人々が、東京にとどまらず全国へと広がっていきました。同じ危機感を抱いていた人々が多く存在していたのです。お蔭さまで、新しい民間団体を設立することができました。

　そんな中で、文部省で生涯学習を推進する存在であった福留先生との出会いがあり、生涯学習の意識が社会的な広がりを見せていることを感じました。私なりに思ったのは、生涯学習の社会的な基盤は家庭であり、スコーレの活動は同時に、それを推進する一翼ともなるのではないか、ということでした。あれから四十年、福留先生は民間活動に身を置かれ、大学教育の世界においても生涯学習の推進を広く進められて、多くの協賛者と共に元気に活躍されています。先生と長年おつきあいさせて頂いていますが、お役人だった当時も今も、率直なお人柄が変わっていないことを感じます。先生が取り組まれていたまちづくり事業や、それに参加される人々の雰囲気もまた、同じように思います。

　スコーレが推進してきた家庭教育の活動も、同じ志を持つ多くの団体と協力して日本家庭教育学会が生まれるほどになりました。家庭教育というのは、親が子どもに特別な教育を行うという意味に誤解されかねないのですが、違います。そんな親は子どもの反発を招きかねません。事実、そうした不幸なケースも少なくないようです。

　しかし、家庭は学校と違います。親子が生活を共にし、そうした日々の積み重ねの上に双方の人生が繰り広げられていくわけです。親は通常、父親と母親という形で生活を共にします。つまり夫婦関係が基礎です。しかも、結婚による日常生活が土台となって、子どもの教育が行われるわけですから、通常の教育とは異なる苦労が存在します。

幸いにして、多くの協力者に恵まれ、新しい教育活動は順調に発展しました。特に福留先生との出会いは誠に貴重なことで、長いお付き合いとなりました。改めて、先生のお人柄と共に、その事業が重要であることを感じ、これからも協賛者の一人としてお役に立ちたいと思っています。先生のご健康とご活躍を心から願っています。

（公益社団法人スコーレ家庭教育振興協会名誉会長）

● 平成元年（1989）

7月25日（火）	千葉県青年洋上研修（天安門事件のため中止）　まぼろしの団長
8月8日（火）	文部省生涯学習クリエイティブアドバイザー懇談会　　まちづくり研究の話題
10月10日（火）	「生涯学遊ネットワーク」生涯学遊研究会発行
11月23日（木）	文部省主催　第1回全国生涯学習フェスティバルの開催（幕張メッセ）
11月24日（金）	第1回全国生涯学習まちづくりサミット　津川雅彦氏他

● 平成2年（1990）

2月21日（火）	伊丹市生涯学習推進大会（兵庫県伊丹市・アイホール）
2月26日（日）	小松市生涯学習シンポジウム（石川県小松市・小松市民センター）
2月27日（月）	小見川町生涯学習シンポジウム　森ミドリ氏（千葉県小見川町）
3月3日（土）	北上市生涯学習推進大会（岩手県北上市）
3月23日（木）	茅野市教育改革委員会（長野県茅野市）
3月29日（木）	広島県東野町海藻公園開発セミナー（広島県東野町）
7月20日（金）	北本市生涯学習推進市民会議研修（埼玉県北本市・中央公民館）
9月29日（土）	西那須野町生涯学習シンポジウム（栃木県西那須野町）
10月21日（日）	日高町まちづくりシンポジウム「日高発ドリームメッセージ90」
10月24日（水）	サンクスの会（帝国ホテル）　津川正彦、西田敏行、渡瀬恒彦氏ら　　100人の俳優が参加
10月31日（水）	全国生涯学習フェスティバル・亀岡フォーラム（亀岡市）「全国まち　　づくり研究会」が、全国生涯学習まちづくり研究会組織化を提唱
11月1日（木）	全国生涯学習まちづくりサミット・シンポジウム（京都市・京都会館）
11月10日（土）	取手市生涯学習まちづくりフォーラム（千葉県取手市）
11月25日（日）	千葉県生涯学習フェスティバル（千葉市文化センター）見城美枝子氏
12月2日（日）	韮崎市生涯学習大会（山梨県韮崎市）

平成3～4年（1991-1992）

2 生涯学習ブーム

　宮沢喜一内閣発足、新東京都庁舎開庁、バブル経済の破綻。雲仙普賢岳で大火砕流発生などのニュースが話題になりました。また、「地球にやさしい」、若貴ブームなどがありました。世界では湾岸戦争が勃発、ソビエト連邦が解体されました。

◆平成3年　1991
　生涯学習がブームとなり、マスコミにも話題が増えてきました。自治体では生涯学習まちづくりが流行のように活発になっていき、エコミュージアムの情報も自治体が敏感に反応した時期でした。21世紀センチュリープランニング（小島清美社長）との共同企画で、各地で勉強会が盛んになっていきました。生涯学習推進とまちづくりのありかたについて次第に具体的なイメージとなり、まち研として活動が広がっていきました。

（1）自治体では生涯学習まちづくりの動きが活発化

　各県でも生涯学習フェスティバルを実施するところが増えていました。岐阜県、千葉県、熊本県など独自に開催し、その動きは市町村まで広がっていきました。筆者も毎週どこかのフェスティバルに呼ばれることになり、役所はもちろん家にもいない日が増えていました。当時文部省の補助事業として、生涯学習局の提案による生涯学習モデル事業が広がっていったことが、生涯学習の発展に大きく影響したといわれています。3年間にモデル指定は約1,000市町村に広がり、各県もその研修に力を注いだのでした。
　筆者も生涯学習のブームの火つけなどとあだ名されていたようで、それは斎藤泰淳局長から言われて動いたことも大きな力になっていたからでしょう。曰く「あなたは、日本中、生涯学習推進の状況を見て説得をしていただきたい」ということでした。

全国生涯学習まちづくり研究会北本大会　北本市
　平成3（1991）年3月1～2日、埼玉県北本市で、全国生涯学習まちづくり研究会北本大会が開催されました。社会教育協会が主催する「第1回生涯学習推進のための社会教育の役割大会～全国生涯学習まちづくり研究大会・北本大会」と連動したものでした。

生涯学習推進を文部省が謳い、いわばスタートに当たる大会でもありました。元プロ野球巨人軍選手であった二宮至氏や、女優の稲垣美穂子氏がシンポジウムに登壇するなど、市民には関心を寄せる大会となりました。のちに北本市の市長はこの大会が、自分の中では最も印象に残っていると語ったことがあるほどでした。

　会場には1,000人を超す市民が集まり、大きな盛り上がりを見せていたものです。全国生涯学習まちづくり研究会が初めて公的に研修大会を開催した事業でした。いわばこの大会が、自治体の生涯学習まちづくりを標榜した大規模な大会の始まりでした。

　この大会に刺激を受けて、6ヵ月後、9月20日（金）〜21日（土）全国生涯学習まちづくり研究大会厚木大会（神奈川県厚木市）が開催されました。北本市に刺激を受けて計画の段階から、全国生涯学習まちづくり研究会が積極的にかかわり、実現した大会としては、全国初の研究大会となりました。

九州地区生涯学習フェスティバル・シンポジウム　鹿児島県鹿屋市
平成3（1991）年10月11〜12日
　鹿屋市教育長は、筆者が鹿児島県教育委員会在勤中の上司であり教育次長でした。教育長に赴任以後、熱心に鹿屋市での生涯学習フェスティバルの開催を希望されていました。九州規模の大会を提案した筆者は何度か鹿屋市に出向き、まち全体を生涯学習祭りにすることや、会場を社会教育施設だけでなく、自衛隊の施設から商工会館、デパートなどできるだけ分散させることを提案したものでした。話題の大会になったものの、第2回九州大会に立候補する自治体がなく、第1回のみで終わりましたが、各県が自前の大会等を開催したことは、鹿屋市の開催による刺激があったからだといわれていました。

第3回全国生涯学習フェスティバル　大分市、別府市、湯布院町
平成3（1991）年11月3日（土）
　一村一品運動で知られた平松守彦知事が活躍する大分県が、第3回のフェスティバル会場となりました。生涯学習まちづくりサミット・シンポジウム（別府市）には、作家で歌手の戸川昌子氏が登場しました。生涯学習のボスと言われた岡本包治先生や女優の坪内ミキ子さん、湯布院でホテル経営の中谷健太郎社長などのシンポジウムが評判でした。パネラーの三浦清一郎氏と戸川昌子氏の論争は迫力があり、会場を沸かせ、のちの語り草になったようでした。

湯布院まちづくりパネル討議　大分県湯布院町中央公民館
平成3（1991）年11月4日（日）
　まちづくり研究会としては、まちづくりを標榜する研修会は大分市より湯布院町の方がイメージに合うという理由で、湯布院を会場に選びました。

羽島市生涯学習シンポジウム

　平成元（1989）年12月3日（日）羽島市生涯学習推進大会、平成2（1990）年3月4日（日）羽島市牛鼻公民館大会、平成3（1991）年12月1日（日）生涯学習推進大会、平成4（1992）年7月30日（木）羽島市生涯学習職員研修、平成5（1993）年12月5日（日）岐阜・羽島市生涯学習大会と、羽島市の生涯学習事業に関わっていました。この時、鈴木真理教授に出合いました。当時唯一、国の事業に参加する東大の指導者が鈴木先生でした。このとき紹介された学生の中石誠子さんは、ＪＡＬの国際線スチュワーデスから東大大学院に入学した異色の研究者であり、この子弟コンビが、今日ではわが国の代表的な生涯学習研究者として活躍しています。

（2）生涯学習が日常生活に浸透

　文部省としては当時、生涯学習の啓発が最大の課題となりました。テレビ番組はNHKをはじめ各局が生涯学習を取り上げることも多く、テレビ討論や深夜番組まで、キャンペーンは次第に浸透したように感じました。週刊誌も生涯学習を取り上げ、特別号や臨時増刊も出版されました。筆者は、地方への生涯学習の啓発を命ぜられ、各県に関連の研修のため飛び回る日々が続きました。筆者もＮＴＴや資生堂の企業紙に生涯学習の推進者として大きく紹介され、週刊朝日や、サンデー毎日、週刊読売などインタビュー記事が出、文部省内でも注目されてしまいました。

　週刊朝日臨時増刊「生涯学習Ｖプラン」では、福留社会教育官を「生涯学習伝道者」と評していました。日刊工業新聞等でも大きく取り上げられ、生涯学習リーダーとされていました。息つく暇がありません。様々な会議等に呼ばれましたが、当時の自分の使命であり、仕事だと割り切って、数多く出演したものでした。おそらく文部省でも当時、一社会教育官としては、過去に例がないぐらいに省外にいる時間が多かったのです。また、「生涯学習フォーラム」「教育新聞」などに、毎月・毎週連載で、生涯学習一問一答などを連載し、いつも原稿締め切りに追われていました。文部省でも、なかなか会えない役人ともいわれていたそうで、様々な仕事が持ち込まれる社会教育官室でした。

ブームを盛り上げた文化人

　津川雅彦氏、平尾昌晃氏、渡瀬恒彦氏、浅香光代氏、川上哲治氏、牟田悌三氏、市田ひろみ氏など、生涯学習関連でシンポジウム等に出演した文化人、芸能人も少なくありませんでした。小椋佳氏、森英恵氏などは、高い見識の専門家であり、生涯学習審議会委員に委嘱したものでした。まち研でも津川雅彦氏、坪内ミキ子氏に理事に就任していただき、そのことだけでも注目を集めました。

◆平成4年　1992

　日本人宇宙飛行士・毛利衛が宇宙へ出発。バルセロナ五輪で14歳の岩崎恭子選手が金メダル、「今まで生きていた中で一番幸せです」という言葉や、甲子園の松井秀喜が5打席連続敬遠の話題が印象に残ります。ミニスカートやジーンズが流行し、ファッションにも大きな流れが生まれたのでした。

　活発な生涯学習まちづくりの動向

　自治体では、生涯学習まちづくりの動きが活発化していました。例えば生涯学習まちづくりモデル事業が増加し、その補助事業終了の年度に、多くの自治体はその成果の発表のために「生涯学習まちづくり大会」「生涯学習推進大会」などを開催する例が多くなっていました。これらの多くは、文部省に相談があり、大半は筆者に回されていたので、生涯学習まちづくりは福留担当というイメージになっていました。したがって自治体の生涯学習まちづくりの情報は、圧倒的に社会教育官室に集まっていたものと思われます。

　作曲家の團伊玖磨さんから東京駅で声をかけられたのも、この時期だったように思います。「福留さん、あなたの時代ですね。生涯学習だんだん盛り上がってきましたね」

　團さんとは2〜3回食事を一緒にしました。作曲家、評論家で知られる通常なら会えない人ですが、国の研修会での縁で知っていただいたものでした。

峡北フォーラム92　平成4（1992）年2月20日（木）山梨県韮崎市農協ホール

　山梨県峡北広域行政事務組合が主催する事業で、峡北地区の市町村が多数参加した大がかりなフォーラムでした。韮崎市のふるさと振興課長の真壁静夫氏がコーディネートするもので、各自治体のチームワークの良さを感じた記憶があります。

　筆者は初日に基調講演をしました。指導者の中には、小出昭一郎氏（山梨大学学長）、野田一夫氏（多摩大学学長）の基調講演がありました。

　2日目にも実践事例の研究協議等が続いていましたが、いずれも生涯学習を強く意識したものとなっていました。峡北地区の市町村の社会教育団体、各種協議会、ＰＴＡ連合会、青年会議所など、各機関が総動員して協力し、想像以上の参加者でした。

（3）全国生涯学習まちづくり研究会の活動

全国生涯学習まちづくり研究会・小木大会　平成4（1992）年9月24～25日

　佐渡小木町民体育館研究交流会・分科会で、松伏町、松崎町（静岡県）、山形県、西川町、隼人町、秋田市などが発表しました。

　シンポジウムでは、中川司気大氏（サロン・デ・ボザール創設・アマチュア絵画の指導者）、坪内ミキ子氏（女優）などのほか、筆者（福留社会教育官）の記念講演となっていました。

　新潟県としても大きな事業であり、もちろん佐渡島では最大の事業となりました。のちに、小木町に日本初のアマチュア美術館を創ることになったのは、この時の中川司気大氏の活躍があったからでした。

　筆者も、日本最大のアマチュア美術団体「サロン・デ・ボザール」の月刊誌「サロン・デ・ボザール」の普及のために、全国の公民館に購読を奨励したことを思い出します。ふるさと創生1億円の効果として時の政府自民党が、小木町の美術館をふるさと創生のもっともすぐれた成果として挙げていました。中川氏とともに、筆者の郷里の鹿児島県の実業家・鎌田善政社長も同行した事業でした。

ボランティア・リーダーの養成事業

　まち研の事業の一つに、まちづくりボランティア・リーダーの養成事業があります。まちづくりにかかわるボランティア・リーダーとして、認定資格を設定しているものです（平成8〈1996〉年にスタート）。

　全国生涯学習まちづくり協会の諸活動は、後に「全国子どもをほめよう研究会」の設立や「平成子どもふるさと検地」など、新たな子どもの健全育成事業に発展させた取り組みを実施していました。

　また、「創年のたまり場」の普及運動、「創年市民大学」の開設・支援などの創年活動に発展した事業も行っていました。これらの事業の芽は、当時から少しは芽生えつつあったと感じています。

・「まちを創るリーダーたち」

　平成3（1991）年2月、全国生涯学習まちづくり研究会は、福留強編著「まちを創るリーダーたち」を発行しました。教育新聞社・豊村泰彦氏（出版部次長）、樋渡真理子氏、小澤芳子氏（フリーライター）、松下倶子氏（社会教育官）らと、首長15人の発想をまとめたものでした。

48

２年後、まち研は「まちを創るリーダーたちⅡ」を学文社から発行しています。10名の執筆者、池田千鶴氏、池田明美氏、岩崎宏美氏、坂田真由美氏、土井裕子氏、松下倶子氏、吉村由美子氏の女性陣に、西村美東士氏、豊村泰彦氏、林田興文氏等の名がみえます。

　ちなみに、選んだ自治体は、Ⅰでは、亀岡市、掛川市、茅野市、韮崎市など15自治体、Ⅱでは、釧路市、八潮市、新見市、青垣町など、20自治体を取り上げました。

（4）三陸町エコミュージアム・シンポジウム

　「わが町は、人口よりも鹿が増えています。町の発展に何とかならないものか」当時の岩手県三陸町の町長、教育長が文部省に相談にこられました。その時、とっさに応えたのが「エコミュージアムを研究してみませんか」という筆者の答えでした。

　まちにある特色を挙げてみる、まちに在住する名人さがし、など、まちの宝さがしの作業は半年では無理で、１年を要しました。町長自らも研修に顔を出し、教育長も宝探しをしたのでした。

生涯学習とエコミュージアム研究会　都道府県会館　平成４(1992)年３月10日(火)
　三陸町との取り組みを議論している過程でエコミュージアムの情報や流れが多くなりました。当時、筆者もはじめて、エコミュージアムの理論を知り、非常に新鮮な刺激を受けた記憶があります。里見親幸氏(丹青研究所・研究所長)、新井重三氏(埼玉大学教授)の２人の研究者からの説明に、筆者は博物館というよりも、まちづくり構想に思えたものでした。

　そこで、都道府県会館を会場に、生涯学習とエコミュージアム研究会と銘打って、研修会を開催してみました。この時、文部省はあまり関心がなさそうでしたが、里見氏らの努力もあって200名の人が集まりました。驚いたことに参加者は、建設関係の者が半数以上を占めていました。箱もの、まちづくり土木建設等に関心があったのでしょう。博物館関係者がほとんどいないという状況だったような気がします。ただ、まちづくり派と博物館派は、相互にその意味を考えることで、互いに構想が広がったのは事実です。

　こうした中で三陸町の取り組みは、手探りながら着実に進められていったようでした。エコミュージアムと言っても、住民には届きにくいだろうと考え「まるごと博物館」にしたらどうかという提案をし、これは正解だったようです。

三陸町まるごと博物館研究大会　平成4（1992）年5月14〜15日

　まち全体が博物館構想は、聞いているだけで胸が躍るほど新鮮なアイデアであったと思います。丹青社やまち研の協力で大規模な研究大会になりました。里見親幸氏、多田幸子氏、松下倶子氏などが、シンポジウムで討議されるなど、女性の活躍を予感させると地元では期待されていたようでした。全国的には聞きなれない用語の「まるごと博物館」も、エコミュージアムの理解とともに関心が高まったようです。その高まりは当然ですが、まちづくり手法の開発との関連で、新しい関心を呼んだものと思います。

　単に博物館の議論で終わらせず、まちづくりと結び得たところで、大いにエコミュージアムも広がったと評価する人も少なくありませんでした。

三陸町の思い出

松下　倶子

　この35年の間にまち研はその時々の社会の状況に応じて、狙い、形式、スタッフ、参加呼びかけ対象、規模等を柔軟に変えながら、今日まで続けてきています。一貫して、福留強聖徳大学名誉教授が、研究会をリードされてきました。

　私は、まち研発足時からメンバーとして参加して、さまざまな分野の専門家や各地の熱心な関係者の方々と一緒に活動しておりました。ウィークデイ、土曜、日曜を問わず、毎日、羽田空港を利用していた頃もありました。発足当時の私たちの役割は全国各地の多くの方々が生涯を通じて学び、自分を高め、地域づくりに貢献できる人材となれるための環境を整えるきっかけづくりや必要な支援をすることでした。研究会は会場となる地の要望に基づいたテーマに合わせて、講師の講演、先進地のキイパーソンによるディスカッション、質疑応答などから構成されていました。前後に会場地の視察が含まれていたことがしばしばでした。

　いま、手元に「三陸大王杉を木霊守護」と墨書された杉板があります。岩手県三陸町のまちづくり活動に何度か参加した記念品です。三陸町は来町者を増やし、町を活性化させるために町内の美しい景色や名産品、公的機関等を「まちのたからもの」と称してリストアップし、それを整備して、展示物とする「町じゅうまるごと博物館」を作り、町民は展示物について学び、来館者を案内し、説明する案内者になるという構想に取り組んだのでした。100件を超えるたからものの一つが、役場のそばに立つ大きな杉の木でした。木板の入った紙袋にある説明は「三陸大王杉（推定樹齢7000年以上、平成2年6月2日、日本樹木協力会代表・樹医・山野忠彦氏診断、明治33年生まれ）の木霊により、すべてのものから守護されますよう、このお札は大王杉の枝を使用しております」とあります。その杉がたからものだと決まるまでは、放っておかれたただの

大きな木でしたが、決まってから枝が払われて囲いが設置されました。

　私の手元にある木の板は、払われた枝から作られたものです。この木についてまなび、説明を担当する係になった町民や、「大王杉」という命名は、公募によって小学生の案が採用されたと聞いています。当時の町長、教育長など行政のリーダーが先頭に立って熱心に町民の学習のための設備等を整えられ、博物館は開館したものと思います。平成23年の東日本大震災による、三陸町や「博物館」の様子も気になります。いつか手元にある木札を持って訪ねたいと思っています。

　　　　　（元聖徳大学教授、元青少年教育機構理事長、青少年総合センター所長）

日本動物園・水族館協会総会講演　秋篠宮殿下もご臨席
平成4（1992）年5月27日（水）　釧路パシフィックホテル

　全国の各施設の館長が研修として集まり、その年からはじまる「学校週5日制と博物館」をテーマに、筆者は文部省から講演者として出席しました。学校週5日制は、ゆとりのある生活の中で、子どもたちが個性を生かし、豊かな自己実現を図ることを目的に、平成4（1992）年9月から月1回という形で段階的に実施してきたものです。筆者の前の講演は魚の「イトウ」の話でした。皇室では、昭和天皇もその研究者として知られていましたが、この日は秋篠宮殿下も「イトウ」の講演をお聞きになったものでした。

　次の講演が筆者で、学校週5日制の意義を話す番でした。当然、殿下はご退席されると思っていましたが、なんと最前列の正面に殿下の席が設けられていました。文部省の話を聞くということになっていたのでした。事前に聞いていなかったので、正直、大変な緊張をした記憶があります。予定通り、また慎重に殿下の前で講演したのでしたが、失礼のない程度に、いつもの通りの講演に集中することにしました。

　講演が終わって、殿下の控室に伺ってあいさつしてください、という指示があり、緊張しながら「先ほどは失礼しました」とうかがったのです。殿下は「ご苦労様でした。結構たのしかったですよ」と声をかけていただきました。全くの冷や汗と、感動の一瞬でしたが、大切な思い出になりました。

エコミュージアムとは
　エコミュージアムとは、一般に「一定の地域における時間と空、人間と環境の関係を示す新しいタイプの博物館」「地域住民が地域を理解・発見し地域アイデンティティを獲得することを目指す活動」「生活環境博物館」「まち全体が博物館」などと多様に定義されています。博物館の一形態と理解されるエコミュージアムを、「エコロジー」だけでなく「エコノミー」を強く意識した側面に着目して、新まちづくりを構想しようとしている例もあり、筆者は当時、まちづくりの効果的取り組みとして注目したものでした。

　地域の魅力を発掘し、磨きをかけて観光、産業の振興に活用し、取り組むことが、地

51

方創生のまちづくりを進めることになるという理由からでした。

　エコミュージアム構想は、地域資源を発見し、それを活用して地域の総合的な活性化をめざす点では、いわゆる「地方創生」手法の目玉といってよいものです。エコミュージアムを実現させるためには、市民が主役でなければなりません。そのエコミュージアムは、わが国では「まるごと博物館」として、いわば自治体全体が博物館を標榜しているところが少なくありません。自治体全体が博物館であれば、住民は自ずと博物館の利用者であり、同時に、博物館に在住する職員ということにもなるわけです。そのため、当然、住民はいわば職員として地域全体について学び、対外的にも我が自治体をＰＲする立場になります。したがって、まるごと博物館としては、地域を学び伝える人材「学芸員」の育成が、重要な要素であるといえるでしょう。

エコミュージアム・シンポジウム　山形県朝日町西部公民館

平成4（1992）年6月5～6日

基調講演「日本のエコミュージアムの動向」新井重三（埼玉大学教授）

記念講演「フランスにおけるエコミュージアムの歴史と現状」アラン・ジュベール（バス・セーヌ・エコミュージアム経営管理者）

　初めての国際的なエコミュージアム研修という雰囲気でした。わが国では早くから取り組んだ山形県朝日町エコミュージアムの実践をたどりつつ、今後の発展を大いに期待したものでした。朝日町は、町民と行政が連携して、エコミュージアム研究会を結成し、これに取り組んでいました。「楽しい生活環境観エコミュージアムのまち」を標榜し、「空気神社」では空気祭り、「朝日町国際エコミュージアム」の開催など、小さな町としては様々な取り組みを続けています。

　このエコミュージアム推進に真っ先に取り組んだのは、丹青研究所であったようです。その研究、実践には、新井重三氏（元埼玉大学教授）を顧問に、里見親幸氏、大山由美子氏らがその中心に活躍しています。

東野町海藻公園開発構想　平成3（1991）年11月21日

　東野町海藻公園開発セミナーは、平成3年秋に実施しましたが、これは美しい海底を公園化しようという構想でした。海の美しさが自慢の広島県東野町に何度か伺いました。

　エコミュージアムの思想を伝えるにはどこから取り組むべきか悩みました。町長や熱心な総務課長の熱意を感じながら、とにかく地域の人々にエコミュージアムを理解してもらうことが先だと思い、その学習に重点を置いたことを記憶しています。

　日産建設にいたという鈴木廸雄氏の構想でしたが、結局、住民がついてこないまま計画は解消していました。

まなびピア 92 in みやぎ　全国生涯学習まちづくりサミット

　平成 4（1992）年 10 月 31 日〜 11 月 4 日、仙台市、気仙沼市、白石市他で、文部省主催で開催されました。白石市でのパネル討議には、塚本哲人氏（東北大学名誉教授）、谷口義久氏（亀岡市市長）、本間俊太郎氏（宮城県知事）が筆者とともに出演して会場を沸かせました。特にフィナーレでは、芹洋子氏（歌手）の「歌があれば」が初めて歌われ、参加者を感動させました。

　この曲は平成 2（1990）年「歌があれば」詩・山口あかり、曲・馬飼野康二、唄・芹洋子で発売されたものでした。当初、文部省の生涯学習推進の歌にできないかというレコード会社の相談、依頼を受けました。「文部省とつけただけで売れなくなりますよ」「まちづくりの歌としてはどうか」と説得したことがありました。そしてまちづくり大会等で歌っていただくことにしたのでした。ただその後、芹洋子氏が直接歌う機会はあまりなかったようでした。「四季の歌」「坊がつる賛歌」などのヒット曲と美声で知られる芹洋子氏であり、ヒットさせたいと思っていましたが、生涯学習大会のみで歌われたこともあり、多くの人に知られるまでには至らず、今でも残念に思っています。

「生涯学習ナウ　創造のまち 104 の試み」

　この本は、日本教育新聞社の「週間教育資料」に連載の「生涯学習ホットライン」において昭和 63（1988）年 4 月から平成 3（1991）年 3 月までに紹介した事例をもとに、一部その基本となる考え方や、実施方法等についてまとめたものです。筆者と仲間で、生涯学遊研究会を名乗って編纂したものでした。国立教育会館社会教育研修所の教務研修課長・上条秀元氏、研修指導主事・古市勝也氏以下、柴山能彦氏、中村正之氏、西川万文氏の国社研スタッフ、西村美東士氏（昭和音楽大学講師）、蛭田道春氏（大正大学講師）、それに文部省社会教育官・松下倶子氏のメンバーで名乗っていました。

　筆者にとって国社研は、いわば皆さんが後輩であり、図書の活用も意図して協力を願ったものでした。構想から 1 ヵ月で実現したものと記憶しています。

● 平成 3 年（1991）

2 月 21 日（木）	岩手県三陸町生涯学習大会
2 月 23 日（土）	佐野市生涯学習フォーラム　マッハ文朱氏、他
3 月 1 〜 2 日	全国生涯学習まちづくり研究会・北本大会
5 月 24 日（金）	生涯学習まちづくり講座（千葉市・県教育総合センター）
6 月 1 日（土）	千葉県生涯学習フェスティバル
9 月 6 日（金）	名瀬市生涯学習研修会（鹿児島県奄美・名瀬市）
9 月 13-14 日	西脇市生涯学習セミナー（兵庫県西脇市　写真右）
9 月 20-21 日	全国生涯学習まちづくり研究大会・厚木大会（神奈川県厚木市）
10 月 11-12 日	九州地区生涯学習フェスティバル（鹿児島県鹿屋市）
11 月 3 日（土）	全国生涯学習フェスティバル（大分市、別府市、湯布院町）生涯学習まちづくりサミット・シンポジウム（別府市）
11 月 21 日（木）	東野町海藻公園開発セミナー（広島県東野町）

● 平成 4 年（1992）
研究会の事務局を東京都港区赤坂に設置

2 月 20 日（木）	峡北フォーラム 92（山梨県韮崎市）
3 月 10 日（火）	生涯学習とエコミュージアム研究会（都道府県会館）
5 月 7 日（木）	女性のためのまちづくり研究会（教育会館　40 人）
5 月 14-15 日	三陸町まるごと博物館研究大会
5 月 27 日（水）	日本動物園・水族館協会総会（釧路パシフィックホテル 秋篠宮殿下）
6 月 5-6 日	国際エコミュージアム・シンポジウム（山形県朝日町）
7 月 11 日（土）	鶴岡市生涯学習まちづくり夢シンフォニー（山形県鶴岡市）
9 月 4-5 日	千葉県生涯学習フェスティバル（幕張メッセ）牟田悌三、本宮寛子
9 月 24-25 日	全国生涯学習まちづくり研究会・小木大会（新潟県佐渡）
10 月 31 日（土）	全国生涯学習まちづくりサミット宮城大会（白石市、気仙沼市）
11 月 2 日（月）	全国生涯学習まちづくりシンポジウム（宮城県気仙沼市）
11 月 25 日（水）	士別市生涯学習推進大会（北海道士別市）

平成5〜6年（1993-1994）

3 九州からの発信

　Jリーグ、細川連立内閣が話題になった年でした。筆者は、平成5年に文部省を辞職し、北九州市にある九州女子大学、九州共立大学に教授として転職しました。大学での活動が、西日本を中心に、まちづくり研究会として大きく広がりました。まち研が、九州を拠点に、広域ながら地域に根差すという形に築かれたと思われます。

◆平成5年（1993）

（1）まち研本部機能が九州女子大学生涯学習研究センターに

赤坂に事務所を提供される

　平成5（1993）年3月25日、全国まちづくり研究会の事務所を東京都港区赤坂に設置しました。実業家の多田幸子氏から、事務所の提供をいただいたものです。赤坂の全日空ホテルの横にある豪華なビルの1階部分でした。貿易商などをされていたこともあって国際的な活動をされていたという人です。ある講演会の楽屋で私の話に同感であり、ぜひ手伝いたいということで提供の話がまとまったものでした。できれば事務所として活用してくださいという夢のような話をされたのでした。翌週、早速訪ねて驚きました。事務所のドアには、全国生涯学習まちづくり研究会本部の金文字のプレートができていたのです。

　同日、事務所開設のパーティーを開催しました。広めの事務所ホールにおよそ60名の人々が参加、教育新聞の記事にもなりました。50〜60名なら十分にパーティーや研修が可能であり、いくつかの会合を実施したものです。

　しかし、筆者はその年に文部省を辞して北九州にある九州女子大学に転身することになったので、当時の多田さんも残念がっていたことが、のち後まで筆者にとって大きな心の負い目になっていました。毎週顔を出しますとは言ったものの実際はきわめて難しく、2ヵ月に3回、顔を出すのが精いっぱいでした。

55

九州女子大学の教授へ　研究会本部機能が九州女子大学生涯学習センターへ移管

平成5（1993）年、筆者は文部省を辞して、親友が経営する九州女子大学に教授として勤務することになりました。大学に転身しましたが、その最初の仕事は大学に生涯学習センターを発足させることでした。もともとその条件で迎えていただいただけに、理事長の理解もあり、比較的スムーズに設立できました。

全国生涯学習まちづくり研究会も、自動的に事務所としたもので、研究会本部機能が九州女子大学生涯学習研究センターに入ることになったのでした。大学の生涯学習センターは、九州でも早い設置で注目されました。生涯学習推進の拠点として、相応のセンターの設置が実現したのです。学内の正門横に本格的なビルが完成し、名実ともに活性化の拠点になりました。

筆者は、大学では国文科に籍を置き、社会教育を教えるというものでした。学生たちは、全国で起きていることを含めて多くの体験談を、興味をもって聞いてくれました。

授業中に呼びかけた活動に、多くの学生が参加したのは、平成5（1993）年8月に生涯学遊同好会「卑弥呼」が発足したときでした。以後、西日本だけでなく、全国的に活動する女子大生のユニークな集団として話題を呼ぶようになっていきました。同様の事例がないだけに、全国的にも話題になっていきました。

西日本に活動が広がる

多くのイベント等は、生涯学習研究センター事業と一体化したため、西日本に活動が広がり、卑弥呼も活躍したのでした。事務局職員には、本学出身のOGで職員の澤田小百合氏、竹内絵美氏、平地佐代子氏が加わりました。パワーといい仕事ぶりといい、文句なく素晴らしい人たちで、予想以上の活躍でした。学生に対しても、同大学の卒業生であり先輩として本気で指導し、学生にとってはよきお姉さんでした。

教員以外に男性の少ない職場でしたが、とくに新しい大学、学科を創っていくという目標に、ともに向かっていく雰囲気は素晴らしく、ときどき文部省からの電話でも「楽しんでいるようですね」などと言われていました。北九州市や福岡県教育委員会にも歓迎していただき、あっという間に忙しくなってしまいました。

年100回を超す社会教育、生涯学習に関する出張があり、北九州市の女性団体「ひまわりの会」をはじめ多くのグループ（団体）が歓迎会をしてくださったことなどもあって、地域に急速に入り込めたような気がしました。九州弁、博多弁がかわいらしく、また温かく聞こえたものでした。

九州女子大学・卑弥呼合宿研修（志摩町）　平成 5（1993）年 8 月 18 ～ 19（木）

女子大生グループの合宿であり、その受付申込書に「卑弥呼」と記入しましたが、結局これが実質的に卑弥呼創立になりました。

他大学への非常勤講師に

他大学に非常勤講師として招かれる機会も多くいただきました。筆者にとっても多くの時間を費やしましたが、大いに勉強になるものでした。

青山学院大学の数年は、2 部（夜間部）青少年教育、社会教育を担当しました。社会人、主婦、ＯＬ、防衛庁、大企業サラリーマンなどの多様な学生との交流は真剣勝負そのものでした。現場の最先端のテーマであり、筆者の講義はそれなりに学生からは好評のようでした。

平成 6（1994）年度には、東京大学の講師として委嘱を受け、後期の「生涯学習政策論」の非常勤講師の辞令を受けました。東大としては、生涯学習政策論が初めてで、担当専門教授がいないために、文部省に依頼があり、筆者が担当することになったものでした。生涯学習論と、政策の理念、方法、地方公共団体への対応などを、現場的視点で取り上げました。学生は非常に関心を持ったようでした。講義が終わると 5、6 名が寄ってきて質問攻めで、中には「先生のように自分も地域にかかわりたい」「まちづくり研究会について知りたい」などという学生もいました。

九州女子大学生涯学習研究センター

生涯学習研究センターは、プレハブの古い建物でしたが、専用の生涯学習センターが開設されたのはきわめてラッキーでした。2 年後には豪華なビルが完成し、まちづくり研究会本部機能が、九州女子大学生涯学習研究センターになったのでした。こうした機能を持つ大学は、全国でもまだ少なく、その中で自由に活動できることは、来訪者も驚いた様子でした。

学生にとっても活動の場ができて、常ににぎやかな声が響いている場所になりました。九州一円から問い合わせも増え、全国からも多くの来訪者が増え、注目されるセンターとなっていきました。

まち研の活動も西日本に広がり、学生集団の卑弥呼も活躍しましたし、全国生涯学習まちづくり研究会機関紙「HOW まち」創刊号が発行されたのもこの時でした。

（2）各地で全国生涯学習まちづくり研究大会

ふるさと津和野鷗外塾　人づくりシンポジウム
平成5（1993）年1月31日（日）津和野町民体育館

島根県の南西に位置し、山間の小さな盆地に広がるまちです。町並みは小京都の代表格として知られています。文豪・森鷗外の生家があることで、森鷗外にちなんで開催された「ふるさと津和野鷗外塾」のシンポジウムに参加しました。俳優の山本學氏の講演の後、シンポジウムでは、永田生滋氏（大田記念美術館副館長）、森富氏（仙台大学学長）、高橋一清氏（文芸春秋編集長）、山本學氏が「人づくりとまちづくり～津和野への提言」で討論をしました。全国的に注目される事業でした。

全国生涯学習まちづくり研究大会・八潮大会　埼玉県八潮市
平成5（1993）年6月4～5日

全国的に大勢の人々が生涯学習関連で視察に行くまち御三家と思われていたのが、掛川市を別格にして、茅野市、八潮市、亀岡市でした。

八潮市の当時の見どころは、生涯学習宣言都市、出前講座だったことでしょう。その中心で活躍されたのが松澤利行さんで、まち研でも事務局の中心として活躍されました。藤波市長だけでなく私にとっても片腕的存在で、常に行動を共にした人でした。当時の模様を次のように綴っていただきました。

八潮で初めての全国大会

松澤　利行

生涯学習都市宣言の2年後の平成5年、福留先生のご指導で、八潮市で初めての全国大会を開催することになりました。

大会の準備段階から本番に至るまで、まち研の大勢の方々にお会いし、ご指導をいただくことができました。福留先生の基調講演に続き、各分科会に分かれて事例発表や討議が行われ、真剣で有意義な研究が行われました。また、初日の夜行われた交流会では、まち研恒例の名刺交換・自己紹介が行われ、飲み物や食事を交えて楽しい交流をさせていただきました。

2日目の最終ラウンドでは、俳優の山本學さん、福留先生、藤波市長の3人で楽しいトークショーが行われました。それぞれの思いを自由に語り合いましたが、中でも山本

學さんの言葉は今でも覚えています。「人間一生勉強です。私も舞台に立った時『これでよい』と思ったことは一度もありません」

初めての全国大会は、福留先生はじめまち研の多くの仲間のサポートがあり、成功裏に終了しました。そしてその後も、全国の8の字がつく自治体が集う「8の字サミット」や、八潮市が全国に先駆けて実施した出前講座について研究する「出前講座研究会」等を、まち研の仲間を通じて開催させていただきました。

八潮市が「生涯学習都市宣言」を行ったのが平成3年7月1日。今から30年前のことで、当時の市長である藤波彰氏の強い思いが込められていました。当時、私は企画課課長補佐として、市制20周年記念事業の一環として事務に携わっていました。八潮市としては初めて埼玉県内初の生涯学習都市宣言でした。

翌年の平成4年から、企画部生涯学習都市推進室の室長を命じられました。その任務は、「生涯学習によるまちづくり」の推進役で、市民に対する生涯学習の啓発と、ハードでは生涯学習によるまちづくりの拠点施設を建設することでした。しかし、特にソフトの部分では具体的な方向性は全くこれからで、白紙に絵を描いていくという状況だったため、いくつかの構想は持っていたものの、生涯学習の第一人者である当時文部省の社会教育官だった福留強先生のところにご指導をいただくため何度も伺いました。その過程で、福留先生を中心に全国に多くの仲間がいることを知りました。その母体が、「全国生涯学習まちづくり研究会」（まちづくり協会の前身である「まち研」）の存在でした。まち研の仲間は、教育新聞社記者であった豊村泰彦氏をはじめ、北海道から九州・沖縄に至るまで全国に広がっています。

福留先生のご紹介により全国各地の生涯学習フォーラム等に参加、活動にかかわる多くの皆さまとの交流の中でいろいろと学ばせていただきました。藤波前市長と一緒に行った北海道や九州など、全国の仲間たちと現地での交流を含めて楽しい思い出がよみがえり、市役所の一職員では経験できないような素晴らしい日々は、私の宝物になっています。　　　　　　　　　　　　　　　　　　　　　（元八潮市市民が主役推進室長）

海外研修・ローンボウルズ体験と日本の事業への導入

平成5（1993）年8月24～31日、海外まちづくり視察が実現しました。シドニー、マンリー、ブリスベンを訪れました。マンリーでは、本場のローンボウルズ体験をすることができました。オーストラリア在住経験もある多田幸子氏の世話で、初の海外旅行体験が実現したものです。野外動物園では、初めてコアラを抱いたことや、カンガルーとのボクシングなど思い出のシーンも生まれ、格好の土産話となりました。

ローンボウルズは世界的にも古いゲームで、主に大英帝国から広がってきたものです。オーストラリア旅行で、現地で見たこともあって、日本でも取り上げようと研究会で持ち帰ったものでした。テニスコートほどの広さで競うもので、ボーリングがピンを倒す

ものであるのに対し、屋外で中心球（ジャック）に砲丸球に似た偏心球をボーリングのフォームで投げるものであり、チーム対抗、個人対抗もある、あまり激しい動きはなく、高齢者や障碍者でもできることから「福祉競技」として普及を目指したものでした。

ローンボウルズをニュースポーツとして地域アニメーター講座の必修プログラムに入れたこともあって、活動は急速に広がったのでした。その指導に当たったのが「九州女子大学生涯学遊研究会・卑弥呼」の学生たちでした。研修会の模様はNHKニュースでも報じられました。まちづくり研究会の会員もアニメーターが増加することに比例して増えていったのでした。

地震に負けず全国生涯学習まちづくり研究会　釧路大会（釧路市生涯学習センター）

平成5（1993）年9月7～8日（水）、釧路市で北海道最大の生涯学習大会が開催されました。

この年、釧路地震があり、かなりの被害を出したため、筆者は、市長に大会の中止を申し入れたのです。市長の答えは「地震で大きな被害を受け、市民の気持ちも暗い。生涯学習の楽しさを知ることで市民を笑顔にしたいのだ」であり、大会は実施するという強い姿勢でした。そして美しい釧路のまちを背景に大会は実施されました。

釧路大会は、北海道全域から大勢の参加者を集めました。全道はもちろん、本州からも大勢が参加しました。大会を企図した、幣舞橋のたもと上にある生涯学習センターから、大会実現まで盛り上がったことを思い出します、

全国生涯学習まちづくり研究会鶴岡大会　「夢シンフォニー」

夢シンフォニー「鶴岡市生涯学習まちづくり」は、山形県鶴岡市のメイン事業でした。

平成4（1992）年7月11日の夢シンフォニーに続いて、平成5（1993）年9月23～24（金）「つるかめフォーラム」は、鶴岡市駅前マリカ西館、鶴岡市中央公民館を中心に市内の文化施設に分散して、分科会などが行われました。

これは、京都府亀岡市と交流事業として実施したものでした。筆者は、亀岡市の生涯学習フォーラムと鶴岡市のまちづくりフォーラムを提案していましたが、お互いに「鶴」と「亀」でめでたい名前だから、交流事業にしたらどうかと提案し、実現したものでした。

分科会会場として中央公民館、マリカ西館市民ホール、産業会館、歴史施設致道館など、市内全域がフォーラム体制に見えました。鶴岡市としてはかなりの重点を置いた事業であり、鶴岡郵便局はこの日の記念に、記念切手カバーシートを発行していました。

生涯学習まちづくりシンポジウム宮崎（日の影町宮永小学校体育館）

平成5（1993）年10月30日（土）、生涯学習によるまちづくりを標榜した大会でした。筆者の講演のほか、鈴木廸雄氏、多田幸子氏、小澤芳子氏、土井裕子氏など当時の主なまち研メンバーがシンポジウムで集合していました。九州の山奥に、梅戸勝惠町長とともに生涯学習の炎が燃え広がる勢いを感じたことが記憶にあります。

文化のまちづくり全国大会　第3回全国文化の見えるまちづくり政策研究フォーラム

平成5（1993）年11月12日（木）　沖縄市市民会館ほか
テーマ「やさしさ・共感・情熱、そして文化を発信するまちづくり」

　5つの分科会が2日間で行われ、筆者は第5分科会「生涯学習と子ども・地域・文化」（西原社会福祉文化センター）でパネラー参加。猪山勝利氏（長崎大学教授）、保坂展人氏（教育ジャーナリスト）などが出演されていました。

　保坂氏は、後に世田谷区長になり、区の研修会で会ったのですが、お互いに全く記憶していなかったようでした。

　記念講演は、永六輔氏が「地方文化の時代」で、大会の成果を評価していました。中部広域市町村圏事務組合（12市町村）主催で、会場は1,000人を超える参加者だったようでした。沖縄県の結束力をうかがわせる大会で、全国からの参加者もかなり多かった記憶があります。

全国生涯学習まちづくりサミットIN愛知　愛知県吉良町中央公民館

　平成5（1993）年11月21～22日（月）、第5回全国生涯学習フェスティバル愛知大会（名古屋市）。まちづくりサミットだけは市町村で実施することとして、愛知県吉良町を会場にまちづくり大会を開催したものです。「キラキラ吉良」と洒落たキャッチフレーズでした。吉良町は、吉良上野介、吉良の仁吉、尾崎紅葉の里で、これらを意識したサミットを開催しました。

　第1日は4分科会で、事例研究では助言者、コーディネーターに、足立宏之氏、田中美子氏、村田昇氏、上条秀元氏、讃岐幸治氏、木村清一氏、菊川律子氏、鈴木真理氏、角替弘志氏、塩崎千恵子氏、渥美省一氏、パネル討議で三浦清一郎氏、今泉清氏、藤波彰氏、松下倶子氏。

　2日目のシンポジウムには、永池榮吉氏、岡田隆史氏、岡本包治氏、杉村美恵氏など、

61

当時の全国的なリーダーがズラリと出演されています。いずれも他の大会等で講演をする指導者ばかりで、第1回以来、最高の指導者陣と呼ばれていました。筆者にとっては、文部省を辞して九州女子大学教授としての初仕事のようなものでした。

　北海道・釧路大会（平成5年9月）も1,000人を超える大きな会でしたが、この時、楽屋に訪ねてきた人が上士幌町の社会教育主事・竹中貢氏でした。人口5,000人の上士幌でも大会を開催したいので、協力してほしいという話で、勿論即答、快諾しました。

財界ほか著名人の交流

　アメリカンファミリーの大竹美喜会長、東急の前野徹氏、ブルボンの吉田康氏など、財界のリーダーとの交流も積極的に行いました。いずれも日本人なら知っている人ばかりでした。筆者も後年、女優の東ちづる氏の対談番組で「子どもの健全育成」のテーマで出演したことがありますが、さすがに彼女は、頭脳明晰を感じたものでした。台本に頼らず対応している様子に、並の俳優ではないと感じたことでした。

　また、久米宏氏のラジオ番組など、いくつかの番組で、当時の国の取り組みなどを解説することがありました。

　千葉県栄町生涯学習シンポジウム（平成5〈1993〉年3月21日）では、女優の坪内ミキ子氏が出演されたときに、筆者はまち研の理事を要請し、就任の承諾を得ました。

◆平成6年（1994）
　文部省クリエイティブアドバイザー懇談会　平成6（1994）年3月16日（水）
　文部省が、各界の専門家である文部省生涯学習クリエイティブアドバイザー15人程度を委嘱したことがありました。実際の懇談会は、2～3回あったようで、小椋佳さんなどとともに、生涯学習・まちづくりの分野で筆者が委嘱されたものでした。筆者は前年度まで、現役で文部省に勤務していたわけで、異例の人事だったといわれていました。実際にクリエイティブアドバイザーとして、活動したという意識はありませんが、それまでの活動で、実際上、アドバイザーになっていただきたいという意向があったのでしょう。生涯学習啓発のための話題作りにはなっていたのかもしれません。

　横浜でコンピューター研修（まちづくり研究会）　平成6（1994）年6月11日（土）
　㈱ケイネットの研修室で「パソコン通信」の研修会としてK-NETというネットワークを体験しました。筆者をはじめ6名のスタッフが、将来の効果的な情報交換の実現のためにいち早く体験しようというものでした。会員で社員でもある清水菜穂子氏、安田憲子氏が指導にあたりましたが、大勢は時期早尚で、筆者もついて行けずに消極的であったため、その後の実現は遅れたのでした。今にして思えば彼女たちの構想が正しく、ITについていけなかった後悔があります。2人に会ったら改めてお詫びしたい気持ちです。

　全国生涯学習まちづくり研究会・上士幌大会　平成6（1994）年8月31日
　1,500人以上が集まる大会でした。参加者は北海道中から集まり、町の取り組みの凄さに驚いたものです。町の行事とはいえ、後援に町内外の各種団体はもちろん、広域に参加者を広げるためでしょう、全日空や日本航空の名もある、全国規模の大会を目指していたのです。1,500人が参集した大会でした。
　パネラーにはピアニストでNHKで趣味の園芸のレギュラー出演の森ミドリさんも出演され、筆者と対談というプログラムでした。人気者の森さんでしたが、さすがにあらゆる場面に即応できる多彩な音楽家です。筆者とも初対面ではない人でした。大会場で「みんなで歌いましょう」という

ことになり、わずかな時間でしたが、童謡「里の秋」を歌うことになりました。なんと筆者は彼女の伴奏で、ソロで歌ってしまったのです。
　上士幌町とはこの時を契機に長く付き合うことになり、町教育委員会の竹中貢氏は、まち研の発展に大きく関わる人になったのでした。氏の企画力、仕事への執念、粘りには驚くことが多々ありました。現在は、ふるさと納税の先駆者として、また上士幌町長として、北海道はおろか全国に勇名をとどろかす名町長として知られているのです。

全国生涯学習まちづくりサミット・福光町大会
平成6（1994）年10月22〜23（日）「食をテーマに」
　この年の大きな動きは、富山県での生涯学習フェスティバルでしたが、まちづくり研究会は、周辺の市町村に関心を向けていました。その一つに、富山市から1時間はかからない距離にある福光町がありました。ここは、フランス料理レストラン「ラモヴェール」を経営するシェフ岡田隆史氏が活躍する町で、親しみを感じている町でした。何度か町に訪れるうちに、全国大会を問う町民の要望もあって福光町をサミット会場にしようと決まったものでした。当時は生涯学習のイベントで「食」が前面になることは珍しかったのでしょう。ラモヴェールの力もあって食をテーマにしたもので、交流会等では参加者の各地からも、食自慢を意識して特産品が持ち寄られました。

（3）エコミュージアム研修が活発化

　エコミュージアムへの関心が高まり、各地で活発に研修が行われ、参加自治体も真剣に研究する姿勢をみせていました。
・川根地域まるごと博物館シンポジウム　静岡県本川根町民文化会館
　平成6（1994）年2月5日（土）、川根地域エコミュージアム構想の一環として川根地域振興協議会、川根地域まるごと博物館研究会の主催で開催。北島亨氏の経過報告、筆者の基調講演で地域にエコミュージアムの意義を理解してもらうことを企図したものでした。パネル討議は「川根地域を一つにとらえたまちづくり」をテーマに、丹青研究所主任研究員加藤由美子氏を中心に行われました。川根地域エコミュージアム構想は、21世紀に向けての「かわね発展プラン」を策定した「モアラブ川根ふるさとづくりの会21人の会」が中心として行われたものでした。

生涯学習とエコミュージアム研修会
　平成6（1994）年8月6〜7（日）、島原市で開催。雲仙の自然を抱える島原市は、特にエコミュージアムには強い関心を示していました。
　平成6年9月29日、生涯学習とエコミュージアム研修会（亀岡会館・湯の花温泉）、国立社会教育研修所を会場に生涯学習とエコミュージアム研修会（平成7〈1995〉年1月31日）。

あさんライブミュージアム国際シンポジウム　平成6（1994）年8月16日（火）
　土成町・徳島第一ホテル。エコミュージアム・シンポジウム「あさんライブミュージアム」は、四国で最大のまちづくりイベントと感じた本格的なものでした。豊かな自然、

伝統技術や歴史的な建物、郷土料理など、地域の誇りを資源とし、展示物として、2町1区域全体を屋根のない"青空博物館"とする構想を多角的に考えようとするもので、海外からの参加者もありました。

平成7（1995）年6月3〜4日（日）エコミュージアム国際会議（山形県朝日町）、10月8日（日）九州地区エコミュージアム研修会（島原市）、12月2日（土）環境とまちづくり（エコミュージアム）研修会（福岡・吉井町）と続きました。これらの研究成果やイベントの盛り上がりは、必然的に全国のまちづくりと取り組むテーマに影響していったようでした。

（4）ふるさとづくりの活動に重点を

　九州に拠点を移したまち研の課題は、生涯学習の推進を基礎に、ふるさとづくりという合言葉でした。「地域」を具体的に知る活動から、初めて地域活性化につながるということを改めて強調したのです。その第一弾が「ふるさとに優しい」のキーワードの事業展開であり、研究会の機関誌の発行も大きな動機になったものでした。

ふるさとに優しいまちづくりシンポジウム西日本大会
全国生涯学習まちづくり研究大会西日本地区大会　平成6（1994）年3月3〜4日（木）
　平成5（1993）年度の九州女子大学に移ってからの大きな事業は、「ふるさとに優しい」シリーズでした。九州女子大で「ふるさとに優しいまちづくりシンポジウム・自由が丘」を西日本大会と銘打ち、九州に移って初のまちづくり大会を実施したのでした。
　西日本大会で、最も感動的であったのは学生の活躍でした。紺の大学の制服（ブレザー）に白いスラックスでそろえた40名の学生が、受付、接待し、聖心女子大学から参加されていた岡宏子教授は、接待した学生たちのマナーの良さに驚いたという話を後で聞いたものでした。これが生涯学習研究会卑弥呼のスタートでした。
　地元新聞では、大会模様が大きく報道されました。1,000人の参加者で大学でも初のことで、ましてや転入間もない筆者の仕事なので、学内の教師たちには驚きの目で見られたようでした。なかには集まった学生たちを揶揄するような発言をする教官もいました。「あなたたちは自分の大学の学生のすばらしさをよく見てください」という私の言葉に「深く反省しました」という教官もいました。
　「この大学に入って初めてよかったと思いました」と宮地ゆかりさんが反省会で語り、涙したことがありました。その場で覗いていた男性から「福留さん、あなたは文部省の

役人とばかり思っていましたが、立派な教育者だったのですね」と発言があり、同席の多くの人が驚きました。東大の宮坂広作教授でした。社会教育の世界で超一流の三浦清一郎氏と筆者と 2 人の力がそろった九州女子大学の生涯学習が、西日本の社会教育の中核となると内外からも一致した見方になり、九州女子大学の評価は学生集団の評判とともに高まっていったのでした。筆者もこの 2 年間余で、大学外で指導等に関与したのは西日本各県だけで出張が 200 回を数え、近隣自治体の会議、委員会などを除いても破格の回数でした。大学の宣伝にもなり大いに奨励していただいたことも好都合でした。

「ふるさとに優しいまちづくり」シリーズは 4 回ぐらいで終わり、その後は全国生涯学習まちづくり研究会が関わる「生涯学習フォーラム」の名称に変わっていました。

ふるさとに優しいまちづくりシンポジウム・東日本大会　茨城県美浦村

平成 6（1994）年 7 月 2 日（土）茨城県美浦村で開催した事業です。九州女子大学の副学長・三浦清一郎氏の友人、美浦村の市川村長との縁で開催したものです。自らオペラの声楽家ともいわれる音楽好きな町長で、「歌なんか歌っている町長」と呼ばれ反対派から批判もありそうと、音楽好きを自ら懸念している心優しい町長でした。筆者も音楽に熱中しすぎて大学の卒業が遅れてしまったほどの音楽好きでしたから、芸術に理解のある数少ない首長として、村民にはむしろ自慢していただきたいぐらいだと説得して、芸術に関心ある首長のシンポジウムを目玉にした大会でした。この大会も、「生涯学習における社会教育の役割研究会」（社会教育協会・協賛）を兼ねるものにしました。

自ら学生時代は演劇部で活躍、なべおさみさんを脇役にするほど、が自慢の藤波彰・八潮市長、合唱団指揮も経験した九州の吉井町の町長、自ら時代劇映画・曽我兄弟敵討ち映画を宣伝用に作成され、自ら武将役でも出演しているという大間々の真野町長など、芸術に力のある首長と声楽の美浦村村長のシンポジウムで、結果は大成功でした。

HOW まち創刊号発行　平成 6（1994）年 9 月 1 日

集団のあり方は、機関誌の有無によって決まると考えて、しゃれて「HOW まち」として発行しました。機関誌は、集団は今どうなっているのか、何をしようとしているのか、などを明確に著す最も手近なものであり、会員の加入意識を高め、集団の連帯感を強固にする意義があります。対外的には集団の所在を主張することができます。

平成 6（1994）年 9 月 1 日号 HOW まち創刊号では、トピックスや活動メモ、「わが町の取り組み」7 事例がまとめられています。「生き生き 100 単位さかえ」（栄町教育委員会・高塚加代子氏）、「市民フォーラムを結成」（西脇市・垣内庸考氏）、「千葉県下で初の生涯学習宣言都市」（木更津市・石井吉幸氏）、「鎌倉市第 3 回生涯学習フェスティバル」（滝田一美氏）、「町民一人一技に取り組む」（青垣町・足立宏之氏、総和町・鈴木春夫氏、習志野市・中村哲夫氏）らが生涯学習への取り組みを述べています。豊村泰彦

編集長他、福留陽一郎氏、坂田真由美氏、安田憲子氏、清水菜穂子氏の名前も見られます。

雑誌「生涯ふぉーらむ」がおもしろい　平成6（1994）年

　社会教育協会が発行する月刊誌「生涯フォーラム」は、市販せず購読会員に送付されていました。中川順氏（テレビ東京社長）、木田宏氏（元文部省事務次官）、黒羽亮一氏（日本経済新聞論説委員）などが編集委員となっていました。文部省からは社会教育官であった筆者が参画し、「生涯学習社会の実現を目指す社会教育の役割研究」を中心に活動を進めていました。当然、生涯学習における社会教育の役割研究会（社会教育協会・協賛）が活発化し、まち研も財団法人社会教育協会と多くの事業を提携しました。

　また、社会教育協会が推進した雑誌「生涯ふぉーらむ」は、文部省社会教育官の意見が色濃く反映しているといわれていました。事実、まちづくり研究会の活動を毎号取り上げていただいたし、筆者も「まちづくり一問一答」を連載するなど、教育新聞とともに毎号、まちづくり研究会の記事が全国に飛び交っていたといってもよいほどでした。

財団法人社会教育協会　平成6（1994）年

　社会教育協会は、文部省に隣接する国立教育会館の4階にありました。そのため、協会の事業を手伝うことも数多くありました。その隣には社会教育連合会があり、雑誌「社会教育」の編集にも文部省の立場から筆者が関わっていました。専務理事の今村文雄氏と、毎日顔を合わせて各地の取り組みを調べて編集の参考にし、まさに文部省で編集しているといわれました。当時の上司も、生涯学習の専門誌として見ていたようでした。

　社会教育協会は、第2回の京都大会で協力したこともあり、以来何かと相談を受けることが多くなりました。月間の雑誌「生涯ふぉーらむ」が全国に配布されるようになり、筆者も毎号の編集委員会に出席しました。ほとんど毎号、全国生涯学習まちづくり研究会の記事が掲載されたこともあって、しだいに全国にまち研が知られるようになりました。もちろん文部省の諸施策の紹介も毎号可能な限り続けていきました。文部省との連携も生まれ、社会教育協会の事業はまちづくり事業が大半となっていきました。筆者は、職務の一環として情報提供、原稿執筆などに協力したわけです。同協会にはこの活動を通じて、全国生涯学習まちづくり研究会のメンバーになっていただきました。

出会いが人生を変える

古川　恵子

　福留先生と出会ったのは28年前。もうそんなに月日が過ぎていたのかと、改めて驚かされる。つい先日のことのように思えるのに。

　その日、学級長の立場と責任からあまり気乗りのしないまま出席したのが市主催の福

留強先生の教育講演会でした。しかしその講演内容に大いに刺激、触発され、私は、玄関前で先生のお帰りを待っていました。一言お礼を言いたくて、あわよくば一言何か言っていただきたくて…。しかし、先生を待ち受けていたのは私一人ではありませんでした。ファンのおば様たちが、先生を取り囲むや、てんでに話しはじめ、私が入り込む余地は全くなかったのです。すごすごと私は歩いて帰路についたのでした。

　あきらめられなくて３か月、思いあぐねた末に九州女子大学の生涯学習研究センターを訪ねてみました。そして、そこで先生の遠大な構想の話に飲み込まれるように夢を見たのです。私はこういう世界を求めていました。私がしたかったのはこういうことだった、と目覚めさせられたのです。センターでのボランティア活動、そしていつも先生の後にくっついていろんな地域に着いて廻ったのでした。ついでにおばさん学生として九女大の英文・国文学科の学生にもチャレンジして卒業したのです。

　一介の主婦が、人生の生き方を思索し、深めたいと願うようになったのは、生涯学習関連で出会った多くの方たちとのふれあいによるものです。人情と心象のひだの奥のあたたかさ優しさは、生きる歓びを与えてくれました。地域に活きる方たちが、一隅を照らす明かりになればよいとの、その潔い行動・活動は真に心を揺さぶったのでした。そうした人間性、人柄、気づき、機会を掘り起こして廻られたのが福留先生でした。

　爾来、いくつかのボランティア活動をしながら、縁あって嫁ぎ先の古神道を受け継ぎ、今はその第５代教会長として、神官・斎官としての神事を努めています。21 年間に亘って、主催してきた古神道塾の勉強会は閉会し、自分の時間は増えてきました。次なることを始める時だ。恩師と仰ぐ福留先生や多くの仲間たちとの出会いの思い出は多すぎて、とても書き記せません。唯々、深謝です。　　　　　　　　　　　（ボランティア・フラメンコ）

● 平成 5 年（1993）

1 月 31 日（日）	ふるさと津和野鴎外塾　人づくりシンポジウム
2 月 9 日（火）	鳥取県生涯学習フォーラム（鳥取県三朝町中央公民館）
2 月 27 日（土）	三郷市生涯学習大会（埼玉県三郷市）杉村美恵氏
3 月 21 日（日）	千葉県栄町生涯学習シンポジウム　坪内ミキ子氏　理事就任承諾
3 月 25 日（木）	事務局（※）を東京都港区赤坂に設置、開設パーティー（東京都赤坂）
5 月 1 日（土）	事務局を九州女子大学生涯学習センターへ
5 月 14 日（金）	三陸町エコミュージアム・シンポジウム（岩手県三陸町）
6 月 4-5 日（土）	全国生涯学習まちづくり研究大会・八潮大会（埼玉県八潮市）
6 月 15 日（火）	エコミュージアム整備手法研究（日本ユニコム・千代田区健保会館）
7 月 30-31 日（日）	事務局の委員会代表夏季研修会（静岡県熱海市・多田さん別荘）

（※）事務局：全国生涯学習まちづくり研究会本部機能の略称

8月24-31日	海外まちづくり視察（シドニー、マンリー、ブリスベン　ローンボウルズ体験）
9月7-8日(水)	全国生涯学習まちづくり研究会釧路大会（釧路市生涯学習センター）
9月23-24(金)	全国生涯学習まちづくり研究会鶴岡大会「夢シンフォニー」（鶴岡市公民館）
10月1-2日	全国生涯学習まちづくり研究会佐野大会（栃木県・佐野市文化会館）
10月30日(土)	生涯学習まちづくりシンポジウム宮崎（日の影町・宮永小学校体育館）
11月12日(木)	文化のまちづくり全国大会（沖縄市市民会館）永六輔氏
11月21-22日	全国生涯学習まちづくりサミット IN 愛知（吉良町中央公民館）
12月20日(月)	「続まちを創るリーダーたち」発行　学文社

● 平成6年（1994）

2月5日（土）	川根地域まるごと博物館シンポジウム（静岡県本川根町民文化会館）
3月3-4（木）	全国生涯学習まちづくり研究大会・西日本大会 北九州・九州女子大学ふるさとに優しいまちづくりシンポジウム・西日本大会(自由が丘)
3月16日（水）	文部省クリエイティブアドバイザー懇談会
3月19-20(日)	まち研事務局研修会（千葉県・流山青年の家）
4月28-30(月)	全国生涯学習まちづくり研究会合宿（千葉県・流山青年の家）
5月27-28(土)	全国生涯学習まちづくり研究会「開かれた学校大会」（八潮市メセナ）
7月2日（土）	ふるさとに優しいまちづくりシンポジウム東日本大会(茨城県美浦村)生涯学習における社会教育の役割研究会（社会教育協会・協賛）
8月6-7日	生涯学習とエコミュージアム研修会（島原市中央公民館）
8月12日（金）	劇団わらび座講義（秋田県田沢湖町）
8月16日（火）	あさんライブミュージアム国際シンポジウム（徳島第一ホテル・土成町）
8月31日（水）	全国生涯学習まちづくり研究会上士幌大会。対談　森みどり
9月1日	HOW まち創刊号
10月22-23日	全国生涯学習まちづくりサミット　福光町大会「食をテーマに」
11月6日（日）	学びメッセ広島・まちづくりサミット（東広島市）
12月3-4（日）	吉井町地域活性化とエコミュージアム研修会　卑弥呼合宿

平成7～9年（1995-1997）

4　連携を強め理解者を拡大

　阪神・淡路大震災及び地下鉄サリン事件（一連のオウム真理教事件）により社会不安が広がっていました。阪神・淡路大震災の後、神戸に行ってみました。想像を絶する大被害、惨状に接して言葉が出ない状況を目に焼け付けました。学生を伴って、手伝うことがあればと行ったのですが何からすればよいかもわからず、茫然としたものでした。

◆平成7年　1995

　全国生涯学習まちづくり研究会は着実に発展し、事務局の様々な活動も生涯学習センターの職員が担当し、西日本生涯学習フォーラムをはじめ、全国生涯学習まちづくり研究会関東大会（群馬県大間々町、平成7年6月23～24日）等、積極的に多くの自治体、機関等と連携に努めた結果、急速に広がっていったのでした。

　研究会は2度のオーストラリア視察研修を実施、20名がオーストラリア旅行を楽しんだほか、現地で体験したスポーツ「ローンボウルズ」を日本に持ち帰り、地域のまちづくり事業等に普及することにしました。女子大生の卑弥呼たちを指導者に、各自治体に派遣して、ローンボウルズを広めたのです。活動はマスコミが取り上げたこともあって、約150の自治体で行われました。

（1）ボランティアに注目

　阪神・淡路大震災に全国からおよそ200万人のボランティアが参加したというニュースは、あらためて日本人のすばらしさを認識させてくれました。ボランティアはできる人ができることをすることで、別に難しいことでなく誰でもできること、という認識が必要です。したがって、居るだけボランティアは寝たきりでもできる、「いるだけでも可能」であるという意味なのです。自分が存在しているだけで、周囲のために何かできる、あるいはその気持ちがあるだけでいいのです。

　たとえ病にたおれても周囲に微笑む気持ちをもちたいものです。ボランティアはそのように簡単に誰でもできるものです。ただ、ボランティアには高度な専門性を有するものもあり、中には命がけで、海外等で活動している人もいます。活動のために高度な研修を要するものも多いのです。

木村幸一氏流ボランティア

　某テレビ番組で、兵庫のまち研リーダーの一人である木村幸一氏が出演されていました。木村氏は阪神・淡路大震災の被災経験者でもあり、その体験から東日本大震災では防災ボランティアとして活躍されました。その折、救援物資が大量に倉庫に保管される状況から、集めた支援物資を倉庫ごと回収し、販売して現金を被災地に届け、被災現場で大歓迎されたということでした。その仕掛け人である木村氏の活動は新しい取り組みとして注目されるととともに、大絶賛されていました。

　木村氏は、淡路島3市で多くの仲間をもって、オール淡路島づくりに奔走し楽しんでいるプロのカメラマンです。平成6（1994）年に日本吹き戻し保存協会、平成23（2011）年3月17日に東北地方太平洋沖地震復興支援ネットワーク淡路島を設立し、いずれも代表を務めるなど、アイデア、実行力抜群の旅のもてなしプロデューサーでもあり、観光推進の牽引者としても知られています。

（2）ブロック大会が活発化

　全国生涯学習まちづくり研究会は、着実に発展し、事務局の様々な活動も生涯学習センターの職員が担当し、急速に広がっていきました。3年間で、大規模な大会は大間々町、西脇市、女満別町、八女市、筑後市、茅野市など6回程度行われ、各ブロックの活動の活性化に影響を与えていました。

　「生涯学習とまちづくりを考える研究会」（平成7〈1995〉年9月21日）など、まちづくりを考える会と称した研修会も、日高市、佐賀市、階上町、山田市などに広がっていました。同時にこれらは、21センチュリープランニングと共催する事業としても位置付けられていました。

　このなかで、平成7年10月22日（日）の山田市生涯学習と町を楽しむ研究会は、全国的にも小さい市で知られる福岡県山田市が、ローンボウルズ大会も組み入れて交流会を企図したものです。過疎地として、女子大学生の集団である卑弥呼と共同研修して盛り上げようというものでした。

志摩町交流志摩専科（福岡・志摩町）
・志摩町生涯学習シンポジウム
　平成5（1993）年9月26日（日）志摩中学校体育館にてふるさとづくり大集会。筆者の講演とシンポジウムを行いました。筆者の似顔絵がプログラムにありました。

ふるさと創生事業として、共催に志摩町、同教育委員会、PTA連絡協議会、青年団、志摩町議会、など団体の総出で、多くの参加者が集まっていました。

・志摩町交流志摩専科　2回

　平成7（1995）年5月14日（日）、福岡から西へ約1時間。日本海に面する志摩町は、当時、かなり多くの交流がありました。担当者は住職も兼ねる人でした。志摩町での講演依頼と職員研修の手伝いを、ということでした。福岡市に隣接し、玄界灘に面する町でもあり、美しい農漁村の風景が広がるのどかな町でした。大都市に近く、自然が豊かで住みよい志摩町には、多くの人材が町内に在住していることが知られていました。しかし志摩町は寝るまち、仕事は博多、というのが悩みというわけです。

　私の提案は「まず、地域に関心を持ってもらうこと」「志摩」を知る「専科」を創ること、参加者の目標は「交流」ということにします、という提言でした。町長、教育長、社会教育課長の三者を含む会での提案でした。最も元気が良い社会教育課長は、町長、教育長を叱咤激励するタイプの元気者でした。全くの偶然でしたが「交流」と「志摩」「専科」のキーワードを並べてみせた「交流志摩専科」では、会場に「おー」と声と拍手が起こったことを覚えています。

　以後、社会教育課の専用封筒にも「交流志摩専科」が、いわばロゴとして使われていました。もちろん、志摩町の看板講座になりましたし、福岡県教委も注目するユニーク事業に発展したのでした。事業は名称の工夫一つで大きく変わるということを証明したものだったのです。筆者のアイデアが自治体に活かされた例で、まさに志摩町が第1号になりました。

芸術文化によるまちづくりフォーラムIN田沢湖　秋田県田沢町・わらび座

平成7（1995）年2月24日（金）

　「こんな研修会を待っていました」アンケートに書かれた参加者の声が残っています。わらび座は、民族舞踊、劇団として全国で公演をする郷土芸能普及のプロ劇団ともいえる芸術集団です。劇団が所在する田沢湖町の集落全体が、わらび座の里です。筆者も鑑賞したことがありますが、住民はすべて俳優、ということになるそうで、稽古場、専用の劇場、温泉、ホテルなど、あらゆる機能を有するわらび座のまちということができる、芸術の里でした。ここで芸術を前面に出した研修会が開催され、大成功でした。わらび座が関与する雑誌には多くのページを割いて、この研修会の様子が掲載されていました。

　日本の歌声運動の発祥の地ともいえるわらび座は、筆者もその歌集を使ったことがあるだけに非常に印象に残るフォーラムでした。

八潮市で八の字サミット

　平成5（1993）年6月に全国生涯学習まちづくり研究大会・八潮大会、平成6（1994）年5月に全国生涯学習まちづくり研究会「開かれた学校大会」、平成7（1995）年8月に生涯学習まちづくり研究会・関東大会（八潮市）、平成7年9月（土）に関東地区地域アニメーター養成研修会と、八潮市は全国規模の大会を毎年のように行い、しだいに自信をつけている様子が見られました。

　平成8（1996）年8月8日に八の字がついている八女市、八王子市、八代市、八戸市などの自治体に呼び掛けて行った、全国的な生涯学習推進事業、通称「八の字サミット」は、まさに生涯学習宣言都市として元気なまち、八潮市を全国的に印象づけていました。八潮市の松澤利行氏を中心に出前講座を売り出したころで、まさに全国からの視察も増えていった時期でした。

「生涯学習」と彫り込んだ市長の生前墓

山本　學

　八潮の「生涯学習」と彫り込んだ市長の生前墓に伺った。身の丈を超えてそびえる墓の重量感は言葉を超えて、市長の決意を伝えてくれた。その重量に支えられる言葉は、厳も通す。市民の為の役人。能力本位。箱物でなく企画と学び、市長個人の命令でない、学習を錦の御旗にしての改革断行だった。新しい世界の萌しを感じた。「この墓は、お腹の子供の胎教学習。育った子供の市民学習。死後の学習、三世学習への願いです」と胸を張る市長に、この人を支えたいと思った。死後の学習という発想に新しい世界を教えてもらった。大切なのは、「永遠の学習」「伝え続けられる学習」だ。

　平成5年1月、島根・津和野町で鷗外塾が開催された。久々のことだという。普段は年一度の鷗外忌という。愛好家の集いだそうだが予算がついて著名な参加者があると鷗外塾に昇格した催しに変わるようだ。平成になり、地方創生という名目で1億円が配られた。観光、学術、祭り、金の塊を買って、真面目な鷗外塾は講演にその一部を使ったようだ。私はそこに呼ばれた。福留先生は文部省の教育官として来賓として出席されていた。もの柔らかな、有能な官吏という品格だった、お互いの髪は黒かった。

　津和野講演は、TV、映画、舞台、ラジオと仕事の幅を拡げてきた私が図に乗って引き受けた講演仕事であったが、その折に福留先生に聞いて戴いている。そんな力もないのに、生意気にもパブロフの犬とベルの食餌の条件反射を通して、演技の何たるかを話そうとした。島根の牧場で放牧の牛に条件反射づけをして牛を集める実際の話が下敷きだったが、時間不足で見事に失敗、己のうぬぼれを深く反省した。

　その年5月、福留先生から生涯学習で話をと電話を戴いたが、津和野の反省でダメで

すとお断りした。が、すぐにまた、生涯学習都市宣言をした八潮市の市長・藤波彰氏との対談を企画してくださった。生涯学習は学んでいないのだと断ると、「改めて学ばなくとも、八潮に行くこと、藤波さんに会うことが学びです。八潮には文化があります。行くたびに好きになる町です。私は生涯学習を志す人には八潮に行ってくださいと言います。津和野の牛の話面白かったからまたその話をしてください」福留流の話術の巧みだった。知らぬ様子をされていても、津和野の話を聞いてくださっていたことに驚いた。

　以後、福留先生の与えてくださる学習会に出席の努力を続けた。その場の人たちとの交流の大切さ。人と交わらなくては、発展は無いのだ。いつの間にか私を生涯学習に誘い込んでくださった福留先生の知恵と豊富な経験の総括の著作を、期待に胸を膨らませて、その最初の1頁を開きたいと思っている。　　　　　　　　　　　　　　　　（俳優）

（3）女子大生グループ　卑弥呼の活躍

生涯学習研究センター事業で西日本に活動広がり、北九州の卑弥呼が活躍

　3世紀の倭国の邪馬台国の女王卑弥呼は、いつどこで生まれたかも定かではなく、謎に包まれた女性であり、邪馬台国の場所は北九州説、近畿説があり、いまだに解明されていません。さて、北九州には会社の女子会、商工会女性部会など、卑弥呼を名乗る集団が少なくありません。私が卑弥呼たちに出会ったのは、1994（平成6）年から北九州に女子大生の「生涯学習研究会・卑弥呼」が活躍していた5年間でした。

　毎月の機関誌「卑弥呼」は市町村の教育委員会等にも配布され、「日本一小さな全国紙」と呼ばれ注目されました。合本の「卑弥呼」や編集協力して出版された図書「まちづくり・ひとづくり」などは、今でも懐かしく開くことがあります。筆者が、4～5名の学生を引率し全国に飛び回った時代で、この様子は2年間、雑誌「社会教育」や、一部は「教育新聞」に連載されました。学生たちと創り上げた数々の事業は今でも胸を熱くします。

　私の中では卑弥呼北九州説が正しいようです。

九州女子大学・九州女子短期大学生涯学習研究会「卑弥呼」

坪倉　ゆかり

「時間がある人、大学生活を楽しみたい人、何かやりたい人、旅行が好きな人、何でもいいけれど、そんな事を考えている人は今配った紙に学部・学年と名前、連絡先を書いてぜひ提出してください。絶対に大学生活が充実します」

今なら、大学2年の教育学の授業で放たれた教授のこのひと言が、私の人生のターニングポイントだったと声を大にして言える‼　これが二十数年前、若かりし女子大・短大生だった頃の私たち「卑弥呼」のボス「福留強先生」との出会いでした。なんとなく大学に進学し、やりたいこともない毎日に、違和感なくするりと入ってきた言葉。つい学部・学年と名前、連絡先を記入したことで始まった活動で、私は思いがけず団体の初代リーダーとなってしまいました。

団体名は、「九州女子大学・九州女子短期大学の女性たちがいる団体だし、ホームを九州に置くのだから『卑弥呼』がいいよ。そうしよう」と譲らなかったのは福留先生で、活動の内容にピンと来ていない素直な学生たちはただ頷くばかり。あっという間に名前が決まり、「九州女子大学・九州女子短期大学生涯学習研究会卑弥呼」が誕生しました。

その後は、大学の講義で名前を書いてしまった40人程度の学生が集められ、福岡県や熊本県、大学構内での勉強会や地域の方々との交流会でスタートしました。第3回目の活動として、福岡県立社会教育総合センター（篠栗町）で行われた〝合宿〟では、後々大きな反響を呼ぶ内容が決定されました。それは「卑弥呼憲章」です。

「守れそうもない規則でなくて守りたい規則を作りなさい」と指示され、卑弥呼憲章は、教員研修教材になるなど、その特異性が注目されました。まるで「社会教育主事講習会？」と思えるような先生の講義とブレーンストーミングやKJ法の実践、レクリエーションで少し楽しみも交えながら、学生の感性と遊び心を取り入れて大真面目に考えた憲章を皆で一緒に作り上げました。

〈卑弥呼憲章〉

①卑弥呼は魅力的で可愛い　　　②卑弥呼は時には失敗もする
③卑弥呼は嘘をつくこともある　④卑弥呼は美に敏感である
⑤卑弥呼は好奇心旺盛である　　⑥卑弥呼は礼儀と節度を重んじる
⑦卑弥呼は男に負けない

③は、相手を傷付けないための嘘は必要であるという皆の考えでした。特に「卑弥呼は嘘をつくこともある」は、先生も度々講演で口にするほどお気に入りでした。

思い返すと、あの合宿には生涯学習や社会教育活動を行う技法がふんだんに散りばめられていたのだと痛感します。

このように楽しくスタートした「卑弥呼」は、２年目には会員数100人を超え、全国各地をボスに付いて小グループで飛び回り、生涯学習の大会や地域おこしイベントの手伝い、自主イベントの企画・運営、広報紙の発行など、社会参加を行う大変めずらしい若者集団となりました（全国各地の自治体・地域・企業などの皆さま、その節は大変お世話になりました）。若者は社会に関心を示さないと考えられている時代に、福留先生は「若者も巻き込み方によっては社会参加をする」可能性を「卑弥呼」で実践していたのだと思います。

　当の「卑弥呼」は、様々な考え方の人が大勢集まった集団ですので、楽しいことばかりではなく衝突もありましたが、年代や職種を超えた方々とイベントを通して語りあい学びあうことで、大学生活という自分の生活環境や経験でしか育たなかった狭い視野と考え方の境界が、大きく、広く、深くなったと感じます。

　私にとって、「福留先生との出会い＝生涯学習との出会い」であり、たくさんの学びや体験、多くの人とのつながりは生涯の宝です。それと同時に「卑弥呼」で学んだことや楽しかった記憶は、現在の職場（やしお生涯楽習館）で生涯学習を行う人やそれを支える人、自身の生涯学習を後世に継承しようとする人、生涯学習を地域課題や活動に生かそうとする人などの支援を考える際に、自分の中心にどっかりと腰かけている不動の旗印なのだと思っています。

（旧姓税所、八潮市やしお生涯楽習館長兼市民活動支援係長）

記憶に残る、九州女子大学と卑弥呼の活躍

古市　勝也

　平成５〜10年頃「生涯学習のまちづくり宣言」が全国の多くの市町村で提唱されるようになりました。その頃です。九州女子大学の生涯学習研究会「卑弥呼」の活躍は凄まじいものがありました。卒業生が大活躍と聞いて嬉しさ一杯です。学内では、平成６年開設の「生涯学習研究センター」で、社会人等の研修支援等で活躍すると共に、文部省後援の「西日本生涯学習フォーラム」（主催、九州女子大学・同短期大学・九州共立大学生涯学習研究センター）では、主催者のスタッフとして企画の段階から参画し、運営も全面に立って実施していました。

　学外活動では、当時、「全国生涯学習まちづくり研究会」の事務局があった「九州女子大学等生涯学習研究センター」を中心に、北は北海道の上士幌町から南は沖縄まで、「生涯学習まちづくり」に市町村の現場で地域の皆さんと取り組んだのです。まさに、九州女子大学「卑弥呼」のファンは全国に広がったのです。

　また、平成８年５月の「第15回中国・四国・九州地区生涯教育実践研究交流会」で

は、「『卑弥呼』の活動報告～サークル活動を通しての生涯学習への取り組み～」発表代表・大渕麻衣子（九州女子大学生涯学習研究会「卑弥呼」）の発表があり、大学生の生涯学習活動として、参加者は勿論のこと全国的にも注目を集めました。まさに、現在の大学生がキャンパスから地域に出向いて研究・活動するインターンシップの先駆け感がありました。埼玉県八潮市や京都府亀岡市等では、就職した「卑弥呼」がまちづくりに成果を挙げているのです。

　平成18年には「教育基本法」が改正され「生涯学習の理念」が謳われました。我が国は「生涯学習社会の実現」を図ることが明文化されました。日本の教育は「生涯学習社会」の実現に大きく舵を切ったのです。その先駆けを務めたとも言える「全国生涯学習まちづくり協会」の活躍に、あらためて心から尊敬の念を抱きます。今後も研究会に可能な限り参画し、応援のみならず研究、実践活動ができるようにしていきたいと思います。

（九州女子大学名誉教授）

（4）連携を強め理解者が拡大

生涯学習とまちづくりを考える研究会　平成7（1995）年9月21日（木）
　21センチュリープランニング（小島清美代表）と共催して、「生涯学習とまちづくりを考える研究会」を各地で開催。埼玉県日高市、佐賀市、青森県階上町、福岡県山田市などで実施。いずれもミニフォーラムという形で近隣の地域にも呼びかけた研修会です。

ヤマハ地域音楽事業推進者研修会　地域音楽事業推進者研修会が全国ブロックで開催
　平成7（1995）年3月6日（月）地域音楽振興協会研修（福岡ヤマハ）
　10月6日（金）大阪・千里ニュータウン
　ヤマハ株式会社に指導者養成の提案をしたことがありました。それが全国的な指導者を養成したらどうかということになり、ヤマハの研修に大阪、広島、福岡、札幌など6ヵ所に行きました。その前に昭和音楽大学に、社会教育主事課程の設置を勧めたことが関連します。公民館にギターを抱えた社会教育主事がいてもよい、音楽家が社会教育を理解すれば、社会体育に対して社会音楽もあっていいではないかという思いでした。このことが現在のヤマハの地域音楽事業推進者研修会に発展しているのだろうと、当時を懐かしく思うことがあります。

◆平成8年 1996

筆者は、数多くの県外出張を通じ、全国での生涯学習まちづくりブームを実感しました。こうした中でまち研としては、第1回まちづくりコーディネーター講座、初のまちづくり海外研修（オーストラリア）を実施しました

女性企業家育成きたもと塾　北本市中央公民館　平成8（1996）年1月20日（土）

埼玉県北本市の公民館でスタートした女性起業家育成を目指した講座に参加したことがあります。この種の講座は初めてで、婦人会を中心とした女性たちが集まっていたようでした。一見して、とても起業育成のイメージではないと思いつつ、講義後、九州に帰った思い出があります。企画したのは工藤日出夫氏で、実は数ヵ月後、講座の結果を聞いて驚きました。「トマト大福」なる饅頭がヒットしたのです。マスコミに注目され、その宣伝効果もあったのでした。試作中に試食したときは正直、まずい、と思いましたが、最終的には美味いお菓子が誕生したのでした。

筆者はそのくだりをいくつかの公民館等で紹介しましたが、この話が刺激になって、なんと筆者が知るだけで20余の公民館等で饅頭づくりに取り組んだ記録があります。

八女・筑後地区研究会支部発足　生涯学習まちづくりを考える会

平成8（1996）年3月24日（日）、筑後市の江里口充氏や八女市の杉山信行課長などを中心に、まちづくり研究会支部組織として全国に先駆けて、生涯学習まちづくりを考える会・八女・筑後地区研究会支部発足（八女市）がスタートしました。本部の動きに素早く反応し、いち早く取り組む熱意に感謝し、全力でフォローすることを会員に伝えました。

各地の支部が独自に活動し、支部同士が連携協力しつつ活動を楽しんでいくことが目的でもあり、モデル的な筑後市、八女市の動きでした。江里口会長を中心に、結束の固い研究会がさらに広がっていきました。北海道と並んで九州にも支部が発足し、ますます楽しみになってきました。

隣接する福岡県筑後市と八女市。筆者が付き合ったまちでこれほど仲の良いまちはないでしょう。筑後市の江里口充課長と、八女市の杉山課長は、何をするにも共催という形を取りたかったのでしょう。筑後に相談に行っても「八女にも話してください」「八女と相談してみます」という答えを、何度となく聞きました。そうした2つのまちが、全国まち研の八女・筑後地区研究会支部を設立したのはむしろ当然でした。私たち本部にとっても、各地に支部を広げたいとの思いがあっただけに、大喜びしたものでした。

（5）地域アニメーターとまちづくりコーディネーター

　「地域アニメーター」は、地域を活性化する人で、人々にやる気と生きがいを与える
まちづくりボランティアのことです。もともと「アニメーター(Animator)」は、「漫画家、
動画家」のほかに「人々を励まし蘇らせ、生き生きとさせる人」という意味です。
　「地域アニメーター」は、地域を拠点として自ら学びつつ、生きがいを求めている個
人やグループを励まし、アドバイスや援助を行うボランティアです。その役割は、自ら
学びつつ人々をつなぎ、活動につなげる、あるいは学習成果を生かす場や機会をつくり、
地域を活性化することです。青森県階上町や鳥取県北栄町など、住民の学習活動に位置
付けられていました。

アニメーター講座が活発

　公民館講座の一環として、地域アニメーター講座、まちづくりボランティア講座を実
施する自治体が増えていました。伊野町、柳川市、3回。西脇市、むつみ村、香北町、駒ヶ
根市、亀岡市5回。鯖江市、美濃加茂市、防府市など、筆者が関わった自治体の数も増
える一方でした。
　特に岡垣町は、頻繁に交流を行い、担当の占部延行氏とは連日会っていたような気が
するほどです。アニメーターなど多くの事業に関わったせいでしょう。この事業につい
て、今西幸蔵教授は地域アニメーターの思い出を次のように語っています。
＊
　福留先生が提起された生涯学習指導者（地域アニメーター、まちづくりコーディネー
ター）養成プログラムは、現代のボランティア養成講座につながる画期的なものでした。
この生涯学習指導者養成プログラムに、全国の多くの自治体職員が目を向け、心を動か
され、自分のまちで実施したいと願ったことは、当然の成り行きだったように思います。
　プログラムで注目されたものにローンボウルズがありました。私流の見立てでは、ボー
リングをするような調子で、平地で偏心球を転がして楽しむスポーツです。ローンボウ
ルズは、どこでも、誰でも、気軽にできるという生涯学習の考え方に見合ったスポーツ
であり、障害の有無に関わらずできる点に注目しました。
＊
　また、平成9（1997）年12月25日、「まちづくりボランティア『地域アニメーター』」
全国生涯学習まちづくり研究会編（全日本社会教育連合会）テキストを発行しました

第1回「まちづくりコーディネーター」養成講座始まる　平成8（1996）年6月

　人気を集めた「まちづくりコーディネーター」は、地域におけるまちづくりの指導者で、地域アニメーターを支援する役割を担っています。当然、役割は、地域アニメーターの活動を自らも実践しつつ地域を活性化することです。認定者の特色は、地域アニメーターの経験者や、教育関係者、観光関連業者、ボランティアなど、地域のリーダーとして、現場で実際に活動している人が大半です。

　この第1回研修会を開催することが新聞に小さな記事で出たとたんに、申し込みが殺到しました。FAXが止まらないという感じで30名程度の定員に対して4倍の申し込みがあり、事務局は自信を持ちました。1回では収まらず第2回を実施、第2回では会場が見つからず、高田馬場にある予備校の校舎を借りて実施したものでした。思えばこの時の多くのメンバーが、以後のまち研の中核的なメンバーとして集まったといえます。

　第1回受講生で最も若い女性が、三重県員弁町（現・いなべ市）の多湖世依子さん（平成15〈2003〉年没）でした。若いながら落ち着いたたたずまいとデザインの高い才能が注目されていました。美術を志すという話は聞いていましたが、まちづくりに関心を持ったのは、家業が街灯を設計し設置しており、そのデザインもまちづくりの視点で考えてきたからなどの話を聞きました。多湖さんの受講生参加を事務局は大歓迎しました。そして平成9（1997）年12月に初めて全国生涯学習まちづくり研究会のシンボルマークのデザインが提供され、大喜びしたものでした。

　娘の後を継いで、母親の多湖かず子さんが、地元で活躍されていると聞きました。

人と人、人と地域、地域と地域がつながる

野口　晃一郎

　福留強先生と出会って24年。私の人生において、その半分は、教えを乞う貴重な時間として、現在に至っています。先生と触れ合う中で、生涯学習にかける情熱、多くの人とのつながりを感じ続けてきました。

　私が初めて「全国生涯学習まちづくり研究会（まち研）」を知ったのは1999（平成11）年、24歳の時でした。大学でまちづくり（都市政策）を専攻し、卒業後は「岐阜の魅力を多くの人に伝えたい」という思いから、地元の新聞社に就職。駆け出しの記者として、歩み始めたころでした。当時、ようやく普及し出したインターネットで、何気なく「まちづくり」「コーディネート」と検索すると、（当時の）全国生涯学習まちづくり協会のホームページにたどり着きました。まず、目に飛び込んできたのが「まちづくりコーディネーター」というフレーズ。その瞬間、「これだっ！」と思い、早速、その夏に開かれる予定の「まちづくりコーディネーター養成講座」に申し込みました。

まち研のことも何も知らないまま、好奇心だけで養成講座に参加しましたが、会場に来ている方々の生き生きとした表情を見て、自然と緊張が和らぎました。2日間の講座では、全国各地から、年齢も性別も肩書きも地域も関係なく、まちづくりへの熱い思いを持った人たちが集まり、とても刺激的な時間でした。
　私自身、当時としては最年少の参加者で、まだ社会人としてよちよち歩きでしたから、人生の先輩たちから学ぶことばかり。そして、何よりも、福留先生の人を惹きつける講義とトークはとても印象的で、人をやる気にさせる一言に励まされ、いまの私の原動力にもなっています。
　また、まちづくりコーディネーター講座を再受講する中で、あらためて、まち研のネットワークの大きさに驚きました。北は北海道から南は沖縄まで、全国各地で活躍する人たちと集いながら、人と人がつながっていくことに大きな魅力を感じました。さらに、「平成子どもふるさと検地」「子ほめ条例」など、まち研が取り組んできた事業は、まちと人を元気にするユニークな施策で、目からうろこ状態でした。
　すでに実績を上げている大分県前津江村（現・日田市）などの事例を聞きながら、マスコミに携わる人間として、故郷に何ができるのかを考えさせられる時間となりました。
　　　　　　　　　　　　（フリージャーナリスト、中部学院大学兼任講師）

全国生涯学習フェスティバル・生涯学習フォーラム
　平成8（1996）年11月6日（水）　博多ホール
　11月7～8日　全国生涯学習まちづくりサミット（筑後市中央公民館・八女市公民館）
　この年の全国生涯学習フェスティバルは、福岡県が会場となっていました。まちづくり研究会も参加することにしていましたが、その会場を福岡市と筑後市、八女市で実施することにしました。福岡市は平成8（1996）年11月6日駅前の博多ホールでシンポジウムを実施し、坪内ミキ子氏などに登壇していただきました。その人気もあって、ホールはほぼ満員になりました。
　2日目、3日目は筑後市、八女市で分科会、全体会を開催することにしたもので、まち研筑後八女支部に任せるということになりました。
　筑後市の当時の課長が江里口充氏、八女市は杉山信行氏で、まさに一体感がある名コンビで、連携の強さは全国でめったに見られないようなものだったと感じていました。
　八女市の野田国義市長（国会議員）も地域アニメーター講座を受講するようなリーダーで、筑後市は江里口氏がリーダー

の「ちっごの会」などの組織がががっちりし、市議会議員の多くも地域アニメーターになっているほどでした。

　分科会会場（女性の会）は、八女市会場などに 800 名が入ったという信じられない参加者が集まっていました。3 日間で 3,000 名を超す全国生涯学習まちづくり研究会であり、まちづくりサミットとなったのでした。

　会場にいくつかの指導で顔を出したという立教大学の岡本包治教授は、「生涯学習フェスティバルの一イベントとは思えず、すでに独立した全国イベントになっている」と感嘆されたものでした。「これほど盛り上がっているとは知らなかった。これぞまちづくり大会だ」という声は今も心に残っています。

　岡本教授は以後、研究会の顧問として、何度も指導いただいたのは言うまでもありません。20 年以上たった今でも筑後市に伺うと、当時の思い出に花が咲くという状況です。

筑後市の生涯学習まちづくりは、まち研とともにあった

江里口　充

　平成 8 年 11 月の全国生涯学習まちづくりサミットは、初日を博多で、2 日目の分科会は、筑後、八女市を会場にしました。当時、日本の生涯学習のリーダー、国の審議会会長・岡本包治先生も、筑後に見えておりました。2 会場で 3,000 人を集めた分科会に驚き激賞していただきました。

　「皆さんとともに福留君が力を入れている、全国生涯学習まちづくり研究会が実施している生涯学習フェスティバルが、こんなにすごいとは思わなかった。福留君は、生涯学習でカリスマ性のあるリーダーであり、彼こそいま、もっとも活躍する生涯学習推進者だと思うよ。彼の周りには、数えきれないほど多くのブレーンが全国にいる」と言われたことを覚えています。岡本先生も認めるリーダーとは、と私たちが褒められている様な気分でした。多くの町が福留先生の影響で、競って生涯学習まちづくりを推進しました。

　北九州での大学の事業に参加したのですが、それから 1 か月たった頃でしょうか。突如、筑後に訪ねてこられたのが強烈に印象に残っています。わずかの時間であいさつしただけでしたが、「江里口館長のことは知っていますよ」と言われて、驚くことばかりでした。人の名前の記憶力は抜群で、みんなが認めるところですが、さすがに驚いたものでした。

　私は、先生が動いた大会、研修会には、ほとんど出席するようになり、筑後市は以後、何度もお世話になりました。「ちっごの会」にも、何回か立ち寄っていただいたこともあって、わが仲間には「おかえりなさい」という人もいて、いつも新しい刺激をもたらして

きました。「福留教」「福留マジック」などと、八潮市長は呼んでいましたが、まったくその通りでした。

　先生の実行力は、我々が知る大学教授としては別格です。社会教育畑で私も、市の総務課長から、公民館長、社会教育委員等、社会教育分野で長期間、仕事をしてきましたが、先生は子ども会、ボーイスカウト、青年団、合唱団指揮者、県教育委員会社会教育主事、国社研専門職員、文部省と、社会教育一筋のほんものの社会教育官でした。

　こうした役職以外の、いわばボランティアとしての地域活動「全国生涯学習まちづくり研究会」の実績が、想像以上に大きいのです。

　全国生涯学習まちづくり研究会・協会を35年、大学の生涯学習と、生涯学習研究所、センター所長15年など、まさに社会教育の本道を歩いた人です。「ちっごまち研」も、先生の評価はいつも最高をいただいています。甘すぎるという気もしますが、その評価に見合う活動を今後も、発展させていきたいものです。

　わが会員も、年齢も高くなり、どのように運営していくべきか課題も多いですが、これからの「ちっごの会」を見守ってほしいと思います。35周年事業の行われる日が楽しみです。　　　　　　　　　　（令和4〈2022〉年秋に江里口氏は他界されました）

栃木県矢板市中央公民館にて、平成27（2015）年11月4日。ふるさと創年大学は平成18(2006)〜27年まで毎年開設され、筆者も毎年2〜3回出講しました

83

◆平成9年　1997

　北九州を拠点に、まち研も全国に急速に拡大する感じでした。筆者は、平成9年1月だけで11府県14自治体、2月は10府県16自治体、3月は10道府県13ヵ所と、3ヵ月で31都道府県43自治体に出かけ、自治体からの要請に対応していました。主に講師としての出張で、大半は「生涯学習まちづくり」をテーマとするものでした。

　柳川市まちづくりセミナー（福岡・柳川市）2回　平成9（1997）年1月10日（金）
　平成10（1998）年9月13日まで延べ10回にわたるセミナーを実施。主催は市役所企画部で、本格的なまちづくりに総合的に取り組む事業では、筆者にとっても一つの挑戦でした。約40名の受講生とともに、全国モデルのまちづくりをという夢を描いていたのでした。

　水郷柳川と呼ばれる水の美しいまちで、詩人北原白秋のまちとしても知られています。白秋は、明治・大正・昭和と生き、日本の近代文学に偉大な足跡を残した詩人。言葉の魔術師と呼ばれた白秋は「邪宗門」「思ひ出」で賞讃を浴びました。これらの詩集の他、からたちの花、ペチカ、雨ふり、この道など数々の童謡を創っています。

　筆者は男声合唱組曲「柳川風俗詩」（作曲・多田武彦、作詞・北原白秋）で柳川に大きな憧れを持っていました。およそ男声合唱で、多田武彦の作品を知らない人はいません。中でも柳川風俗詩は、今でも全曲歌えると思っているほどです。まちづくりに白秋の名を挙げないわけにはいかないのです。抒情的なまち柳川です。

　城辺町生涯学習フェスティバル
　岐阜県・中部地区生涯学習まちづくり研究交流会（平成9〈1997〉年2月22～23日）をはじめ、北海道・女満別生涯学習フェスティバル（平成9年11月7～8日）が開催され、大きな大会が各地で開催されていました。

　南では、沖縄県・城辺町生涯学習フェスティバル（平成9年12月14日）に参加しました。城辺町の生涯学習フェスティバルは、午前中は子どもが主役、午後から大人のフェスティバルというものでしたが、エイサーを踊る若者たち以上に目立ったのは中学生でした。会場運営に係るアナウンスは、すべて中学生が行っており、子どもに大幅に任せた大会運営に感動しました。いずれの場面も初めて見る光景でした。

　子どもたちの活動に目を見張りましたが、地域の人々は当然のような顔をしていました。子どもたちを鍛え、信頼している様子、こうした事業を実施した教育委員会にあらためて敬意を表したものでした。

島原市より功労表彰を受ける　平成 9（1997）年 9 月 28 日（日）

　島原市への移動講座・島原市民大学は、九州女子大学の正規の授業をそっくり島原市で行うというものでした。この授業は、島原市の公民館事業でも九州女子大学の単位取得が可能としました。島原市の市民が大学の授業を受講できるほか、学生も島原市での授業に参加すれば、出席とみなすなど、大学の正規の授業と連動させる試みでもあり、大学と公民館が、連携の方策を研究した、初めての取り組みであるといわれていました。

　この実験、実績を評価して、平成 9 年 9 月 28 日（日）生涯学習まちづくり島原大会では、島原市より功労表彰を受けることになりました。

　吉岡庭二郎市長は大学の合唱団の先輩にあたる人でした。市民大学のプログラムは公民館を中心に事業が行われましたが、その主な事業構想は、エコミュージアム研究で先導的なものが見られ、島原市民に対しても刺激になったといいます。また大学側は、大学の広報としても注目度を高めたという評価でした。

（6）ユニーク事業が評判

昭和村元気村おこし作戦

　福島県昭和村は、人口 1,500 人足らずの限界集落です。それまで、県民にも知られていないわが村を何とかしてほしい、という声から、雪深い昭和村に訪問したのが始まりでした。舟木幸一・社会教育主事は、「同村は、様々な活性化方策を講じていますが、県民にも知られていない話題にもならない村です」と自嘲気味に語られるほどでした。高齢化率も 4 割という村でした。

昭和村リフレッシュ成人式　平成 8（1996）年 1 月 13 日

　昭和村リフレッシュ成人式とは、成人式がゼロになっている現況から、今いる村民が実年齢を 20 歳引き下げ、リフレッシュ成人式に参加するものです。村内に高校生はいない（雪深く高校に通えないので隣接のまちに下宿する）ので、若者は中学生だけ。成人式は実施できないのです。県内にまるで知られることは無く、話題もなく、せめて県内に知られる村になるために、何かできないか。社会教育主事の舟木氏との交流がきっかけでした。そして「生涯学習とまちづくりを企画する研修会」、「昭和村リフレッシュ研修会」（職員研修）を実施し、女子大生卑弥呼を加えて何度か村の研修を実施しました。

　作戦は大成功でした。九州から本物の成人の女子大生 6 名と村民代表成人 6 人の「村おこしシンポジウム」を実施したのです。成人の日当日は、マスコミのテレビ局、新聞社がズラリ、夜のテレビニュースでは話題の成人式を企図して各社が全国放送し、翌日の新聞記事の話題も昭和村を取り上げていました。県内初のローンボウルズ体験、女子

大生との合同研修などユニーク事業を数多く実施したのでした。JALの機内誌でも昭和村が取り上げられていましたし、テレビ番組でも昭和村が登場したこともあり、生涯学習でも話題の村として紹介されました。さらに昭和村を全国に売り出したのが、田舎暮らしを楽しむ全国研究大会の開催でした。

田舎暮らしを楽しむ全国研究大会

平成9（1997）年9月13～14日、田舎暮らしを楽しむ全国研究大会（福島県昭和村）が、全国大会としてマスコミで話題になった事業でした。筆者はこの村でいくつかの事業を実施したことから、このたびも参加することになりました。過疎地の事業に対する国の助成を受けられたこともあり、300人の参加があり、村始まって以来の大集会になったといわれました。当日の各紙は大々的に報道し、さまざまな反響を及ぼしました。

昭和村の記事は以来、マスコミでの登場などが続き、全国発信では県内有数と呼ばれるようになりました。猪爪範子氏（「まちづくり文化産業の時代」著者）や、内田州昭氏（日本観光協会）などが参加し、親交を深めるきっかけにもなりました。何よりも地元の高齢者集団から多くの支持を得て大いに喜ばれたのでした。

当時の社会教育主事の舟木幸一氏の熱意と企画力がすべてのベースになっていたものでしょう。現在の村長の最大の力も発揮されていたのでした。

全国生涯学習まちづくり研究会・久万大会　西日本大会（愛媛県久万町）

平成9（1997）年7月19～20日（日）

愛媛県の高原の町、久万町の玉水寿清町長は、かつてNHKの全国放送利用研究大会の事例発表で知り合った人でした。その縁で数回の研修会に招かれ開催したものでした。この大会を私は北海道の上士幌大会とダブルブッキングしてしまい、その解消策として、NTTと図って遠隔シンポジウムを実験するという名目で四国に臨んだものでした。

若い研究者の鈴木敏江氏が、北海道のメイン司会者だったと思いますが、当時としては画期的な試みとして称賛され話題になった事業でした。最後までダブルブッキングとは明かさなかったのです。もちろん、まち研が絡んで、四国での大会の開催は初めてのことでした。5分科会15の事例発表は、西日本を代表する人ばかりでした。

上士幌町タウンカレッジ九州女子大学移動講座　九州女子大学と自治体連携事業

上士幌町は、北海道十勝地方にある人口5,000人の牧場のまち。広大な広さを活かしてバルーンのまちでも知られています。この広大な牧畜のまちと九州の大学との交流は、九州女子大学生涯学習研究センターと共催で生涯学習とまちづくり推進を図るという事業。九州女子大学移動講座です。平成8（1996）年7月20～21日に前期、8月23日に後期がスタートしました。自治体と大学との連携事業としてはおそらく全国最

大の規模ではないかと言われていました。3年間の継続は、まちづくり大会としても評価されるもので、事業担当者であった竹中貢社会教育課長が、後に町長に就任したのも、いわばこれらの事業を通じて町民の支持を得たということができるでしょう。

平成9（1997）年8月22日〜23日、上士幌町タウンカレッジ・前期とローンボウルズ研修が開催されました。参加者は北海道全域から参加しており、常時300人を超える規模の、全国でも最大規模の熱気あふれるカレッジと評されていました。これらは筆者と上士幌町の幹部との交流の成果といってもよいでしょう。九州女子大学生涯学習研究センターと、道内全域からの参加者も加わる研修会で、竹中氏の実行力に、全道一の評価がされていました。

女子大生中心のローンボウルズでは、住民とともに九州女子大から参加していたオリンピックマラソン選手の君原健二氏も参加。実直な人柄で、センターの指導者としても参画して人気を博していました。

この事業は、平成10（1998）年まで3年間実施し、筆者が九州から松戸市の聖徳大学に移ったため、3年目は聖徳大学と学生交流を行い、夏休み大学体験では、千葉県鴨川の県立青年の家で合宿をしました。高校、大学にとっては、ユニークで魅力的な事業を展開し、学生募集に繋げたいという狙いもありました。担当の竹中氏との関係で実現した事業であり、北海道と九州の交流は学生の関心に訴えたものになっていました。

第2回海外研修旅行　オーストラリア・ヌーサ　平成9（1997）年8月25〜31日
多田幸子さんの活動と近畿日本ツーリストとの連携から、再びオーストラリア研修として海外研修を実施。「健康スポーツ：自然環境保護」というテーマがぴったりの海外研修でした。前回の参加者も数名いて、旅の行程はスムーズだったという意見でした。

全国生涯学習まちづくり研究会で2つの図書を発行
「まちづくり人づくり」（学文社、卑弥呼、全国生涯学習まちづくり研究会、福留強編著）。

この本は、卑弥呼の実践から、全国の26先進地の活動をまとめたものであり、女子学生がまとめたというふれこみでした。実際は、まち研に係る自治体を選んだものでした。学文社のまちづくりシリーズとして発行したものです。

平成9（1997）年12月25日には全日本社会教育連合から「まちづくりボランティア『地域アニメーター』」を、全国生涯学習まちづくり研究会編として発行。地域アニメーター養成講座のテキストを兼ねるものでした。まち研が、学ぶ組織、運動体として動いていると評されてきた頃でした。まち研が関連した図書は、その後も続きました。

（7）研究交流会に重点を置く

　まち研の多くの事業は、研究大会という名目でしたが、多くは交流事業という形をとっていました。つまり分科会を多くして参加者が交流を積極的に図れるように配慮したものでした。この交流事業では、アルコールを伴うパーティーにも重点を置いたのでした。大勢の見知らぬ人と杯を交わしながら研修の成果を語り、今後の縁と実践について交流することは楽しく、思った以上に効果があったように思います。この交流会はまちづくり仕掛け人会議と称され、いずれもプログラムとして外せないものになっていきました。

東北地区生涯学習まちづくり交流会
　軽米町まちづくりの集い　平成9（1997）年2月10〜11日
　軽米町の中村正志課長を軸にして、岩手県内の各自治体や県境を越えた交流がいくつか見られるようになりました。生涯学習の中心は、金ケ崎町もありますが、多くは軽米町に集まっていました。

連携の意義
　交流の楽しみは、市民にもっとわかってもらうことが必要です。交流は未知の情報を得られることが多く、新しい刺激で今後の活動に弾みがつくということがあります。自らの所属する集団の長所、欠点など客観的に理解でき、また、一般的に仲間の結束もより強固になります。交流の結果、連携の機運が一気に上がることはよくあることで、その後の活動に活気を与え、より円滑にすすむことが多いものです。事業企画は、連携が大きな目標の一つでもあります。大会等は、いわば運動体であり、活動は基本的に啓発活動であると思います。自分たちの活動を広く知ってもらうために行うものであり、活動の成果を発表することにより、より多くの賛同者を得ようとするものでもあります。
　驚くべきことに、イベントは小さくともよい、中にはしなくてもよい、もっとすごいのは「余計なことはしない」主義の行政があることです。そういう管理職が時々見られており、社会教育でも余計な事業はもちこむなということも少なくないのです。イベントは連携を深めるために効果があります。類似の団体、サークル、あるいは異なる団体と連携することによって、全く予期しない事業が広がることがあります。まち研は、自治体と手を組みましたし、他の社会教育団体の協力をいただきました。事業を通じて多彩な人脈が生まれることが多くありました。幅広い分野から協力指導を戴くことは団体の魅力を高めるためにも、また、新しい学びのためにもきわめて効果が高いものです。イベントの後の交流会にかなりの重点を置いたのもそのためでした。

全国生涯学習まちづくりサミット　新潟県湯沢町、湯沢中央公民館

平成9（1997）年10月13〜14日

　生涯学習社会の実現を目指す社会教育研究会であり、4つの分科会で全国から15の実践事例が発表されました。シンポジウムは生涯学習の課題を、藤波彰市長以下、杉村美恵氏（シャンソン歌手）、岡田隆史氏（料理家）、山田美也子氏（キャスター）、村山隆征町長など、華やかな顔ぶれでした。

　この大会を裏で仕切ったのは、事務局に勤務し、元九州女子大学卑弥呼の中溝式子氏でしたが、とても新人とは思えないという評価を得ていました。人なつっこさと明るさで、参加者も盛り上げる雰囲気がありました。

　同サミットは、社会教育協会の生涯学習社会の実現を目指す社会教育のテーマに沿う討議でした。

芸術文化のまちづくり　女満別生涯学習フェスティバル

平成9（1997）年11月7〜8日

　花と音楽の町宣言の女満別町や、文化のまちを標榜していた松伏町は、「芸術文化のまちづくり」を意識していました。女満別町は、平成8（1996）年11月の生涯学習まちづくりフェスティバル・女満別大会に続いて第2回を実施していました。

　女満別町は、図書館のまちでもあり、鈴木武昭教育長自慢の全国的に有名な図書館駅が、まちのシンボルとなっています。大会に出演の田中宏氏は、社会教育主事、図書館長を務めたまち研の中核的なリーダーでした。講談師の神田北陽氏、声楽家の島崎裕美氏の公演に、生涯学習事業のイメージが変わったというぐらい楽しんだフェスティバルでした。全道からもまち研メンバーが多数参加し、交流会が盛り上がったものでした。

　筆者は、美術や音楽に関心があるのですが、まちづくりの重点を芸術分野に置くところは少ないようです。女満別町は、毎年一流の演奏家を招き、全国に誇る芸術イベントを行っていました。役場の議会議事堂が音楽ホールを兼ねるなど、最高の文化環境を誇っていました。まちの豊かな知性と教養の深さを感じてしまいます。

● 平成 7 年（1995）

1 月 14 日（土）	全国まちづくり研究会事務局会議（国立オリンピック記念青少年総合センター）
1 月 31 日（火）	生涯学習とエコミュージアム研修会（国立社会教育研修所）
2 月 24 日（金）	芸術文化によるまちづくりフォーラム IN 田沢湖（秋田県田沢町・わらび座）
3 月 3-4 日	西日本生涯学習フォーラム（九州女子大学）生涯学習まちづくり研究会
5 月 14 日（日）	志摩町交流志摩専科（福岡・志摩町）2 回
6 月 17-18 日	女性から見たまちづくりシンポジウム（長崎県福島町）
6 月 23-24 日	全国生涯学習まちづくり研究会　関東大会(群馬県大間々町。**下写真**)
8 月 4-6 日	生涯学習まちづくり研究会・関東大会（八潮市）
9 月 21 日（木）	生涯学習とまちづくりを考える研究会（埼玉県日高市、佐賀市、他）
9 月 23 日（土）	生涯学習と開かれた学校大会（茅野市）
10 月 8 日（日）	九州地区エコミュージアム研修会（島原市）
10 月 22 日（日）	山田市生涯学習と町を楽しむ研究会
11 月 1 日（水）	九州女子大学生涯学習研究センター落成式
11 月 23-24 日	全国生涯学習まちづくりサミット　西脇大会（西脇市）
12 月 22-25 日	香港旅行（まち研事務局）

まちづくり仕掛人会議は各自治体で実施していた

● 平成 8 年（1996）

1 月 13 日（土）	昭和村リフレッシュ成人式（福島県昭和村）職員研修　卑弥呼 6 名
3 月 24 日（日）	生涯学習まちづくりを考える会　八女・筑後地区研究会支部発足（八女市）
5 月 12 日（日）	生涯学習とまちづくりを企画する研修会（筑後市）（ブロックまちづくり研）
6 月 1-2 日（日）	第 1 回まちづくりコーディネーター講座（オリンピック記念青少年総合センター）
7 月 20-21 日	上士幌町移動講座　2 回
8 月 7-8 日	八の字サミット（八潮市、八女市、八王子市、八代市、八戸市など）
9 月 7 日（土）	全国生涯学習まちづくり研究大会・南部大会（和歌山県南部町）
9 月 21 日（土）	関東地区地域アニメーター養成研修会（埼玉県八潮市）
10 月 5-6 日	全国生涯学習まちづくりフォーラムｉｎ斐川（島根県斐川町）

11月6-9日	全国生涯学習フェスティバル・生涯学習フォーラム（福岡市・博多ホール）
11月7-8日	全国生涯学習まちづくりサミット（筑後市、八女市）
11月23-24日	生涯学習まちづくりフェスティバル・女満別大会（北海道女満別町）

● 平成9年（1997）

1月10日（金）	柳川市まちづくりセミナー（福岡県柳川市）2回
2月2日（日）	高知県まちづくり実践交流会（高知県須崎市）
2月10-11日	東北地区生涯学習まちづくり交流会（軽米町まちづくりの集い）
2月22-23日	中部地区生涯学習まちづくり研究交流会
	（美濃加茂市生涯学習シンポジウム）
3月1日（土）	西日本生涯学習フォーラム（九州女子大学）
3月2日（日）	全国生涯学習まちづくり研究会・交流会（福岡県若宮市・スコーレ若宮）
4月19-20日	全国生涯学習まちづくり研究会・亀岡夢フォーラム（京都府亀岡市）
5月24日（土）	関東地区生涯学習まちづくり研究交流会（東京都・国立教育会館）
7月19-20日	全国生涯学習まちづくり研究会・久万大会・西日本大会（愛媛県久万町）
8月22-23日	上士幌タウンカレッジ　前期（北海道上士幌町）　8月23日後期
8月25-31日	第2回海外研修旅行（オーストラリア・ヌーサ）
9月13-14日	田舎暮らしを楽しむ全国研究大会（福島県昭和村）
9月16日（火）	関東地区生涯学習まちづくり研究交流会（東京都港区）
9月28日（日）	島原市より功労表彰を受ける
10月13-14日	全国生涯学習まちづくりサミット（新潟県湯沢町・中央公民館）
10月17-18日	西日本生涯学習フォーラム（北九州市・九州女子大学）
11月7-8日	女満別町生涯学習フェスティバル　神田北陽、島崎裕美

平成 10 〜11 年（1998-1999）

5　関東から全国へ　大学との連携

◆平成 10 年　1998
　長野冬季オリンピック・パラリンピックが開催され、プロ野球では横浜ベイスターズ
が 38 年ぶりに日本一に。映画監督の黒澤明氏ご逝去などが話題となりました。

　筆者が、九州から関東に移り聖徳大学を拠点とするようになると、まち研の活動も関
東地方に広がっていきました。まち研の活動と大学の連携も、真剣に検討した時期でし
た。より全国への波及を狙い、事務局を聖徳大学生涯学習研究所内に設置。亀岡市ガレ
リア大会や丹青研究所内に生涯学習施設研究部を設置したことがまち研の話題でした、

（1）聖徳大学生涯学習研究所内にまち研事務局を設置

九州女子大学から聖徳大学へ転任する
　平成 10（1998）年 10 月 1 日（木）、筆者は、九州女子大学から千葉県松戸市にある
聖徳大学へ転任することになりました。直接の理由は熱心な川並弘昭学長の誘いによる
ものでした。卑弥呼の活動を目の当たりに見て、聖徳大学にも卑弥呼に負けないサーク
ルを創りたいということでしたし、生涯学習に関する学科を創るということでした。川
並学長は全国短期大学連盟の会長を努め、全国でも有名な学長でした。
　そのために学科編成等の助言に何度か聖徳大学の会議に呼ばれ、助言したことがあり
ました。何よりも筆者は文部省勤務時代、宿舎は聖徳大学正門前にある国家公務員宿舎
であり、大学の芸術鑑賞などでたびたび聖徳のホールに行っていたほどなので、身近な
大学であったのです。筆者も転任を希望し、川並学長は喜んで採用を決められたのでし
た。一方で、まち研も九州では文部省との連携が難しくなり、連携事業も微妙に遠くなっ
ていると感じており、再度、関東を拠点にすべきという意識がありました。
　聖徳大学で、筆者は生涯学習推進の仕事をするつもりでした。当時の文部省の富岡局
長や寺脇審議官からは、よく帰ってきてくれた、文部省の近くで活動してもらいたいと
声をかけていただき、大いに感激したことを覚えています。筆者の研究室は、正門の外
にあるイトーヨーカドーに隣接する民家の一戸建てにしてもらいました。
　堅い女子大学の中でも生涯学習指導者コースは別格で、授業中も各地から来客がある

と、時に、学生に接するので、学生たちは興味津々であったようです。来客が1ヵ月で1,000人を超すこともあり、着実に大学の看板になったと自負したものでした。

聖徳大学「りりーず」での活動

大久保　寛子

　平成10年度に結成された聖徳大学生涯学習研究同好会は、通称「りりーず」と呼ばれていました。顧問の福留強先生の指導のもと、全国各地で活動していたことは、学生時代の中でも特に印象に残るものでした。コミュニティスポーツである「ローンボウルズ」をご存知でしょうか。このスポーツは、欧米、特にイギリスやカナダ、オーストラリアなどで古くから伝えられているもので、芝生の上でボーリングをするような、ペタンクにも似ています。年齢や性別に関係なく、子どもから高齢者まで楽しめるのが魅力で、私たちは岩手県軽米町の高校生と交流することがありました。後日「ジュニアリーダー養成講習会」のプログラムに取り入れ、高校生が小学生にローンボウルズを教え、彼らの自信につながったという喜びの声を聞くことができました。

　「YOSAKOIソーラン祭り」では、学生スタッフとしての活動体験をしました。札幌の街が新緑に染まる6月。市内中心部の大通公園において、パレード形式とステージ形式の演舞を楽しむことができる「YOSAKOIソーラン祭り」。多くの人を魅了する祭りを企画・運営しているYOSAKOIソーラン祭り学生実行委員会との出会いは、忘れられません。学生実行委員会のメンバーである北海道大学の方にお世話になり、札幌市内に1週間滞在し、運営学生スタッフとして、裏方に徹して会場を駆け回り、出演団体や観覧席の対応を手伝うチャンスに恵まれました。舞台演出や司会進行、沿道の交通整理やごみ拾い、突然の雨にも慌てない冷静な姿に感動しました。これは先生から4年制の卒論取材と称して長谷川岳氏に交渉され、スタッフとして体験することになったのでした。その使命は、聖徳大学でよさこいソーランに取り組む基礎を作ることでした。その後、YOSAKOIソーラン祭りで得たノウハウを部員と共有し、りりーずとして、新しい取り組みに発展させることに成功したのでした。

　りりーずとして地域に最も関わったのは、「地域アニメーター」や「まちづくりコーディネーター」とのつながりでした。大学では、生涯学習概論やボランティアに関する科目を履修しながら、全国各地で展開されていた「地域アニメーター」や「まちづくりコーディネーター」の養成研修にも、りりーずの一員として参加していました。情報や経験の集大成である知識、そしてアイデアなどをかけあわせて、新しいモノを生み出す楽しさや難しさを実感し、地域の方とつながることで、本物の体験として、学びを深めることができました。

りりーずの活動を経て、現在、私が所属している聖徳大学の部署では、産官学連携として、地域で活躍できる人材を育成するため、地方自治体、企業等と連携した活動を推進しています。また、保育科の学生・教員が、地元松戸市の子どもの「ふるさと愛」を育むことを目的として、松戸市、地元企業と協働で「まつどでかくれんぼ」を作成したり、松戸駅前のショッピングモールのフードコートにて、人間栄養学部の学生がレシピを考案して商品化されたりしたこともありました。

(聖徳大学教育研究推進部　地域連携課兼知財戦略課)

(2) 話題の嘉例川駅

地域づくりきらりびと養成講座　隼人町　平成10 (1998) 年8月29日 (土)
　嘉例川駅が話題となったきっかけは、鹿児島県隼人町中央公民館の「地域づくりきらりびと養成講座」でした。筆者も講座に関わりワークショップを担当、この成果が実際に行動に移されそのまま全国的な話題になったものでした。
　講座担当で嘉例川駅にこだわっていたのが山口庸子さんです。事業は翌年の1月18日 (日) 地域アニメーター講座・隼人まるまる発見塾にもつながっていきました。その成果は全国に広がるきっかけになったものでした。

　JR肥薩線の嘉例川駅は明治36 (1903) 年に営業を開始した九州一古い駅舎です。霧島市隼人町の住民約200人の小さな集落の無人駅で、かつて1日の乗降客が数名と揶揄されたものでした。その駅が全国で「訪ねてみる価値のある駅ベスト10」の第3位 (日経新聞平成19〈2007〉年5月) にあげられるほど有名になり、南九州の特急「はやとの風」が、嘉例川駅に停車するようになりました。
　嘉例川駅はテレビ番組等で紹介される頻度も多く、知名度は抜群です。町予算はほとんど駅には投入されていませんでしたが、民間の協力で成功した例です。

嘉例川地区活性化推進委員会
　平成3 (1991) 年、まちづくり研究やエコミュージアム研究会を実践し、町民にまちづくり参画を提唱しました。同年夏には嘉例川駅で「本の交換市と森の市」を開催し、教育委員会主催の「駅舎を活用した絵画の榎木孝明個展」で、延べ1万人超の集客に成功しました。
　その結果、地域を盛り上げていこうという気運が地域住民からあがり、平成16 (2004)

年には「嘉例川地区活性化推進委員会」が発足。その成功の背景には、この委員会の活動や、志學館大学の岩橋恵子教授らのエコミュージアム研究会の活動、地域に関わった指導者の存在があります。山口庸子さんは当時公民館主事、観光課職員として、また地域ボランティアとして、側面から住民の中でサポートを続けていました。

　以下は、山口さんの手記から抜粋したものです

「かれい川駅弁」誕生
　JR九州が「新幹線と懐古の旅」というテーマで、肥薩線に観光特急「はやとの風」を運行することが決定し、その停車駅として、「嘉例川駅」停車が発表され、脚光を浴びることとなりました。観光協会では、「はやとの風」運行日に「駅弁」を販売しようと駅弁コンテストを実施。そこで選ばれたのが、地元食材を使い、郷愁を覚える1個1,000円の「百年の旅物語・かれい川」でした。町内で惣菜業を営む山田まゆみさんは、旧隼人町社会教育委員であり、「本の交換市と森の市」の実行委員長でした。山田さんは、「地域アニメーター養成講座」を受講し、そこで語った夢が「駅弁」を作ることでした。

　1個1,000円の駅弁「百年の旅物語・かれい川」は、平成19（2007）年度から連続でJR九州でも人気No.1弁当になり、夢がかなえられたものです。

　山田さんが売り出した駅弁は、週末に多い日には1日で数百名近い人が訪れる人気駅になったこともあり大ヒットしたのです。駅前には、自治公民館や、農産物販売所「ふれあいの館」も設置されました。山田さんの生活も一変し、多くの観光客と弁当を通じた交流が、地域貢献を感じつつ大きな喜びとなったといいます。

（山口庸子）

（3）亀岡市の生涯学習センター「ガレリア」関西の中心で活動

ガレリアの発端は全国生涯学習まちづくり研究会　生涯学習センター構想づくり
　平成4（1992）年8月18日（火）、軽井沢で亀岡市の生涯学習センター構想づくり合宿がありました（写真右）。それより5年前、当時の亀岡市長の谷口氏に生涯学習センター建設を進言したことがありました。「公民館改築」の話を文部省でも聞いていましたので、小規模の改築でなく、生涯学習都市宣言にふさわしい、全国に誇るべき「生涯学習施設の建設」を構想したらどうか、という提言をしたもので、これに市長も同意されたのでした。

そして、それが実現することになり、計画調査費の予算を組み込むことになりました。筆者は構想の研究会を任されたのでした。当時、まち研のメンバー7人が軽井沢の別荘に合宿し、生涯学習建設構想をまとめました。西村美束士氏、工藤日出夫氏、小松むつ子氏が夜を徹してまとめ、そのまとめを亀岡市に提出。亀岡市でもプロジェクトがさらに予算案等を加え、年次計画で議会に提案建設にこぎつけたものでした。最初の構想は7億円ぐらいの大型公民館のイメージで議論をスタートしたのですが、途中で谷口市長から、図書館も取り込むと大型駐車場が必要など条件が広がり、提出した構想は15億円を超えるものでした。当時としては破格の構想であったと思っていたものです。

　完成したガレリアは、まさに総合施設で200億円の予算で完成したという、全国最大規模と言ってもよいものであり、想像以上のスケールに完成していました。

　平成10（1998）年9月5日「ガレリアかめおか」が供用開始、財団事務局をガレリアかめおか内に置き、施設の維持・管理を亀岡市から受託して運営をしました。筆者は、平成12（2000）年4月11日（金）に亀岡市から辞令を交付され、ガレリア内の生涯学習研究所長に就任したのでした。京都学園大学の今西教授をはじめ、多くの指導者が周辺で活躍されていることを知っていましたから、いかにそれらの指導者を招き入れ、助言していただくかを市長に伝えるのも重要な使命であると考えていました。

＊

ガレリア亀岡について、今西幸蔵氏は寄稿で次のように語っています。

　大学に近い国道9号線沿いに巨大な4階建てのビル（敷地面積約40,000㎡）が亀岡市中央生涯学習センター「ガレリアかめおか（通称ガレリア）」であることを知りました。開館して数ヵ月後に、ガレリアの中は衝撃的とも言える施設設計がなされていました。一見、大型公民館あるいは市民会館に近いセンターの中に、結婚式場、道の駅、ホテル直営の食堂、商業スペース、デイケアサービス施設などがあったからです。

　過去に、私は大阪府自慢の生涯学習施設であった大阪府立文化情報センターに勤務しており、一定程度の民営化（民間機関との連携事業やセンター内に飲酒できる民間食堂があることなど）を実施し、その意味は理解していましたが、「ガレリアかめおか」のような大胆な民営化は、予測を超えていました。

　民営化の問題こそ、社会教育と生涯学習の大きな相違点の一つですから、社会教育の公民館とは異なる「生涯学習施設とはかくありき」といった風情でした。当時の亀岡市長だった谷口義久氏の発案だとされていますが、きっと福留先生のご助言があったのでしょう。

（今西幸蔵・高野山大学客員教授）

全国生涯学習まちづくり研究大会・ガレリア大会　亀岡市

平成 10（1998）年 11 月 21 日（土）

　毎年、全国の各ブロックで生涯学習まちづくりフォーラムなどが行われていました。市町村自体も、独自に個々で開催していました。このイベントを通して、まちづくりは、行政が行うものという考えから、「市民が主役のまちづくり」という考えに変わって広がり、しだいに定着されつつあったように思われます。さらに、このことは、「生涯学習」が、地域開発、産業の活性化と変容を促すものとしての役割が大きいということを、首長部局も理解したことを示しています。そうしたなかで、全国のリーダーとして亀岡市のガレリアに期待が寄せられていました。ガレリアかめおかでも、オープン後、初めてのイベントとして、全国生涯学習まちづくり研究大会・ガレリア大会（亀岡市）が開催されたのでした。

　谷口市長と福留（全国生涯学習まちづくり研究会代表）、荒谷信子氏（広島県生涯学習課長）の特別対談のほか、「生涯学習・学習相談の展開」の分科会の指導者は、今西幸蔵氏でした。また、まち研兵庫支部の東正行氏、安原一樹氏（兵庫教育大学助教授）などの名前が見られました。

　2 日目に向山洋一氏（TOSS）、寺脇研氏（文部省生涯学習振興課長）、小澤芳子氏（まち研、フリーライター）など多くの実践家、研究者等が出演し、全国的な話題を呼び、実践発表等 7 分科会で 28 名と、全国に知られるリーダーたちが集まったのでした。

　以後、11 月 22 日（日）亀岡生涯学習別院市民大学、12 月 5 日（土）「亀岡市シンポジウム市民大学十字路ガレリア 12」などが開催され、ガレリアが市民の前に、その機能を発揮し始めたのでした。

「生涯学習センター等の設置状況と今後の方向」の調査

　平成 10（1998）年に全国生涯学習まちづくり研究会は、丹青研究所と共同で全国市町村アンケート調査を行い、その結果を発表しました。これは、生涯学習施設研究部を組織化して初めての本格的な調査でした。実績のある丹青研究所の力に負うところが大半なのですが、市町村の 4 分の 1 に生涯学習関連施設があることがわかりました。全国 3,255 の市町村を対象に、生涯学習施設の設置情報、運営形態、総工費、財産などを調査したものでした（アンケート回収率 47%）。結果によると、住民の生涯学習を推進する中核施設として、生涯学習センター等の施設を設置している自治体は 373 自治体あることがわかりました。

　まち研が、自治体の調査も委託を受けることが可能であるということを示すものでした。

関東地区生涯学習実践研究交流会（千葉県柏市・さわやか千葉県民プラザ）

平成10（1998）年10月24日～25日、九州地区の生涯学習実践研究交流会に倣って、関東地区の交流会を実施してみました。最大80名ちかくが千葉県を中心に関東一円から参加し、遠く銚子市などからも参加がありました。筆者が、聖徳大学に赴任前から各地に連絡を取り、集めたもので、宿泊だけでも40人はいたようでした。いわば予算ゼロからのスタートでしたが、交流会の盛り上がりから今後の関東地区の交流発展が期待されるのでした。

参加者は、筆者が九州から関東に帰ってきたというイメージで、これからのまち研の活動に期待が寄せられていることを強く感じたことでした。

全国生涯学習まちづくりサミット明石大会・全国生涯学習フェスティバル

平成10（1998）年10月3日（土）　兵庫県明石市中央公民館

第10回全国生涯学習フェスティバルが兵庫県で開催され、その事業の一つとして開催したのが、全国生涯学習まちづくりサミットです。主催自治体に頼らず、初めての民間の主催ということで、実行委員会と全国生涯学習まちづくり研究会の共催で開催されました。

基調提言は、「生涯学習まちづくりの現状と課題」福留強（全国生涯学習まちづくり研究会）でした。

事例報告リレートークでは、3つの事例を3人の指導者が語りました。

「過疎地におけるまちづくりの工夫」明神宏和氏（高知県まちづくり研究会会長）

「まちづくりボランティアの活動」足立宏之氏（全国地域おこし協議会事務局長）

「家庭教育の充実と大人の学習」永池榮吉氏（国際スコーレ協会会長）

シンポジウム「生涯学習でまちはどうかわるのか」では、榛村純一氏（掛川市長）、谷口義久氏（亀岡市長）、藤波彰氏（八潮市長）、矢野学氏（安塚町長）、富岡賢治氏（文部省生涯学習局長）、司会・福留強（全国生涯学習まちづくり研究会代表）でした。

・**全国生涯学習市町村協議会設立発表　閉会後、まちづくり仕掛け人会議（交流会）**

　このサミットのシンポジストとして出演した4名の市町長から、この日をもって全国の市町村長を対象とする市町村ネットワークを立ち上げようと、合意を得たのでした。この大会で、全国生涯学習市町村協議会の設立とその構想を、参加者に具体的に発表することができ、大きな一歩を踏み出しました。

全国生涯学習まちづくり研究集会・北海道大会　女満別町

　平成10（1998）年11月14〜15日（日）

　第3回生涯学習フェスティバル in めまんべつ

　3年越しとなった北の空港のまち、花と音楽のまち宣言の、女満別町で行われました。町の文化祭とドッキングした大会で、北海道知事の参加、文部省生涯学習振興課長の寺脇研氏の講演などで会場は満員の盛況でした。

　特に青少年問題では、北海道余市高校の発表をはじめ、多くのユニークな発表が注目を浴びました。

全国生涯学習まちづくり研究会の理事会役員　平成10（1998）年6月1日現在

　まち研の役員が一堂に会することはなかなか難しく、もっぱら持ち回り理事会で決定していました。それぞれの委員は各界でも超多忙な、以下の顔ぶれでした。

　藤波彰、永池榮吉、国松治男、渡辺博史、讃岐幸治、松下俱子、坪内ミキ子、矢野学、伊東佳雄、真鍋博、花柳千代、多田幸子、鈴木真理、平野仁、小川健吾

　顧問・岡本包治、谷口義久、代表・福留強（敬称略）

◆平成11年　1999
　公明党が連立政権に加わる小渕第2次改造内閣が発足。東京では石原慎太郎知事が誕生しました。この頃からいわゆる平成の大合併がはじまりました。街には『だんご3兄弟』が流れ、CDシングル歴代新記録となる約290万枚の大ヒットになりました。まち研としては、初めて関東から全国に広げる、スタートに立ったという認識でした。

　平成11（1999）年は、生涯学習審議会答申「学習の成果を幅広く生かす」が出され、

あらゆる意味で大きくまち研の在り方を世に知らせることになったものでした。
　また、子どもの心を育てる全国研究集会（聖徳大学、写真左）、きらめく東京湾クルーズ（環境問題研究会）など、徹底してまち研の充実に向けた事業を連発し、各地で盛況の感想を得ることができた年でした。

　第1回聖徳大学生涯学習フォーラム　平成11（1999）年1月11日（月）
　聖徳大学生涯学習研究所主催で、聖徳大学生涯学習フォーラムを開催しました。全国生涯学習まちづくり研究会も協力して実施されたもので、地区生涯学習まちづくり交流会と言ってもよいものでした。関東地区生涯学習研究交流会という事業にも位置付けました。その後の地区ごとの生涯学習実践研究交流会とも軌を一にするものと言えるものでした。
　文部省の生涯学習推進体制が整い、まち研も総合的に生涯学習推進を強調して、イベントを生涯学習フォーラムで統一していこうと試みました。筆者が、関東に帰って最初に仕掛けたフォーラムであり、地域にとっても、文部省にとっても、生涯学習の推進とまちづくりに貢献するという初めての聖徳大学生涯学習研究所からのメッセージでもありました。
　当時の、文部省局長講演があり、まち研も協力しました。聖徳大学生涯学習研究所事業は「聖徳大学生涯学習フォーラム」等、あらゆる公開事業を、まち研と共催しました。会員が全国各地から参加し、学内では驚きの目で見ていたようでした。また大学の生涯学習研究所へも連日視察が増えてきたのでした。多い時は月に1,000人を超えたことがあり、これも驚きだったようです、その多くは全国のまち研会員だったものと思われます。
　交流は学び合う関係から、まち研にとって最も重要で、ふさわしい活動の一つでした。

（4）文部省の答申で注目されたまちづくりボランティア

　平成11（1999）年6月の文部省生涯学習審議会答申「学習の成果を幅広く生かす」
では、今までのまち研の活動を取りあげ、評価し奨励されました。成人教育の学習機会
はかなり充実しているものの、その学習成果は生かされていないという指摘や反省は、
かなり以前からありました。そこで成人の学習に焦点を当てた討議が審議会に諮問され、
議論されて答申に至ったものでした。
　とくにその具体的な内容として、まち研が資格を認定して推進しているまちづくりボ
ランティアである「地域アニメーター」や「まちづくりコーディネーター」に言及し、
国会質問になるなど、まち研が注目を集めることになりました。地域アニメーターが注
目された、という意味で、本当に画期的な答申であり、その中では、学習成果を「個人
のキャリア開発に生かす」「ボランティア活動に生かす」「地域社会の発展に生かす」こ
とを提唱しています。
　この答申が契機となって、国会でも話題とされ、質問があり、当時の文部省が答弁を
していました。答申にあるように、人々の生涯学習の推進と、その学習成果の相互活用
によってコミュニティ形成を図ることは、まちづくりにとって、特に都市におけるまち
づくりの有効な方策となるものといえるでしょう。

　4月から11月まで、「地域アニメーター養成講座」「コーディネーター養成講座」は
全国25の都道府県で実施されました。さらに、関西地区（京都府）、南九州地区（鹿
児島県隼人町）、関東地区（千葉県柏市）などで県レベルの生涯学習・社会教育実践研
究交流会を実施するなど、全国生涯学習まちづくり研究会は、毎月全国で平均5回程度
の県域の研修交流を実施していた年度でした。

列島を駆け巡った2月

　平成11（1999）年2月1日の京都府亀岡市を皮切りに、2日高知県宿毛市、4日
千葉県松戸市、6日鹿児島県姶良町、7日福岡県春日市、8日千葉県八千代市、11日
鳥取県赤崎町、13日高知県伊野町、17日沖縄県中城村、18日鹿児島県国分市、19日
鹿児島市、20日岐阜県垂井町、21日佐賀市、26日埼玉県深谷市、27日群馬県大間々
町、28日東京都瑞穂町と16の自治体を駆け巡っています。このような日程は、その後、
何年も続き、1,070の自治体を回ったという記録になりました。

第5回生涯学習まちづくり実践交流大会・伊野大会　平成11(1999)年2月13日(土)
　第2回伊野町生涯学習大会、第5回高知県生涯学習推進大会の3枚看板方式の大会でした。シンポジウムに声楽家の島崎裕美氏、土佐山村長の鎌倉敏夫氏などが出演されました。高知市に隣接する伊野町は、清流・仁淀川が流れ、まちの美しさを強調するイベントでした。この川でのこいのぼりならぬ鯉流しが印象に残っています。

「かめおかNOW」第2号地域アニメーター情報紙　平成11(1999)年3月15日
　全国生涯学習まちづくり研究会亀岡支部（中島義治支部長）発行。A4版8頁、9つの小広告で資金を確保し発行されたもの。東原辰巳氏（姶良町教委）、山崎元靖氏（須崎市教委）、山口謙氏（南部町教委）、安原一樹氏（兵庫教育大学）、今西幸蔵氏ほか、亀岡フォーラム参加者の中から、江島通子氏（生涯学習研究所）、内田晴代氏、中奥良則氏など懐かしい名前が見られます。内容の充実した当時の情報紙となっています。

きらめく東京湾クルーズ　環境問題研究会　平成11(1999)年8月27～28日（金）

　夏の東京湾を船で遊覧して楽しむ事業でした。船の使用料は無料、操陀の船長を雇う経費のみという松下倶子氏からの好条件で実施しました。夜の東京湾を遊覧船で演奏を聴きながら楽しむ豪華で風流な期待をもって乗船したのですが、船着き場に行くと船は密航船を追跡するような小型巡視船で、遊覧船とはかけ離れたものでした。とは言え、結果オーライで、浮袋を着込んで実際に東京湾の汚染状況を調査しました。その夜は持参したビールで東京湾の夜景を楽しむ、1泊2日のイベントとなりました。

（5）活発な研究交流会が広がる

関西地区生涯学習実践研究交流会　京都・亀岡市・楽々荘
　平成11(1999)年5月29～30日「出会い、楽しみ、そして学ぶ」をテーマに、関西では初の生涯学習実践研究交流会が、亀岡市の「ガレリアかめおか」で開催されました。「地域でこどもをそだてよう」をテーマに、まちづくり実践者250名が参加しました。この交流会は、まち研の亀岡支部合同で実行委員会を組織化して、ボランティアの協力を得ながら自主運営される研修会となりました。このあと谷口市長にかわって田中英夫新市長があいさつ、昼食は10人グループごとに交流を深める会食となりました。
　女性、福祉、青少年、文化・観光、スポーツの5分科会で13の事例が報告され、そ

れぞれ参加者全員で意見交換が行われました。

　夜の交流会では、亀岡市の青少年による和太鼓の演奏や参加者の持ち寄った出身地の特産品の競り市が行われるなど、盛り上がった交流会を楽しみました。

・関東地区生涯学習実践研究交流会　千葉県柏市・ちば県民プラザ

　平成 11（1999）年 10 月 2 日（土）に開催され、この機に、県内のリーダーの顔合わせなどを行い今後の連携について話し合っていました。

・関西地区生涯学習実践研究交流会　国立淡路青年の家

　亀岡市・楽々荘で行われた関西地区交流会（平成 11 年 5 月）の翌年、平成 12（2000）年 2 月 26 日、淡路島の国立淡路青年の家で開催され、およそ 100 人が参集しました。所長の木村清一氏の尽力が大きく、交流会は研修会の性格を持ちながら盛大に行われたものでした。

まちづくり元気店オープン　まち研姶良支部（鹿児島県姶良町）

　休耕田を活用、蛍の里づくりに取り組む姶良町支部が、「まちづくり元気店住吉池」をオープン。館の運営は姶良町の地域アニメーターがボランティアとして参画しており、地域の話題になっていました。代表は麓宏吉氏。中心街から離れている荒れた田にあり、道路沿いの一軒家を活用したものでした。豪華ではないものの、地域で活動する拠点にするというもので、農産物の販売などをしたいという構想でした。

まちへ出ようかい　北九州在住のリーダーによる市民活動

　障害を持つ人と健常者とともに創る、会員 14 名の生涯学習まちづくり研究会です。会員は特にバリアフリーのまちづくりを研究したいと張り切っています。毎月第 2、4 土曜日が定例会。代表の重岡梨栄子さんは、持ち前の明るさ、元気さで活動を始め、会をリードしています。自らも障害を持ちながらこれを克服し、ホノルルマラソンにも挑戦するというスーパーレディでもあります。

　まち研としても、こうした会はあるべきと考え、立ち上げるきっかけをつかめないでいるのを全力で応援しようと打ち合わせをしたものでした。

全国生涯学習まちづくり研究会広島支部

　まちづくりコーディネーター講座参加者 6 名が中心になって結成されました。川田裕子氏（大野町）、松岡夫妻、黒木直子氏（福山市）、新川ひろ子氏（東広島市）が発起人となり、代表は榊原恒司氏。各地に地域組織・支部の設立を呼び掛けた時期で、タイムリーなニュースとなりました。まちづくり研究会の性質上、地域でまとまることが基本にあり、具体的に活動することが重要で、その刺激になるものとして大いに期待しました。

忘れられない"出あい・ふれ愛・学びあい"

清水　英男

　私は、1978（昭和53）年に栃木県の高校の教員から同県の教育委員会の社会教育主事、成人教育係長や生涯学習課長など13年間社会教育・生涯学習行政に携わりました。2001（平成13）から聖徳大学教授として、後継者養成の意味をも込めて、生涯学習論や社会教育学などを学生と学びあうことができました。その間、社会教育・生涯学習行政関係者や地域活動を実践する方々との爽やかで温かく、かつ得難い交流（であい、ふれあい、まなびあい）の輪が広がり、今日まで続いています。

　1982（昭和57）年には、社会教育の理念や行政と事業の在り方などの理論と実践力を身に着けるために国立社会教育研修所（現・国立教育政策研究所社会教育実践研究センター）が主催する約30日間の専門研修を受講しました。その研修で、社会教育の理論と行政にかかわる疑問や解決策などに的確に応えていただいたのが、福留強先生（当時、国立社会教育研修所教務研修課長）でした。

　先生は、人望厚く該博な識見をもたれた素晴らしい方で、このころから勝手にファンになっていました。研修終了後も、栃木県での講演や審議会などへのアドバイスを快く引き受けていただきました。後に、聖徳大学でも教導をいただきました。生涯学習・社会教育の先達であり師である福留先生との出会いによって、生涯学習・社会教育へ専心する決意を新たにすることができたのです。

　先生からの誘いで1997（平成9）年にまち研に即入会しました。2006（平成18）年には同法人の副理事長に就任し、2017（平成29）年に辞任しましたが、以来、今日までお付き合いが続いています。まち研での仲間と一緒に特色あるイベントや調査・研究活動などに参画できたことにより、「であい（知己づくり）、ふれあい（心の交流）、まなびあい（共同学習や調査・研究）」が一層深まりました。

　そして、多くの思い出ができ、研究の成果も得られました。これらのことは、まち研の仲間の方々のおかげです。改めて感謝申し上げます。

（まち研副理事長、元聖徳大学教授）

まち研を支えた同志

　筆者の相談役、専任コーチであり、常に相棒として活躍された清水英男氏。着実な仕事をされ、大学からの信頼が圧倒的に厚い人でした。沈着冷静のイメージがありますが、心根は熱い情熱の人でもあります。栃木県教育委員会教育次長という高い地位にあったのですが、強引に大学に来てほしいと頼み込んだのでした。論文の査読など、清水先生が見たのであれば問題なし、という着実で誠実そのものの人です。学生から見ても筆者

とはよいコンビに見えていたようで、お互いに信頼し合っている男の姿を見たといっていました。まち研でも副理事長をお願いし、幅広くサポートしていただきました。

社会教育の同志であり、心から気を許せる親友でもある、小山忠弘氏、讃岐幸治氏、古市勝也氏、長谷川幸介氏、今西幸蔵氏、原口泉氏、松下倶子氏は研究仲間でもあり、筆者やまち研にとっても助言者でもあるのです。皆さんは言うまでもなく現在の我が国の一級の研究者であり、実践者であることは間違いありません。この35年間を理論面から真心を込めて支持していただいた方でもあります。もちろん研究者だけではなく行政関係者、市民活動家、芸術家などに恵まれた結果が、この度の35周年なのでしょう。

（6）全国生涯学習市町村協議会の発足

全国生涯学習市町村協議会が発足し、活動を始めましたが、実質はまち研がその大半の事業実施の任務を担い、まさに全国に広がる結果になっていました。

全国生涯学習市町村協議会のスタート

全国生涯学習まちづくり研究会に加盟し結束していた生涯学習に熱心な市町村（自治体）長を中心に、全国生涯学習市町村ネットワーク協議会が平成10（1998）年に結成されました。

平成11（1999）年11月11日、全国生涯学習市町村協議会の設立総会が麹町会館で行われ、正式にスタートしました。この協議会は、市町村の中で生涯学習を総合行政としてとらえ、地域を上げて住民が主役の「生涯学習まちづくり」を推進することを目的としました。この協議会の設立を全国の市町村に呼びかけました。この協議会の会長に掛川市の榛村純一市長が就任しました。また発足まで、生涯学習自治体ネットワーク協議会長として多くの自治体をリードしてきた八潮市の藤波彰市長が副会長に就任、事務局も八潮市が担当しました。理事、監事など役員には、全国生涯学習まちづくり研究会のメンバーで全国大会、ブロック大会等を開催した市町村長が名を連ねていました。

また、この組織を設立するまで、主要な自治体を説得し多くの自治体をつなげた筆者（福留強・全国生涯学習まちづくり研究会理事長）は代表世話人として委嘱されました。

発足当日の総会には、中曽根弘文文部大臣、富岡賢治生涯学習局長以下文部省などの関係省庁や地方公共団体の幹部が駆けつけました。市町村が主体的に進める全国生涯学習市町村協議会に、文部省として積極的に連携、支援を約束し、発足・スタートを祝うとともに、生涯学習推進に歴史的な一歩を記しました。

● 平成 10 年（1998）

2 月 27 日（金）	生涯学習フォーラム大間々町大会・関東大会
	（第 3 回大間々町生涯学習大会）
5 月 29-31（日）	生涯学習まちづくりフォーラム in 岡垣・西日本大会（福岡県岡垣町）
7 月 18-19 日	上士幌タウンカレッジ（8 月 20-23 日・2 回目）
8 月 29 日（土）	地域づくりきらりびと養成講座（鹿児島県隼人町）
9 月 8 日（火）	まちづくり研究会東京部会（丹青研究所会議室）
	生涯学習施設研究部　丹青研究所内に設置
9 月 26-27（日）	東北地区生涯学習まちづくり研究大会（青森・階上町ハートフル）
10 月 1 日	事務局を聖徳大学生涯学習研究所内に設置
10 月 3 日（土）	全国生涯学習まちづくりサミット明石大会・
	全国生涯学習フェスティバル（兵庫県明石市）
10 月 24-25 日	関東地区生涯学習実践研究交流会
	（千葉県柏市・さわやか千葉県民プラザ）
11 月 1 日	「生涯学習都市・亀岡はいま」出版　教育新聞社
11 月 14-15 日	全国生涯学習まちづくり研究集会・北海道大会（北海道女満別町）
11 月 21 日（土）	全国生涯学習まちづくり研究大会・ガレリア大会（京都府亀岡市）
12 月 25 日（木）	『地域アニメーター　生涯学習・まちづくりボランティア』を発行。
	全国生涯学習まちづくり研究会・編（全日本社会教育連合会）

● 平成 11 年（1999）

子どもを育てる全国研究集会が、国の補助金で開始

1 月 11 日（月）	聖徳大学生涯学習フォーラム（千葉県松戸市・聖徳大学）
2 月 13 日（土）	全国生涯学習まちづくり研究会・伊野大会（高知県伊野町）
5 月 29 日（土）	関西地区生涯学習実践研究交流会（京都府亀岡市・楽々荘）
6 月 11 日	国の生涯学習審議会答申「学習の成果を幅広く生かす」
7 月 17-18 日	子どもの心を育てる全国研究集会（聖徳大学）
8 月 27-28 日	きらめく東京湾クルーズ（環境問題研究会）
9 月 26 日（日）	全国生涯学習まちづくり研究会　京都支部会
10 月 2 日（土）	関東地区生涯学習実践研究交流会（さわやか千葉県民プラザ）
10 月 10 日（日）	全国生涯学習まちづくりサミット（広島県東広島市）
11 月 6-7（日）	生涯学習まちづくりフォーラム隼人・南日本大会（鹿児島県隼人町）
11 月 11 日（木）	全国生涯学習市町村協議会発足（東京都・麹町会館）
11 月 21-22 日	生涯学習まちづくりフォーラム IN 大栄・中国大会（鳥取県大栄町）

平成12〜13年（2000-2001）

6 新しい事業の展開

◆平成12年 2000

　小渕恵三内閣から、森喜朗連立内閣発足。有珠山と三宅島が噴火、鳥取西部で大地震、シドニーオリンピックでは女性マラソンの高橋尚子選手が金メダル獲得等が話題になっていました。新しく発行された2000円新札にはなかなかお目にかかれませんでした。

　海部俊樹元総理大臣がまち研の顧問として就任していただくということで、まち研への信頼が高まった年でした。

　平成11（1999）年11月11日に全国生涯学習市町村協議会が具体的に動き出し、まち研との連携のもと、活動を開始したほか、平成12（2000）年2月26日（土）関西地区生涯学習実践交流会（国立淡路青年の家）などの交流事業も各地で見られました。また、子どもの心を育てる全国研究集会が、国の補助金で開始しています。

（1）海部俊樹氏（元総理大臣）が名誉顧問に就任

　平成11（1999）年1月5日、衆議院議員会館に筆者（福留代表）が海部俊樹氏を訪ね、全国生涯学習まちづくり研究会の名誉顧問及び地域アニメーターの認定委員長の就任依頼を行い、内諾を得ました。元総理の顧問就任は佐々木昭雄秘書官の努力もあり、実現できたものでした。元総理大臣ですから当時200を超す多くの肩書があり、整理されていた時期の就任でした。まち研は7月にNPO法人化を申請し、新しい勢いが出てきており、会員の研究、実践活動に、改めてじっくり取り組もうと呼びかけたことでした。

　名誉顧問に就任いただいた当時の海部元総理のご挨拶を次ページに記します。

研究実践の継続を期待します

海部　俊樹

　いま、人々の地域づくりに活躍するニュースが増えているようです。全国各地で大勢の人々が学び合いながら生きがいと心の豊かさを求め、住みよいまちづくりを目指すことは正に素晴らしい生涯学習時代の到来を実感させてくれます。また、地方分権と呼ばれる時代は、地域の人々の知恵を出し合う時代であり、まちづくりへのアイデアや実践が地域の浮沈に大きく影響する可能性があります。もちろん、政治的な課題として全力で取り組んでおりますが、基本になるのは国民一人一人の力であります。

　私も文部大臣、総理大臣を努めさせていただきましたが、その政治的な信条として、常に国民一人一人の人間的な向上と生活の充実を目標に全力を傾注してまいりました。もちろん今後もそのペースは落ちることはありません。こうした中に文部省でも活躍された福留代表を中心に、全国生涯学習フェスティバルからスタートしたといわれる「全国生涯学習まちづくり研究会」は、過去十余年間、実に地道に、絶えることなく、全国に多彩な活動を展開されてきました。このことは、既に周知のことではありますが、改めて敬意を表するところであります。

　このたび、私も皆様の仲間入りをさせていただくことになり、心から喜んでおります。同時に、この会が提唱し展開しているまちづくりボランティア「地域アニメーター」「まちづくりコーディネーター」の制度など、さまざまな全国活動をより多くの人々に理解していただき、皆様の夢が一歩ずつでも近づきますよう、協力を惜しまないつもりであります。

　ご承知の通り、我が国は、現在数多くの厳しい課題に直面しておりますが、国民の叡智を結集して解決していかなければならないと思います。このような時にこそ、全国生涯学習まちづくり研究会のように、学び合いながら自己の向上を図り、まちづくり、人づくりを考え、自ら実践していくことが何よりも重要なことであると考えております。

　この研究会も、NPO 法人としてスタートし、いよいよ充実の年を迎えることになります。全国の会員の皆様には直接お会いできる日を楽しみにしておりますが、国政に参画しております立場から、今後積極的に皆さんの活動を応援させていただきます。

　そして皆様には、今後とも国政に関心をもちつつ、より活発な活動を展開していただきますよう、また会員お一人お一人の、より地道な研究や実践が継続されますよう心からお願いいたします。

(名誉顧問)

（2）NPO法人全国生涯学習まちづくり協会の認証　経済企画庁

　任意団体「全国生涯学習まちづくり研究会」の一部を対象に、特定非営利活動法人（NPO法人）として独立。理事長・福留強、副理事長に藤波彰（八潮市長）、顧問に海部俊樹氏が就任

　平成12（2000）年12月16日（土）、特定非営利活動法人（NPO法人）全国生涯学習まちづくり協会として経済企画庁から認証されました。任意団体「全国生涯学習まちづくり研究会」の一部を対象に、NPO法人として独立（本部・東京都台東区下谷2-2-1に設置）。理事長・福留強、副理事長に藤波彰（八潮市長）。顧問に海部俊樹氏が就任。会員2,000名近くの組織であり、会員名簿が流動的な部分もありNPO法人の社員を150名程度としてスタート。12両編成の電車(全国生涯学習まちづくり研究会)の、前2両分をNPO法人にするという考え方でした。150人は会費が納められている実質的な人数でもありました。

特定非営利活動法人（NPO法人）全国生涯学習まちづくり協会設立パーティー

　平成13（2001）年1月25日（木）麹町会館
　海部俊樹顧問（元総理大臣）ほか、100名が参加。文部省生涯学習局の幹部、青森から羽柴誠三秀吉氏などを含む、約100名の参加があり、関係者を驚かせました。

　当時の写真には、スコーレ協会の永池榮吉会長、俳優の山本學氏、亀岡市長、八潮市長、北海道本別町の高橋町長、鹿児島県の隼人町長、市長村協議会スタッフ等の多くの首長の顔も見えていました。シャンソン歌手の杉村美恵氏の歌もあり、華やかなパーティーとなりました。

山本學氏

近藤信夫（文科省）

筆者（福留強）

設立趣意書から

特定非営利活動法人全国生涯学習まちづくり協会は、任意団体「全国生涯学習まちづくり研究会」の事業の分割により新たに発足する法人である。全国生涯学習まちづくり研究会は、平成元（1989）年、生涯学習の推進とまちづくりに関心を持つ、行政担当者、研究者、教育関係者、ボランティアなどあらゆる分野の人々が教育、文化、スポーツ、福祉、環境、都市問題、青少年教育などの問題を含む生涯学習の推進について、研究と実践の情報交流を進め、個性豊かなまちづくりを目指す全国的な組織として設立された。（以下略）

設立当時の役員（敬称略）

福留強（理事長）、藤波彰（副理事長）、中奥良則（専務理事）、今西幸蔵、小澤芳子、工藤日出夫、里見親幸、杉村美恵、竹中貢、豊村泰彦、松澤利行、松下倶子（以上、理事）。有田英世、多田幸子（監事）

「まち研」を発展的に NPO 法人化に力量発揮

竹中　貢

　平成 11 年、私は縁あって福留先生の研究室にお世話になることになりました。私の最大のミッションは任意団体であった「まち研」を発展的に NPO 法人化とすることと、生涯学習によるまちづくりを全国に展開することでした。全国規模の NPO 法人を所掌する経済企画庁や生涯学習の文部省に、「まち研」の松戸から、常磐線や千代田線で霞が関まで頻繁に通いました。全国各地で開催した生涯学習セミナー等では、出前講座発祥の埼玉県八潮市、生涯学習の元祖とも言うべき掛川市など全国の先進的な生涯学習によるまちづくりを学んだものでした。NPO 法人の設立パーティーは各界の要人をお招きして盛大に開催されたことが記憶に残っています。その後まもなく、私に三度目の大きな転機が訪れ、平成 13 年 3 月、上士幌町民に迎えられて町長に就任した波乱の人生でしたが、「生涯学習社会は、やり直しができる社会」を体現した一人と思っています。

　私は「青春・夢・希望・挑戦」といった言葉が好きです。その言葉を信じて町長職 6 期目 23 年目に入ろうとしています。この間、平成の大合併を経験し、少子高齢化と人口減少時代を迎え、地方の疲弊が一層進む中、上士幌町は 2020 年の第 4 回全国 SDGs アワードで内閣官房長官賞、翌年は SDGs 未来都市に選定、昨年は、第一回脱炭素先行地域に選定され、地方創生のモデルとして評価されるに至りました。極めつきは 2020 国勢調査で 65 年ぶりに人口が増えるというキセキが起きたのです。そして今日、地方創生の第 2 期目では SDGs× 脱炭素 × デジタルを深化させ、誰一人取り残すこ

とのない社会、持続可能なまちづくりに向け歩みを進めています。

　生涯学習によるまちづくりについては、行政運営の基本的な姿勢として大切にしており、見える形としては、官民共同「株式会社生涯活躍のまち上士幌」が、「学ぶ、働く、遊ぶ」ことから若者の自分探しを支援する「マイミチプロジェクト」を始め、起業塾や住民の困りごと支援事業など、生涯学習の観点に立ったソーシャルビジネスを展開しています。

　結びに、生涯学習の師として仰ぐ福留先生、小山先生、故・榛村掛川市長の教えの中に私の人生は今もあります。生涯学習に感謝！

（北海道上士幌町長、元 NPO 法人全国生涯学習まちづくり協会専務理事）

全国生涯学習まちづくりフォーラム

　各自治体では市町村協議会の補助事業として「全国生涯学習まちづくりフォーラム」を実施、まち研がすべて関わりました。参加者は終わるとまち研会員になる形でした。

　平成 13（2001）年 5 月 20 日の聖徳大学生涯学習フォーラムでは、終了後にまち研総会を同時に開催し、参加者確保と、会員の足並みをそろえること、新規会員の確保を狙ったものでした。

（3）全国生涯学習市町村協議会との連携事業の活発化

全国生涯学習市町村協議会初の事業を受ける

　平成 11（1999）年末に文部省から、全国生涯学習市町村協議会に関する研修の計画を打診されました。国で 2 ヵ所分予算をつけるといい、即座に承諾しました。筑後市に相談すれば、市長、議員、「ちっごの会」などすべて断るわけはないと思ったからでした。

　同様に、岩出山町長との関係で、東西日本の大会を実施することで、文部省と話をまとめ、以下の通り実現に踏み出したのでした。もちろん筑後市、岩出山町の快諾を得ていたのでした。

生涯学習市町村フォーラム西日本大会・筑後大会

　平成 12（2000）年 3 月 4 日、筑後市・サザンクス筑後ホールにて、共催は全国生涯学習市町村協議会、全国生涯学習まちづくり研究会、筑後市、筑後市教育委員会、後援は文部省でした。実践交流会「自治体の実践者の情報交換」と、鼎談「学ぶ楽しみ・つなぐ楽しみ・町の楽しみ」をテーマに、山本學氏（俳優）、藤波彰氏（八潮市長・市町村協議会副会長）と福留強（聖徳大学教授）で行いました。

　打ち合わせもなくいきなりのトークでしたが、評判の鼎談になりました。打ち合わせの必要もないほど気心がつながっていたからです。

シンポジウムは「市民が主役のまちづくりと行政の役割」野田国義（八女市長）、馬場淳次（筑後市長）、横尾俊彦（多久市長）、岩橋恵子（志學館大学助教授）、益子直美（元全日本バレーボール選手）、森本精造（福岡県立社会教育総合センター所長）の6氏。

実践交流会は、開会前のフリートーキングタイムを計画していました。本番開始前の有効活用のつもりで竹中貢、松澤利行氏の事務局側スタッフが担当したのですが、なんと2つの部屋に約200名が参加。大会への関心の深さを感じさせました。

当日は悪天候にもかかわらず、大会は1,000名を超す参加者でした。全国生涯学習まちづくり研究会の会員でもある筑後市議会議員11名が雨天の中、会場整理（駐車場整理）を担当、この献身的な行動は、後日、改めて全国で話題になり、筑後市の名を高めたようでした。「ちっごの会」の実力を全国に示した大会でもありました。江里口充リーダーの穏やかで真摯なリーダーぶりが大会を成功させたのだと思います。

生涯学習市町村フォーラム・東日本大会岩出山大会（全国生涯学習市町村協議会）

平成12（2000）年3月20日、宮城県岩出山町の岩出山スコーレハウスで、東日本大会を開催しました。榛村純一掛川市長の基調講話「生涯学習まちづくりと地域活性化戦略」のほか、生涯学習推進によるまちづくり事例、日立生き生き百年塾（日立市）、エコミュージアムの町（山形県朝日町）、のあと、ロビーコンサート・スコーレポップスオーケストラ。第3部シンポジウムでは「市民が主役のまちづくりと行政の役割」をテーマに稲垣美穂子氏（女優）、毛塚吉太郎氏（佐野市長）、佐藤仁一氏（岩出山町長）、三屋裕子氏（元全日本バレーボール選手）が登壇、司会は福留強（聖徳大学教授）でした。

地域おこしで知られた佐藤仁一町長は、さすがに東北屈指の元気町長の名の通り、随所に町民のやる気を引き出して大会を盛り上げました。芸術文化講座卒業生によるロビーコンサートは洒落たもてなしで好評を博しました。

（4）各地に広がった生涯学習まちづくりフォーラム

この時期、生涯学習まちづくりフォーラム、生涯学習市町村フォーラム、文化フォーラムなど、類似の事業が全国の各ブロックで開催されました。いずれもまち研が関与したもので名称が異なってくるのは、いずれも独自にユニークな事業をしたいという意欲の表れでした。中心になった全国生涯学習市町村協議会は、文部省の委嘱もあり、さらに発足記念で、筑後市、岩出山町の記念事業の延長として、生涯学習市町村フォーラム千歳大会、多久市、名張市などを開催しました。独自に実施した阿見町、野辺地町、枚方市は、全国のフォーラムと遜色のない盛大な事業でした。いずれもまち研の会員が、各地でボランティアとして事業を支えていたのです。

生涯学習まちづくりフォーラム

「生涯学習社会の実現を目指す社会教育の役割研究大会」は、㈶社会教育協会と全国生涯学習まちづくり研究会が、全国的に展開しているものでした。開催のために一部補助を行うとともに、指導者の派遣や開催記録を雑誌で紹介し、自治体の開催意欲を刺激したものでした。平成12（2000）年度は7月以降にブロック大会として、新居浜市、千歳市、多久市、津市などで開催されました。全国生涯学習市町村協議会の事業とも位置付けられているのですが、実質はまち研事業として自治体と協力して実現したものでした。多くはプランの段階から加わり、効率化を図ってきました。平成13（2001）年度は、稚内市、八潮市、掛川市、天童市、菊池市などで実施し、2年間で日本の北から南まで幅広く実施。中でも掛川市、八潮市、韮崎市は生涯学習宣言周年記念事業として行われました。

全国生涯学習まちづくりフォーラム新居浜大会

平成12（2000）年7月1～2日　愛媛県新居浜市　リーガロイヤルホテル新居浜
基調提言「生涯学習まちづくりin課題と展望」福留強（聖徳大学教授）
特別講演「感性を育む生涯楽習」稲垣美穂子氏（女優・青少年を育てる会副会長）
シンポジウム「生活の中の生涯学習とまちづくり」藤波彰氏(八潮市市長)、町陽子氏(㈱町代表取締役)、中田智之氏（観光ホテル楽々園代表取締役）、島倉剛氏（文部省生涯学習企画官）、讃岐幸治氏（愛媛大学教授・コーディネーター）

全国から約500名が参加。スタッフは、おそろいのシャツ（赤がねグループ）、運営に日本のお年玉の会、おもちゃ図書館「汽車ポッポ」などが参加者の交流を進め、四国では初の事業でもあり、注目されました。

学ぶたのしさ活かす喜び　生涯学習実践交流フォーラム　広島・尾道市

平成12（2000）年9月2日　共催は生涯学習実践交流フォーラム実行委員会、後援は尾道市公会堂、全国生涯学習まちづくり研究会。「瀬戸内しまなみ大学」の紹介の後、パネル討議「学ぶたのしさ活かす喜び～学習成果を活かした地域づくり」、分科会・実践発表「生涯学習まちづくり」「学校と地域のネットワーク」「NPOとボランティア」「企業と生涯学習」の4テーマ4分科会で16の実践事例の発表と研究協議がありました。また瀬戸内しまなみ海道地域振興協議会が注目されました。しまなみ海道をつなぐ沿線の圏内の市民大学は空前のスケールで発足したもので、もちろん筆者も参加しました。

生涯学習市町村フォーラムと提携

全国生涯学習市町村協議会・生涯学習市町村フォーラムと提携が決まり、具体的に、全国生涯学習市町村協議会の研修会が、全国生涯学習まちづくり研究会と合同で、千歳

市、多久市の南北で開催され、ユニークな事業となりました。市町村協議会の榛村純一氏（掛川市市長）も加わりました。この事業は、民間の事業として行われていると見えていたようでした。それほど一般市民が多かったということでしょう。いずれも全国生涯学習まちづくり研究大会と2枚看板の大会でした。

全国生涯学習まちづくりフォーラム in 千歳大会
平成12（2000）年9月15〜16日
千歳市市民文化センター　千歳全日空ホテル
テーマ「人の魅力でマチが輝く」
　1日目（第1部）第5回ちとせ生涯学習まちづくりフェスティバルふるさとポケットまちづくり実践発表、八潮市の出前講座、仙台市の学校出前講座、千歳ふるさと自然体験など4事例の発表。
　2日目（第2部）全体フォーラム（全日空ホテル）
基調講話「市民と行政が共に進める生涯学習」福留強（聖徳大学教授）
特別講演「映画の中の人生を語る」崔洋一氏（映画監督）
　シンポジウム「千歳から飛び出した元気〜交流と提携」では小山忠弘氏（札幌国際大学教授）司会で、榛村純一氏（掛川市長）、福島健郎氏（文部省生涯学習局社会教育課長）、三上禮子氏（ふるさとポケット）、斎藤征義氏（北海道地域づくりアドバイザー）が参加。
　基調講話をメモを取って聴いている崔監督の姿が印象に残っています。

生涯学習市町村フォーラム多久大会　全国生涯学習まちづくり研究会多久市大会
平成12（2000）年10月15〜16日
多久聖廟及び周辺施設、多久市中央公民館
　分科会は、ボランティアとまちづくり、学校と地域融合、故郷資源を活かしたまちづくりなど4分科会で、16人の実践者がシンポジウム形式で事例をもとに研究協議。記念講演「感謝のプラス志向」三遊亭歌之介（落語家）。
　シンポジウムでは、平野仁氏（日中青少年交流協会理事長）、榛村純一氏（掛川市長）、横尾俊彦氏（多久市長）、三浦清一郎氏（九州共立大学副学長）など豪華な顔ぶれで「ふるさとを創る」を討議し、提言しました。横尾市長の孔子を思わせる儀式の装いが、多久市の学びのまちのイメージアップに大いに貢献していたことが記憶に残っています。

全国生涯学習まちづくりフォーラム三重大会　全国生涯学習市町村協議会

平成 12（2000）年 11 月 3 日　三重県津市・三重県教育文化会館

文部省・全国生涯学習フェスティバルであり、全国生涯学習まちづくりサミット三重大会というものでした。事業は県及び津市の主催。

第 1 部は、全国生涯学習まちづくり研究会で開催。研究会代表の話題提供からはじまり、3 つの事例発表がありました。第 2 部は、全国生涯学習まちづくりサミット（主管・全国生涯学習市町村協議会）として、基調講演に榛村純一氏（全国生涯学習市町村協議会長・掛川市長）、シンポジウムでは「生涯学習まちづくりの構想と課題」をテーマに、小倉満氏（大垣市長）、米倉智氏（河芸町長）、朴恵淑氏（三重大学教授）、池田秀男氏（安田女子大学教授）、司会・福留強で行われました。合唱団極楽とんぼコンサートは懐かしさを感じるものでした。合唱からはじまりましたが、合唱団極楽とんぼは、かつて筆者が指揮していた鹿児島県隼人町のグリーンハーモニーを思い出させるものでした。

全国生涯学習まちづくりフォーラム阿見大会　平成 12（2000）年 11 月 19 日

茨城県阿見町　阿見中学校体育館

第 1 部「学びのまち AMI 宣言 10 周年記念式典」のあと、学び人・つなぎ人としての 6 名による事例発表。

第 2 部「全国生涯学習まちづくりフォーラム」では、基調講演の後、シンポジウム。

第 3 部「未来を拓く『届ける生涯学習』の事例発表」は、町内 6 会場（阿見中学校校庭ほか中央公民館、図書館）などで分科会。17 事例の研究協議を実施し、県内でも大きな話題になりました。これらのほかに、全国の自治体でも独自にフォーラムを実施するところもあり、「全国生涯学習まちづくりフォーラム」は大きな広がりを見せました。

生涯楽習まちづくりフォーラム 2000 in のへじ

平成 12（2000）年 12 月 9 日　青森県野辺地町中央公民館

共催　まなびいステーション実行委員会、㈶社会教育協会、野辺地町教育委員会、全国生涯学習まちづくり研究会、青森県総合社会教育センター、野辺地ふるさと公社

1 日目　探検ゾーン「出会い・ふれあい・語り合い」分科会ゾーンの交流

2 日目　未来ゾーン「子どもと高齢者が共に温かさを感じるまちづくり」

講演「小さな一歩が大きな一歩へ」青木宣人氏（冒険家・こどもの無人島体験実践家）

シンポジウム「心うるおうまちづくり」青木宣人氏、田中久美子氏（ホテル松蘭女将）、小坂郁夫氏（野辺地町長）、三島恒治氏（地域活動ゆいっこ）、司会・福留強

未来メッセージ「21 世紀のまちづくり」福留強（聖徳大学教授）講演

野辺地町は、初めて行ったまちでしたが、フォーラムに参加者が多いことに驚いてしまいました。町長を先頭にまちを挙げて取り組んでいるというイメージでした。

◆平成 13 年　2001

　この年は森喜朗首相が退陣、4 月に行われた自民党総裁選で、「聖域なき構造改革」
を唱えた小泉純一郎氏が第 87 代首相に就任し、小泉政権発足。構造改革がスタート。
中央省庁が 1 府 22 省庁から 1 府 12 省庁に再編されました。9 月に東京ディズニーシー
開園。9 月 11 日（火）アメリカ同時多発テロ事件発生。

（5）文部科学省スタート

生涯学習政策局、新たに「地域政策室」を設置

　中央官庁は、1 府 22 省から 1 府 12 省庁に再編されることになり、文部省もこの改
変に伴い、科学技術庁と統合し文部科学省として発足、これに伴い「生涯学習局」は「生
涯学習政策局」と名称を変えることになりました。筆頭課の「政策課」では、局の総合
調整を行うほか、新たに「地域政策室」を置くことになりました。「地域政策室」は、
地域振興に資するための企画立案・調整など、従来以上にまちづくりを推進することに
なりました。生涯学習まちづくりを総合的に進める全国生涯学習まちづくり協会や、全
国生涯学習市町村協議会等の団体にとっては直接の窓口になり、今後の活動に大きな力
になると期待を集めました。

　しかし、専任のスタッフはおらず、政策課の事務分掌の一部のイメージで、実際に協
働して活動した事業もなく、いつの間にか消えた印象です。小泉政権下では急激に大き
な変更が多く、この年に青年奉仕協会、青少年育成国民会議等の伝統的な社会教育団体
がなくなったと記憶しています。

NPO の連携によるまちづくり支援シンポジウム　国立博物館・平成館講堂

　文部科学省に認知され、平成 13（2001）年 3 月 21 日（水）NPO の連携によるまち
づくり支援シンポジウム（国立博物館・平成館講堂）が文科省の主催で開催され、パネ
ラーとして出演しましたが、シンポジウムでは主催者にとってまずい発言をしたようで
した。「NPO は、あってもなくてもきちんとやればいいのです。むしろ役所から管理さ
れ、窮屈になっては何の意味もない。自治体から補助金で儲けるときの最低限必須条件
に役立つぐらいでしょう」などと述べたもので、事実、NPO になったばかりのときに
内閣府から何度も資料の提示を求められてしまうことがあり、閉口していたのでした。

いきいきやしお生涯学習まちづくりフォーラム

平成13（2001）年6月30日　八潮生涯楽習館、八潮メセナ、八潮中学校

共催は、いきいきやしお生涯学習まちづくりフォーラム実行委員会、八潮市、同市教育委員会、全国生涯学習市町村協議会、八潮市コミュニティ協議会で関係者を動員しました。

1日目の中国と八潮の子どもたちのテレビ国際交流が関心を集め、2日目6分科会で24の事例研究が参加者の共感を得て八潮市の評判を高めるとともに、交流会が大会を盛り上げました。

出演者に鈴木真理氏（東京大学助教授）、谷岡経津子氏（四日市大学教授）のほか実践家の内田晴代氏（岐阜）、水沢豊子氏（チャレンジランキング連盟）、長野文昭氏（中辺地町）、関福生氏（新居浜市）、岸祐司氏（習志野市）、町陽子氏（㈱町代表取締役）らが出演。

（6）各地で地域アニメーター講座の実施が活発化

テキスト「まちづくりボランティア～生涯学習社会の地域アニメーター」の発行

平成5（1993）年ごろから次第に増えつつあった地域アニメーター講座は、テキストの「まちづくりボランティア～生涯学習社会の地域アニメーター」（ブックハウスジャパン発行）で、さらに増加しました。

21名の執筆者が、地域アニメーターの意義や、生涯学習、まちづくりの基本的な理解、活動の進め方などについて述べ、養成講座のテキストとして活用が広がったことと、執筆者の指導が増えたことなどが影響したものでした。

一段と活発になった地域アニメーター講座

生涯学習審議会答申「学習の成果を幅広く生かす」に紹介されたこともあって、地域では地域アニメーター養成講座が一段と活発になっていきました。

プログラムの中に組み込んだローンボウルズの実習が人気を博したこともあります。北は北海道礼文島から、東京都瑞穂町、鹿児島県横川町、沖縄県那覇市まで、約50団体で延べ9,000名が受講し、うち2,000名が登録しました。

各地で地域アニメーターの活躍が報じられてきたことも大きな励みになったと考えられています。

アニメーター講座花盛り

平成 11（1999）年 1 月～3 月は、亀岡市、宿毛市、姶良町、赤崎町、伊野町、佐賀市、南淡町、野洲町、山梨市、筑後市、亀岡市、大野見村、上士幌町、深谷市、大間々町。

平成 12（2000）年は、新居浜市、礼文島、瑞穂町、多久市、横川町、深谷市、与論町、蘭越町、深谷市、松戸市、海田町、甲賀町、生駒市、千葉県民プラザ、姶良町、大栄町、阿見町、志木市、西播磨地区で行われており、筆者も最低 40 回は出ている状況でした。

子ども地域探検活動 「子どもゆめ基金」助成で実施

地域アニメーター講座は地域探検活動と結びつけた活動として飛躍的に伸びていきました。地方では本部事務局が把握しない例も多くあります。まちを上げて取り組んだ鳥取県大栄町（現・北栄町）、青森県階上町など、現在でもまちづくり活動の中心に地域アニメーターが活躍しており、町内の活動の中心的な役割を果たしているようです。

子ども地域探検活動に地域アニメーターの必修科目を重ね、さらに多様な活動となるようにしました。そこへ「子どもゆめ基金」の助成を重ねることによって、公民館等の事業に地域アニメーター養成講座を実施しやすくしたものでした。

金木町地域アニメーター養成講座 平成 13（2001）年 6 月 3 日（日）

吉幾三、太宰治、羽柴誠三秀吉の 3 人が全国に知られる人材、と土地の人が言う青森県金木町で初めての地域アニメーター養成講座を開きました。自宅を国会議事堂に模して建設した羽柴誠三秀吉氏が参加したアニメーター講座はそれだけで注目されました。

かつて羽柴氏を中学校で担任したことがある教育長は「誠三が最後まで講座に参加したとはとても考えられません。おそらく初めてではないでしょうか」と語っていました。

姶良検地フォーラム 子ども地域探検活動 平成 13（2001）年 9 月 1 ～ 2 日

姶良町地域アニメーターフォローアップ講座を全国に先駆けて実施し、さらに新規事業に挑戦しました。姶良町のまち研は、麓宏吉氏、長谷川きよみ氏等を中心に、活発に活動していました。特に地域アニメーターの質・量ともに九州随一と豪語するほどで、岡垣町の研修では、ほぼ全員が夕方元気に飛び込んできて、福岡県側を驚かせるほどでした。

また平成 14（2002）年 2 月 16 日（土）、子ども地域探検活動を検地フォーラムと名付けて展開しました。特に社会教育指導員・東原辰巳氏の力に負うところが大きかったようです。県内のみならず全国的に見てもナンバーワンと評価されていました。

姶良はいつの機会も必ず他の自治体をリードする機会を持っており、常にまち研の指針を提起していたように思われます。麓宏吉氏の判断があったものでした。さらに教育委員会側にも、市民の動きをサポートする熱意と研究姿勢が目立っていたようです。

ローンボウルズを交流会に取り入れる

地域アニメーター講座は、名称も「生きがい開発講座」「生涯学習と町を楽しむセミナー」「検地アニメーター」など地域のアイデアを活かして、全国各地で活発に行われました。当時の記録や報告等によると、筆者が関与したものだけでも北海道女満別町、稚内市、礼文島から名瀬市、具志川市、那覇市まで全国各地で数多く実施されていました。筆者もこのうち 30 件ほどは参加しました。1ヵ所 50 人程度はいて、この 2 年間でも約 1,500 人の受講者に会った計算です。このほか青垣町、八潮市、上士幌町、岡垣町、筑後市、軽米町、隼人町でも実施されました。このころ「まちづくりボランティア〜生涯学習社会の地域アニメーター」を発刊しました。

これらの地域で養成された地域アニメーターの活躍が目立ってきて、多くの自治体でまちづくり研究大会等を開催するようになっていきました。これらの行事に多くの自治体は、ローンボウルズを交流会に取り入れました。また地域アニメーター講座で「スポーツ・レクリエーションの企画」の科目を取り入れ、いわば必修にしたこともあって、ローンボウルズが広がっていったと思われます。深谷市の山口達夫氏は、当時ローンボウルズ普及に飛び回り、アニメーターの意気を示していました

JLBCG の発足　JLBCG（ジャパンローンボウルズ・コミュニケーション・グループ）

平成 13（2001）年 4 月 22 日　ローンボウルズは立川の昭和記念公園で大会を開催しましたが、それを機に結成したのが、JLBCG（ジャパンローンボウルズ・コミュニケーション・グループ）でした。福留陽一郎氏、福留治郎氏、望月彩氏、丸山幸子氏、斎藤綾氏など若者たちが、各地のローンボウルズを普及しようとグループを発足させたのでした。福留兄弟が中心になっていたようで、大学職員の望月彩さん、筆者の所属する学部の学生であった丸山さん、斎藤さんは、いずれも若さとパワーを持っている有能な若者でした。まちづくり研究会と同じ方向を向いていてくれるという頼もしさを感じたものでした。各地のローンボウルズ愛好会をつなぎ、ときには地域に出向き、ローンボウルズ愛好会の結成に協力していたようでした。

ただ、グループの構成員は圧倒的に学生が中心であり、卒業とともに大量に会員が減っていったため、いつしか解散を余儀なくされました。

まち研夏の集い　30 名が参加

平成 13（2001）年 7 月 28 日（土）

今後の活動のすすめ方を話し合うために、まち研の会員との交流と会議を開催したものです。30 名のメンバーが交流を楽しみました。

全国子どもサミット佐野大会(栃木県佐野市)　平成 13 (2001) 年 10 月 28 ～ 29 (日)
　子どもの事業に重点を置く栃木県佐野市は、総合的な事業として「全国子どもサミット」を実施していました。市内の青少年団体を動員した大会となっていたようでした。

全国生涯学習まちづくりサミットin天童　第 13 回全国生涯学習フェスティバル
　平成 13 (2001) 年 10 月 13 ～ 14 日、将棋のまちとして知られる山形県天童市の天

童温泉滝の湯ホテルで開催されました。その第 1 日目は新世紀まちづくりフォーラムとして実施され、基調報告「天童市の地域づくり委員会活動について」は、遠藤登氏(天童市長)、基調提言は福留強(NPO法人全国生涯学習まちづくり研究会理事長)の対談で始まりました。フェスティバルのイメージを変えようとする天童市の意欲が感じられるスタートでした。指導者も、シンポジウム出演者として、佐藤仁一氏(岩出山町長)、島田燁子氏(文京女子大学学長)、内田忠平氏(常葉学園大学教授)、コーディネーターは福留強(聖徳大学教授)が担当しました。このサミットによって新しい刺激を山形に届けようと、まち研としても腐心したものでした。天童市の高橋寛人氏が、天童市とまち研の橋渡し役になっていました。

全国生涯学習まちづくりフォーラムにらさき大会　生涯学習都市宣言 20 周年記念事業
　平成 13 (2001) 年 11 月 17 ～ 18 日 (日)　韮崎市文化ホール
　延べ 2,180 人が参加、大会テーマ「～人が元気、町が元気、輝きが見えるまちづくり～」
　1 日目　シンポジウム「生涯学習を地域で楽しむ」義本博司氏(文部科学省地域振興室長)、杉村美恵氏(歌手)、斑目力曠氏(映画「米百俵」製作者)、岩見和文氏(飯山市経済農林課長)
　基調講演「教育経営としての生涯学習まちづくり～少子高齢化・核家族化と人口減少社会の覚悟～」榛村純一氏(掛川市長、全国生涯学習市町村協議会長)
　分科会の後、大会総括「学習は呼吸です」福留強(全国生涯学習まちづくり協会理事長)
　大会は、真壁静夫氏(韮崎市生涯学習研究者)の尽力があったからこそ実現しました。

南部川村フレッシュ梅の里大学　和歌山県南部川村
　平成 13 (2001) 年 11 月 20 日 (火)
　日本一の梅の里、南部川村フレッシュ梅の里大学は、中学生が梅の研究をしており、その発表を兼ねて講座の講師になっているという全国に注目された事例です。農家も 8 割は梅農家であり、多くは、これらの生徒が講師になっている事業に参加しているといいます。このフレッシュ梅の里大学は、ふるさとづくり大賞に選ばれ話題になりました。

この講座の講師の半数は中学生だったようです。生徒たちに力をつけている教師たちの凄さを感じます。垣渕ひろ子氏の女性リーダーぶりは評判になっていました。有名な「南高梅」は、こうしたまちの研究環境から生まれたのでしょう。

　泰阜いなか大学　長野県泰阜村　平成 13（2001）年 11 月 23 ～ 25 日（日）
　泰阜いなか大学は、NPO 法人全国生涯学習まちづくり協会の受託事業として、全国的な美しい自然文化村、生涯学習を啓発する村づくりを目指し、村民約 50 人と学生 19 名、「学遊ねっと 21」の主婦グループが参加しました。泰阜村は、人口 2,000 人程度の限界集落であり、大学との交流をもとに新しい地域振興の共同研究を試みたものです。村を元気にするために生涯学習を取り入れ、村全体をキャンパスにするという地域活性化方策でした。
　初めて村で発見したのは、学校の隣接地に朽ち果てているような「学校美術館」でした。村の人はすでに関心を失っているようでしたが、「米百俵」（長岡藩の教育にまつわる故事）に匹敵する物語を知ったのです。世界的な大恐慌の中にあった昭和 5（1930）年に、学区会が子どもに「貧しいけれども、心は貧しない」という深淵を培う情操教育のために美術品の取集と学校美術館の造営を決議しました。そして、村内外の人々や教師など多くの方々の寄付などにより、美術品が購入され、1954（昭和 29）年には学校美術館が建てられたのです。その意義を改めて村に提言したものです。全国に例のない素晴らしい文化遺産を見直すことからスタートしたのでした。
　具体的な計画は村が自主的に作成することであり、聖徳大学の生涯学習研究所としては、村の人々に、まず学びでアイデアを出し、地域を見直すということから学習事業を始めました。その結果が、泰阜いなか大学の設立であったのです。学生を引き連れ何度か村を訪問し、研修の場を持ちました。村民の意欲が伝わってくるようになり、学校美術館周辺の除草や、整備、見直しの学習などが始まりました。

（7）軽米町・生涯学習でメシが食えるか

　生涯学習フェスティバルをはじめ様々な生涯学習の啓発事業で全国を飛び回るころ、岩手県軽米町で「生涯学習でメシが食えるか」というキーワードで啓発資料をいち早く発行したことを記憶しています。早くから全国に先駆けて生涯学習宣言都市として活動していた軽米町は、文部省が生涯学習フェスティバルを実施する前から生涯学習に取り組んだ自治体でした。生涯学習の目標でもある「生活の向上」を重視していて筆者も早くから注目していたまちでした。興味をもって軽米町を訪ねると、この取り組みは前沢町長の発想であることがわかりました。生涯学習は遊びごとではない、深く生活に根差

すものだという考えを現したと主張されていました。当時の中村正志・社会教育課長や、公民館で活躍した女性の人形劇グループ「じゃんけんぽん」が印象に残っています。

軽米町地域アニメーター養成講座　農村環境改善センター
平成 13（2001）年 6 月 16 〜 17 日（日）
生涯学習まちづくりボランティアをメインテーマにしたもので、アニメーター講座に準拠した事業です。「まちづくりネットワーク会議」「ローンボウルズ」「りりーず」他が協力した、秋に集中的に実施される事業のスタッフ養成を目指す講座です。

21 世紀に活きる子どもたちへ　平成 13（2001）年 11 月 9 〜 10 日
軽米町生涯学習宣言の町 15 周年記念事業として、岩手県軽米町農村環境改善センターで、「21 世紀に活きる子どもたちへ」という複合的なイベントが開催されました。6 月に養成されたボランティア、地域アニメーターの活用も考えられた事業として次の 2 つの事業が効果的に行われました。いわば 3 つの事業が全国とネットワークでつながろうとする自治体の意欲を感じさせるものがありました。
・第 1 日　子どもの心を育てる全国研究集会
国の補助事業でもあり研究課題でもある「子どもの心を育てる」をキーワードとする研修事業でした。参加者も P T A 関係者が多く、子どもをめぐる熱心な討議でした。分科会「中高一貫教育の実践」「地域ぐるみの子育て」「子どもが輝くまち」の 3 テーマで、10 の実践事例について研究協議を行いました。情報交歓ネットワークは、参加者の交流を特別に図る時間として交流会を設定し、恒例の交歓会は参加者を楽しませました。
・第 2 日　生涯学習まちづくりフォーラム in 軽米
シンポジウム「21 世紀を生きる子どもたちへ　学校、家庭、地域社会のあるべき姿」今西幸蔵氏（京都学園大学教授）、西村史子氏（聖徳大学講師）、矢吹正徳氏（日本教育新聞社記者）、高杉良知氏（文部科学省社会教育官）、中村利之氏（岩手県宮古教育事務所所長）、前澤恵子氏（人形劇サークルじゃんけんぽん）、福留強（聖徳大学教授）
シンポジウムには実践家をそろえ、理論と実践を語れる登壇者となり、軽米町が自信を持ったプログラムの所以だったようです。多くの参加者による熱心な取り組みの事例発表がありました。「生涯学習宣言のまち軽米」の名を一段と高めた大会でした。

軽米町教師のための生涯学習セミナー
軽米町の取り組みは先導的なもので、この時話題となった事業で教師を対象にした生涯学習は、次年度の「軽米町教師のための生涯学習セミナー」（平成 14〈2002〉年 8 月 5 日）につながっていきました。全国的にも軽米町の動向は常に参考になるもので、先駆的なセミナーでした。かつて町内の教育の全管理職の研修に招かれましたが、いま

だに鮮烈に当時の光景が浮かびます。夏休みの一日を管理職研修で、しかもテーマが「生涯学習まちづくり」というものでした。管理職の校長たちは教育委員会をあからさまに批判、貴重な夏休みに出勤させられて関心もない生涯学習など、というものでした。中村課長は、平然と「予定の教育研修事業です」と回答していました。

ワークショップでの経験など、これまでにない研修の面白さを味わったのでしょう、研修が終わると校長たちの意見は「この研修は町内の全教職員にさせるべきです」になったのでした。筆者に任せられた研修であり、中村課長との打ち合わせで十分面白さが体験できる研修でした。しかもいかに教育関係者は頭が固いかが証明されてしまいました。

(8) ロシア・ユジノサハリンスク大学で講義

ロシア・サハリン旅行　平成13（2001）年8月13～17（日）
　8月12日（日）、稚内市アニメーター養成講座（北海道稚内市）に招かれ、その延長上で、ロシア・サハリンスクに足を延ばすことにしました。斎藤係長の手配や、ロシア側の通訳を通して、ロシアのサハリンの中心都市にあるユジノサハリンスク大学で講義をするという計画も立っていたのです。サハリンスクはかつて樺太と呼び、各地に旧日本の統治下にあった面影をかすかに見ることができます。稚内市と姉妹都市であるというサハリンスクのユジノサハリンスク大学で講義をしてほしいという依頼を受けて、稚内市の地域アニメーター講座の修了後、ロシアのサハリンに向かいました。
　14日（火）、ユジノサハリンスク大学での講義は、思い出として楽しい光景が残っています。大学は教師20名余りが研修、通訳を交え、日本の生涯学習政策や自治体における生涯学習まちづくりの取り組みを聴くというものでした。講座には大学の教官と高校教師が集まっていました。地域アニメーターについての質問もあり、どこかで情報を得ているようでした。特に日本のコミュニティの課題に関心があるようでした。ロシアは、コミュニティ活動にはまだ馴染んでいないという実感を持ちました。
　日本の団地の周辺の草は美しく整備されているがなぜか？　という質問が印象に残りました。サハリンスクでも多くのアパート群がありましたが、アパートの入口に向かう道のみ草はなく、獣道の風情であったのが奇異に感じたものでした。住民みんなで除草などの共同作業は無いのだということです。日本の町内会活動はないのです。すべて国の指示で日常生活も維持されているということでした。

来日経験のある教師が3〜4名いました。日本の美しさにあこがれ、広島市、京都市、仙台市などが印象に残っているという感想でした。今後、まち研などの研究組織、市民大学との交流を進めようという筆者からの提案は、ぜひ実施したいという声が多かったです。創年に関する組織は全く存在しないということで、日本と交流できるような研究団体を創るべきだという意見が、教師内で話されていたということを聞きました。サハリンの人々は見るからに素朴であり、まちは美しい農村が広がっていました。あまり開発されず、広い原野と澄み切った川の印象が残っています。

まち研会員の図書発行

まち研の会員で図書を発行して成果を世に問う人が増えてきました。この顔触れは、いずれもまち研の顔になっている人ばかりです。この時期、発行された図書だけでも驚くほどです。下の表を見ると、生涯学習まちづくり研究会の会員層の研究熱が伝わってきます。こうした実践家・研究家たちが、まち研の発展に貢献したことは言うまでもありません。会員のすばらしさを感じさせるものがあります。まち研での仲間と一緒に特色あるイベントや調査・研究活動などに参画できたこと、「であい（知己づくり）、ふれあい（心の交流）、まなびあい（共同学習や調査・研究）」が一層深まりました。そして、多くの思い出ができ、研究の成果も得られました。

本のタイトル（順不同）	著　者	概　要
「南極大陸単独横断行」	大場満郎	99日間3824キロ単独行の全記録。冒険家植村直己氏に並ぶ冒険家でまち研でも記念講演などに出演協力
「がんばじゃんば」	近藤義昭	郷土料理「がんば食文化」の集大成
「生活と遊びの文化」	青沼滋喜	地域の古い文化を子どもたちに伝えたい
「出前講座がまちを変える」	松澤利行	21世紀のまちづくり・ひとづくり
「塩尻市公民館五十年のあゆみ」	小野宗昭ほか	生涯学習を創造する公民館活動の50年の歴史をまとめた記念誌。塩尻市公民館50年のあゆみ編集委員会
「私の生涯学習」	藤波　彰	八潮市長としての取り組み、生涯学習まちづくりへの思い、まちの活性化への経営手法等についても述べる
「美味しさはあっとハート」	岡田隆史	富山県福光町でフランス料理シェフとして活躍の半生記。日本一のあたたかいレストランを目指す
「口八丁、手八丁、心八丁」	有田英世	まち研東京支部会長。自分の中の自分、などを徹底して見つめた、ときめきの自分史に挑戦
「子育ち学へのアプローチ」	立柳　聡	研究仲間30人とともに「子育て学」の確立を目指したいという意欲の作品。編著
「杉本幸雄の経営思想20か条」	小笠原カオル	青森県観光立県の先駆者、日本一の温泉を創った杉本幸雄さんの経営思想の真相を探る
「心の教育再生」	渡部義雄	茨城県阿見町の教育長の教育一筋の実践録。問題生徒たちに向き合う。副題「親と教師の二人三脚」

学遊ねっと21

学遊ねっと21（通称「フラメンコ」と呼んでいました）は、聖徳大学生涯学習講座を受講した成人の同級生が設立した学習集団です。全員が子育て中か、現役の人ばかり。聖徳大学生涯学習研究所の事業を手伝いながら学習を続けたいと活動を始め、特に機関誌「HOWまち」の編集に関わりたいという意欲的な集団です。

いずれもその後のあらゆる事業に関わることになりましたが、皆さんの活躍のおかげで、対外的にも学内的にも注目されるようになりました。活動や学ぶ姿勢は学生たちにも好影響を与えており、社会教育の生きた教材ですね、などと同僚に言われるほどでした。当時のメンバーは、いわば指導者になるようなメンバーばかりでした（敬称略）。

小澤芳子（柏市）、小原知加（市川市）、石垣裕子（白井市）、小林順子（柏市）、茂木久子（松戸市）、坂口錫香（柏市）、近総子（松戸市）、石川房子（葛飾区）の皆さん。

いずれも、まち研や研究所の事業では大活躍した人ばかりで、いつか固定していったようです。明るく爽やかな顔ぶれで、学生にも親しまれていました。

● 平成12年（2000）

2月15日（火）	聖徳大学レディースアカデミー
3月4-5日	全国生涯学習市町村フォーラム筑後大会（福岡県筑後市）
3月20日（月）	全国生涯学習市町村フォーラム 岩出山大会（宮城県岩出山町）
5月26-27日	礼文島地域アニメーター講座（北海道礼文島）
7月1-2日	全国生涯学習まちづくりフォーラム新居浜大会（愛媛県新居浜市）
7月26日（水）	しまなみ生涯学習推進セミナー（広島県大三島町）
9月2日（土）	広島県生涯学習実践交流フォーラム（広島県尾道市）
9月15-16日	全国生涯学習まちづくりフォーラムin千歳大会（北海道千歳市）
10月7-8日	関東地区生涯学習実践研究交流大会（千葉県柏市県民プラザ）
10月15-16日	生涯学習市町村フォーラム多久大会　　全国生涯学習まちづくり研究会多久市大会（佐賀県多久市）
10月18日（水）	NPO法人認可
10月28-29日	全国子どもサミット佐野大会（栃木県佐野市）
11月3日（金）	全国生涯学習まちづくりサミット津市大会（三重県津市）
11月10-11日	東北地区生涯学習実践研究交流会（山形県天童市）
11月18日（土）	子どもの心を育てる研究会岡垣大会（福岡県岡垣町）
11月19日（日）	全国生涯学習まちづくりフォーラム阿見大会（茨城県阿見町）
12月2日（土）	関西地区生涯学習実践研究交流会（滋賀県青年の城）
12月9日（土）	生涯楽習まちづくりフォーラム2000inのへじ（青森県野辺地町）
12月16日（土）	NPO法人全国生涯学習まちづくり協会の認証（経済企画庁）

● 平成 13 年（2001）

1 月 14 日（日）	深谷市地域アニメーター養成講座 3 回
1 月 25 日（木）	NPO 法人全国生涯学習まちづくり協会設立パーティー（麹町会館）
4 月 22 日（日）	JLBCG（ジャパンローンボウルズ・コミュニケーション・グループ）発足
3 月 10 日（土）	美深町生涯学習とまちを楽しむセミナー 杉村美恵氏（美深観光ホテル）
3 月 21 日（水）	NPO の連携によるまちづくり支援シンポジウム（東京都・国立博物館・平成館講堂）
5 月 7-8 日（日）	生駒市生涯学習まちづくりアニメーター養成講座（奈良県生駒市）
5 月 20 日（日）	聖徳大学生涯学習フォーラム・関東地区生涯学習実践研究交流会
6 月 3 日（日）	金木町地域アニメーター養成講座（青森県金木町）
6 月 9 日（土）	全国生涯学習まちづくり研究会大阪ブロック交流会（大阪市・クレオ大阪キタ）
6 月 16-17 日	軽米町地域アニメーター養成講座（岩手県軽米町・農村環境改善センター）
6 月 30 日（土）	いきいきやしお生涯学習まちづくりフォーラム（埼玉県八潮市）
7 月 28 日（土）	まち研夏の集い。50 名が参加
8 月 13-17 日（金）	ロシア・サハリン旅行
14 日（火）	ユジノサハリンスク大学で講義
9 月 1-2 日	姶良町地域アニメーターフォローアップ講座（鹿児島県姶良町）
10 月 13 日（土）	全国生涯学習まちづくりサミット天童大会（山形県天童市）
10 月 28-29 日	全国子どもサミット佐野大会（栃木県佐野市）
11 月 9-10 日	21 世紀に活きる子どもたちへ（岩手県軽米町農村環境改善センター）
11 月 17-18 日	全国生涯学習まちづくりフォーラムにらさき大会（山梨県韮崎市）
11 月 20 日（火）	南部川村フレッシュ梅の里大学（和歌山県南部川村）
11 月 23-25 日	泰阜いなか大学（長野県泰阜村）

平成14年〜15年（2002-2003）

7　新しいまちづくり手法と青少年育成

◆平成14年　2002

　日韓共催サッカーワールドカップが開催。まち研としては亀岡市生涯学習賞「生涯学習奨励賞」受賞というニュースが大きな話題になりました。さらに、これを機に社会に訴える手法を考え、新しい刺激などを意識しようという声が内部から高まっていた時期でした。学校週5日制が始まりました。

　創年の活動に重点が向く半面、青少年活動の支援がまち研の得意分野です。この事業を拡大することは、まち研が拡大することであり、自治体の協力を得やすいということでした。海外へも目を向けたほか、個人的には大学で学術フロンティアに挑戦するという課題を意識した、事業拡大の時期でした。

（1）まち研「生涯学習奨励賞」受賞

　亀岡市「第1回生涯学習賞大賞」　石田梅岩賞にエットーレ・ジェルピ氏
　我が国の生涯学習推進に役立ちたいという市長の信念は、生涯学習賞という取組みからスタートしたようでした。生涯学習都市を目指す亀岡市は、全国発信の一つとして、国内外で生涯学習社会に貢献した個人及び団体の表彰をスタートし、全国に先駆けて生涯学習賞（石田梅岩賞）を設定したのです。「本来ならこういう賞は文部科学省で行うほうが良いのだが」という省内の声もありましたが、亀岡市の熱意に圧倒され、事業の趣旨を応援すべく、亀岡生涯学習賞として承諾するということになりました。

　平成14（2002）年2月17日の大会で、第1回亀岡市「生涯学習賞大賞」（石田梅岩賞）にエットーレ・ジェルピ氏（ユネスコパリ本部生涯教育部門の元責任者）が決定しました。ジェルピ氏はイタリア・ミラノ生まれ。昭和47（1972）年からポール・ラングラン氏の後任となり、ユネスコのコンサルタント及びソルボンヌ大学の講師を在任しました。

生涯学習まちづくりを実践、貢献している団体個人に贈られる「生涯学習奨励賞」には、NPO法人全国生涯学習まちづくり協会（本部・東京都、福留強理事長）が決定しました。まちづくりボランティアである「地域アニメーター」や「まちづくりコーディネーター」の養成、市町村の生涯学習まちづくり事業への支援が評価されたものです。市町村協議会の結成から事業運営に至るまで連携している団体として全国から高く評価されているということでした。私自身は時期尚早と思いましたが、事務局スタッフの受諾賛成の声に押し切られたのでした。活動が曲がりなりにも評価されたことはうれしいことでした。

　第1回目の受賞団体に選ばれたことは大きな喜びであり、誇りでもありました。とくに世界のジェルピ氏と並んでの受賞というのは、全く予想しないことでした。今後の活動や社会的評価により、亀岡賞の価値に影響すると考え、責任も感じました。表彰式でジェルピ氏と会えると期待していましたが、それから間もなく他界されてしまいました。

（2）子どもをめぐる活動が注目された

　全国生涯学習まちづくり研究会として青少年事業は重要な領域で、この年度は子どもの心を育てる全国研究集会、全国子どもをほめよう研究大会の2つの話題になる事業を実施しました。会員は、青少年事業に関心のある人が多く、研究会としてもこれまでも実施してきましたが、対外的にもユニークな事業として充実させることにしたものです。

子どもの心を育てる全国大会
　子どもの心を育てる全国研究集会・井原大会〜21世紀を自分らしく生きるために
　平成14（2002）年2月23〜24日（日）　岡山県井原市
　アクティブライフ井原でNPO法人全国生涯学習まちづくり協会と第22回生涯学習の集い「学びフェスタinいばら」実行委員会が共催、井原市で大会を実施しました。オープニングは井原少年少女合唱団。挨拶に井原市長他。基調講演「生きる力を育む体験活動」結城光夫氏（社会教育実践研究センター所長）。この事業は、文部科学省委嘱の補助事業として実施されましたが、第22回生涯学習の集い「学びフェスタinいばら」の2枚看板方式で開催されており、参加者が多く盛会な大会をアピールしていました。

地域で子どもは育つ
　平成14（2002）年11月6日（水）、TBSラジオの東ちづる氏の番組で対談（地域で子どもは育つ）。この番組をトラックの中や航空機内で偶然聞いたという電話を受け、マスコミの力は大きいと改めて実感したものでした。

地域探索教育のすすめ

まち研発足から理事として関わる指導者、愛媛大学の讃岐幸治名誉教授は、地域教育の視点で手記として次のように述べています。(讃岐氏は本誌の校正中に逝去されました)

「地域教育」は「地域の、地域による、地域のための教育であり、地域を探索し、地域で協同し、地域へ貢献する教育」のことで、その理論構築と実践化を進めていくことです。第一は、今の子どもたちは、自分の住んでいるまち(地域)についてあまり知らない。中央のことはよく知っているが、わがまちの自然、文化、風習、産業などについてまったくと言っていいほど「無知」であるということです。まちに対する愛情・誇りは自分の住んでいる「わが地域(まち)」を知ることなしに生まれません。地域の魅力発見のため
の活動、冒険、発見、体験活動、防犯マップ作り、伝統行事への参加、地域の自然・伝統・産業・人物についての学習活動など、わがまちを知るための教育、「地域についての教育」、つまり地域を探索する「地域探索教育」を進めることが必要です。

(讃岐幸治・愛媛大学名誉教授)

青少年育成活動に「まちづくり参画」を柔軟にとりいれる

創年が、青少年と協働で参加できるものとして、育成活動に「まちづくり」をとりいれて進めていくことも有効です。まちづくりは、子どもたちの日常的な学習として、最も生活に近い学校や遊びなどで行われています。地域には日常的に接している風景や人や事象があり、生きた教材として多様なものがあります。まちについて、子どもたちに教え、共に学ぶ活動を、今後発展させても良いのではないでしょうか。その指導者として、経験豊富な地域の創年たちが担っていくのが理想的だと思います。

地域の活性化にとって、商店街は青少年のまちづくり参画の格好の場です。子どもたちが商店街で店員の体験をして、多くの大人の来客が増加したこともありました。空き店舗の活用をはじめ青少年の学習教材として、商店街の活性化に関わることは、もっと考えられてもよいでしょう。

子どもたちが研修後、まちのガイドを引き受けている事例(東広島市)、美術館の案内をする高校生、過疎地の農家の手伝いからお茶を生産し販売している小学生(高知県旧大野見村)、地域の観光資源を学習しながら、イベントの手伝い、ガイドボランティア等を続ける「青少年おもてなしカレッジ」の中高生など、地道に活動を続ける例もあります。

（3）全国生涯学習市町村フォーラム

　まちづくり自治体職員研修（平成 13〈2001〉年度事業）の延長として行われたもの
を、さらに発展させた形で全国生涯学習市町村フォーラムを開催しました。全国生涯学
習市町村協議会は、発足後 1 年を経て、まちづくり自治体の職員の研修を実施すること
になり、NPO 法人全国生涯学習まちづくり協会も協力することになりました。全国 3 ヵ
所で職員研修を実施することになったのです。実際は、その流れをくむまちづくりフォー
ラムも、同様に自治体職員研修の性格を持つイベントにしたものでした。

全国生涯学習市町村フォーラム中部日本・名張大会　平成 14（2002）年 1 月 23 日
三重県名張市で開催され、まち研も協力しています。
　主催は、全国生涯学習市町村協議会、協力は、NPO 法人全国生涯学習まちづくり協
会でした。事例研究では「市民団体・NPO との連携とまちづくり」をテーマとして福
留強（全国生涯学習市町村協議会代表世話人・聖徳大学教授）が講師を務めました。
　基調鼎談「市民が主役のまちづくりと行政支援の在り方」では、宮本英輔氏（名張市
長）、田中英夫氏（亀岡市長・全国生涯学習市町村協議会理事）、谷岡経津子氏（四日市
大学教授）が登壇されたので、異色の顔触れと評判でした。講演は「生涯学習宣言都市
の現実と検証」と題して榛村純一氏（掛川市長・全国生涯学習市町村協議会長）が行い
ました。全国の話題の都市だけに多くの参加者が集まっていました。

　北日本ブロック内灘会場は、平成 14(2002) 年 1 月 30 日、石川県内灘町で行いました。
ここでは山崎繁雄氏（全国生涯学習市町村協議会副会長・南部町長）、松島貞治氏（長
野県泰阜村長）の両氏と筆者が鼎談を進行し、事例発表には、林田恒正氏（福井県丸岡
町長）、三山元瑛氏（滋賀県山東町長）など全国に話題の自治体が登場しました。また、
記念講演「若者が創った地域活性化のシステム」を、当時全国に「よさこいソーラン」ブー
ムを起こした若者、長谷川岳氏（㈱ Yosanet 取締役）が行い、会場を圧倒しました。

＊

　全国生涯学習市町村協議会も発足して 2 年を過ぎ、軌道に乗ってきました。それぞれ
の大会には筆者がすべてに関係し、近隣の自治体への呼びかけなどを行うほか、当日も、
基調提言、基調対談、総括講演などに名を連ねていました。それぞれの会場には、まち
研会員の自治体担当者も多く、大会には欠かせないほどの重要な意義があったのでした。
　全国生涯学習市町村協議会は、文部科学省委嘱事業として、各ブロックで「全国生涯
学習市町村フォーラム」を開催することになり、補助金も出されました。協力はまち研

がすることになり、まちづくり自治体職員研修の延長という性格を持つフォーラムにすることにして、鳥取県日南町、三重県名取市、大阪府枚方市、北海道本別町で開催しました。この名称はさらに各自治体が研修会を企画した際には、生涯学習まちづくりフォーラムとして全国各地に拡大するよう計画したものでした。

全国生涯学習市町村フォーラム・日南大会
平成 14（2002）年 2 月 2 ～ 3 日　鳥取県日南町総合文化センター
　第 1 日　シンポジウム「住民が主役のまちづくりの課題」では、白滝一紀氏（教育新聞社長）、山崎繁雄氏（南部町長）、岡田隆史氏（シェフ）、荒谷信子氏（広島県生涯学習部長）などが登壇しました。記念講演「米百俵に学ぶ」をテーマに斑目力曠氏（映画「米百俵」製作者）が登壇、いずれも初めての顔合わせに近い人選が成功しました。筆者も夕方に会場に到着した記憶があります。報告書の冊子は、きわめて正確な記録集でした。

　南日本ブロック（隼人）会場は、隼人町生涯学習まちづくりフォーラムとして、平成 14（2002）年 2 月 5 日に実施しました。基調鼎談「市民主役のまちづくりと行政支援の在り方」は、野田国義氏（八女市長）、大野達郎氏（南日本新聞社）と筆者で行いました。筆者の郷里でもあり、多勢の人々が、その後の知覧町、小国町など 7 地区の先進事例を検討しました。大分県朝地町は、羽田野昭一郎氏（朝地町長）が発表しました。朝地町は朝倉文雄記念館建設まで筆者もその建設活動に参画しており、その開館を祝った記憶があります。その成果を台東区ともつなげることに成功し、祝った思い出もあります。

全国生涯学習まちづくり第 1 回研究者集会
平成 14（2002）年 2 月 17 日　亀岡市・ガレリアかめおか
　NPO 法人全国生涯学習まちづくり研究会と同関西連合が共催した初めての研究会で、関西連合の代表者の今西教授の提案によって、純粋に研究者のための研究会を実現したいという要望を実現させたものでした。
　まち研が研究者に限定するのはどうなのかという意見もありましたが、研究することは良いことであり、筆者も同意見でしたから、実施してみようということですんなりと実現したものでした。「非営利活動・エコマネー」「IT 化と文化活動」「福祉・健康とスポーツ」「教育・学舎融合」の 4 つの分科会に特色がありました。

山梨県生涯学習実践交流会　平成 14（2002）年 3 月 23 日（土）山梨市民会館
　真壁静夫氏（韮崎市社会教育課長）の基調講演。学遊ねっと 21 の小原知加氏が「HOW まち」で報告しました。この会に参加していた山梨県勝沼町のまち研会員・三枝武人氏が直後の町長選に当選。会員から竹中貢氏に次ぐ 2 人目の町長が誕生しました。

第 5 回関東地区生涯学習実践交流会　北本大会プログラム

平成 14（2002）年 8 月 31 日　北本市文化センター　北本市中央公民館

共催　NPO 全国生涯学習まちづくり協会埼玉支部、北本市まちづくり観光協会

後援　子どもの社会力を育むまちづくり協議会、生涯学習ボランティア協会、全国生涯学習市町村協議会、彩の国生涯学習市町村協議会、日本教育新聞社他

分科会は「市民大学による地域女性が輝く」「女性が輝くまちづくり」「生涯学習コミュニティと NPO」「地域の教育力の形成」「地域の団体活動の実際」の 5 分科会 20 事例について研究協議が行われました。

基調講演「ふるさと十字軍の活動について〜コミュニティの再生と生涯学習の推進」の講師は福留強（NPO 法人全国生涯学習まちづくり協会理事長・聖徳大学教授）でした。

シンポジウム「学び合う地域づくりのために」の登壇者は、千代忠央氏（松伏町長）、藤波彰氏（八潮市長）、政所利子氏（㈱玄社長）、工藤日出夫氏（全国生涯学習まちづくり協会理事・コーディネーター）でした。

5 分科会で 20 の実践事例による研修は関東では珍しく、その後の交流会とともに次回開催を望む声が聴かれました。

生涯学習まちづくり枚方フォーラム（第 5 回関西地区生涯学習実践交流会・枚方大会）

平成 14（2002）年 10 月 26 〜 27 日　メセナひらかた

共催　枚方市、枚方市教育委員会、NPO 法人枚方文化観光協会、NPO 法人全国生涯学習まちづくり協会、同関西連合

後援　全国生涯学習市町村協議会　150 名参加

鼎談「地域社会の活力と生涯学習〜市民・事業所行政の協働によるまちづくり」中司宏氏（枚方市長）、政所利子氏（㈱玄社長）、福留強

4 分科会 19 事例の発表があり、約 150 名が参加するなど、関西地区の実践交流会の盛り上がりが大会の成功を感じさせました。これまで関西で生涯学習事業を実施したことがなく、まったくの未知の土地に行くという気分でした、本来、関西は独特の社会教育が深化しているといわれ、学べるという意識もありました。

全国生涯学習まちづくりフェスティバル in かめおか

〜親が育ち 地域が育ち そして心豊かな子どもが育つまちづくり〜

平成 14（2002）年 11 月 16 〜 17 日　京都・亀岡市　ガレリアかめおか

平成 12（2000）年からスタートした子ども地域探検活動が、「子どもゆめ基金」助成で実施されたことに続き、全国生涯学習まちづくりフェスティバル in かめおかでは、子どもの心を育てる全国大会として、2 つの大会をドッキングさせました。

そこでは、〜親が育ち 地域が育ち そして心豊かな子どもが育つまちづくり〜として、

青少年教育推進ムードの大会になっていました。共催は、亀岡市生涯学習まちづくり実行委員会、亀岡市、同教育委員会、京都学園大学、NPO法人全国生涯学習まちづくり協会、生涯学習かめおか財団、日本教育新聞社。後援は、全国生涯学習市町村協議会などでした。

1日目はオープニングイベント、第2回生涯学習賞贈呈、講演「子どもの本を大人と子どもで読む～生涯学習・子どもの心を育てる」講師は大江健三郎氏（作家）、シンポジウム（分科会）と事例発表とパネル討議を組み合わせ、分科会は12名が発表しました。

2日目は分科会報告。3分科会の全大会での報告がありました。提言「子どもの心を育てるために」では、講師の福留強（聖徳大学生涯学習研究所長・教授）による、子どもが主役のまちづくりの提案後、渡辺恵一京都学園大学総合研究所長の総括で終了しました。大会は京都学園大学との連携で運営され2,500人の参加を得て注目されました。

また、石川県野々市町で、平成14（2002）年10月11日（金）、石川県野々市町立野々市小学校を会場に地域教育実践モデル研究発表、12日（土）は全国生涯学習まちづくりサミットで、テーマ「個が生きる学びの場を求めて～学習を支える自己表現力を求めて」として学校教育中心の発表があり、青少年教育大会の傾向を感じさせるものでした。

全国生涯学習まちづくりフォーラム本別　北海道大会
平成14（2002）年11月30日～12月1日　本別町中央公民館
　共催　生涯学習まちづくりフォーラム本別大会実行委員会を中心に、本別町、同町教育委員会、NPO法人全国生涯学習まちづくり協会
　後援　文部科学省、全国生涯学習市町村協議会

1日目は開会式、文科省社会教育官の祝辞、記念講演「こころの扉を開けて～一人一人の輝きをみ失わないで」講師は千葉紘子氏（歌手）。パネル討議「町民が主役のまちづくり」では、小山忠弘氏（札幌国際大学教授）、藤波彰氏（八潮市長）、三上禮子氏（ふるさとポケット事務局）、髙橋正夫氏（本別町長）が登壇、参加者に多くの示唆を与えました。2日目は、基調提言「全国のまちづくりに活躍する女性たちに学ぶ」講師は福留強（聖徳大学教授）。本別町おこし・ミニ・リレーシンポジウムでは「女性が輝くまちづくり」をテーマに政所利子氏（㈱玄社長）、三上禮子氏、表孝子氏（まち研北海道支部理事）、藤野千恵子氏（鷹栖町文化協会長）、福岡裕子氏（地域アニメーター）、大久保寛子氏（聖徳大学）、岡林節子氏（JA音別町女性部長）、猪狩和代氏（本別元気母さんの会会長）が登壇。北海道市町村長界のリーダー、髙橋町長の積極的な姿勢が印象的でした。

133

◆平成15年　2003

アメリカのイラク侵攻から始まったイラク戦争では、自衛隊のイラク派遣決定など不安が広がりました。プロ野球では阪神18年ぶりリーグ優勝。宮崎駿監督「千と千尋の神隠し」が第75回アカデミー賞長編アニメ映画賞を受賞。郵政事業庁が日本郵政公社に。小惑星探査機「はやぶさ」打ち上げ、地上デジタルテレビ放送が東京、大阪、名古屋で開始など、明るいニュースもありました。

第12回まちづくりコーディネーター養成講座
　平成15（2003）年2月8～9日（日）国立オリンピック記念青少年総合センター
　筆者のほかに、松下倶子氏、清水英男氏、政所利子氏（㈱玄社長）、久次弘子氏（広島国際大学）、矢野大和氏（宇目町観光大使）、特別講演に歌手の千葉絋子氏が参加。歌も披露され、参加者は大喜びで、アンケートには「こうでなくっちゃ研修会」と書いた参加者もあり、このコーディネーター講座が成功したことをうかがわせました。
　まち研会員で各地の中核になる実践者としてまちづくりコーディネーターの活躍が報告されていました。いずれも地元では指導者として活躍中です。
　松山明子氏（新居浜市）は、おもちゃの図書館国際会議（ポルトガル・リスボン）で「ゲームの玩具の図書館と遊びの空間」を分科会で発表されました。鶴見美穂子氏は、井上博文バレエ団の中心メンバーですが、聖徳大学非常勤講師としてバレエを指導することになりました。山路進朗氏は、広島ターフェルオーケストラ、同合唱団の指揮者で、モーツァルトのオペラ「魔笛」を演奏。音楽活動では多忙なステージのコーディネーターでもあります。藤尾味記子氏は、シンガーソングライターで、アートスタジオマリアを設立、マリア味記子として活動するとともに、地元ラジオ番組等でも活躍しています。山口庸子氏と平良千賀子氏は、「よかもん作ろう会」を結成、和歌山の垣渕ひろ子氏の作品を参考に、隼人の風景を絵ハガキにして売り出しました。
　また、千葉千賀氏と前沢恵子氏は、人形劇サークル「じゃんけんぽん」を結成して施設訪問をするなど主婦のボランティアグループとしても活躍しています。一方で留守役として子どもの世話をし、彼女たちを車で送迎するのは夫の役目です。「じゃんけんぽん」「あっちむいてほい」はグループとして活躍しています。ほほえましい夫婦であり、グループとしても周囲に親しまれています。

（4）全国子どもをほめよう研究大会

　この時期、まち研としては、いくつかのまちで取り組んでいた児童生徒表彰条例を活かしているまちを中心に、子ほめ条例のまちづくりを推進しようと試みてみました。各地とも真剣に取り組んでおり、全国的に教育の問題、地域づくりの問題、まちづくりの手法などの視点で取り組んでおり、連携することで、全国的に大きな反響を呼びました

第1回全国子どもをほめよう研究大会　子ほめフォーラムin前津江
平成15（2003）年3月8～9日（日）　大分県前津江村・大野小学校

　前津江村（現大分県日田市）では、平成12（2000）年9月に「前津江村児童生徒表彰に関する条例」が議決され、同年12月に施行されました。その間、まち研の「地域アニメーター養成講座」の開講や「まちづくりコーディネーター研修」への派遣など人的体制を整えました。

　そして、平成15年3月に、「第1回全国子どもをほめよう研究大会　子ほめフォーラムin前津江」が開催されたのです。前津江村の地域アニメーターがこの研究大会の実行委員会を組織し企画・運営を行い、また全人口の約1割にあたる160名の村民がボランティアとして参画され、各分科会や交流会、懇談会などでご活躍されました。

　前津江村・子ほめフォーラム実行委員会が中心になって「キラッと光る小さな芽みんなで探してみよう」をテーマに開催しました。オープニングセレモニーでは、子ほめ表彰式、子どもたちの発表があり、フォーラムらしい盛り上がりでした。記念トークショーには俳優の辰巳琢郎氏も参加。全国に先駆けて初めて実施された大会であり、村民の3割は参加したといわれていたのでした。

　その日の模様は、テレビや大手の各新聞がとりあげ、大きなニュースとして報道したほか、週刊誌アエラをはじめとする、いくつかの週刊誌などでも取り上げられていました。すべて好意的で、村民も大いに気分が良かったという声が地方のラジオ番組等でも紹介されていました。

　大会を呼びかけた反響は大きく、筆者は各地のラジオ放送でもインタビューを受けました。当時のテレビのワイドショー「はなまるマーケット」に出演したのもこの時でした。

子どもをほめて育てる研究会・山梨（子どもの心を育てる全国集会・山梨大会）

平成 15（2003）年 8 月 30 日（土）

　山梨県では初めての子ほめ大会が山梨市で開催されました。山梨県をリードしてきた堀内邦満氏の活躍で実現したものと思われます。多くの事業について山梨市は、常に真っ先に取り上げていた印象がありました。

公私共に大きな出来事

　筆者としては、公私共に大きな出来事の続いた時期でした。筆者の研究課題である私立大学高度化推進事業学術フロンティア事業に対して、聖徳大学生涯学習研究所（所長・福留強）が採択されました。5 年間に 10 億円の研究助成は誰もが予想できない快挙であり、まち研にとっても大きな影響を与えました。その後の研究活動などすべてがまち研活動につながるものであったからです。また、市民大学とまちづくりに関する研究会が、文部科学省委嘱としてスタートできたことは、これらに関わる仲間たちにも励みになりましたし、同時に社会的な責任を自覚することになりました。

子どもゆめ基金「平成子どもふるさと検地」のスタート

　子どもゆめ基金の補助を受けて、地域アニメーター講座をより強力にしようと考え、新たな領域を考えたものが「平成子どもふるさと検地」でした。研修内容の中に、ワークショップとして地域資源の観察、マップ作りを入れ、地域を調査する「検地」としたものでした。対象を子どもにした研修でしたが、参加者の大人も夢中になったという報告が多くされています。

　坂戸市、亀岡市、松戸市、志布志市などモデル事業として全国で実施しましたが、各地での実践活動は、後にビデオ教材にもなりました。

　志布志会場で学習していた A 君は、志布志市の子ども地域探検に参加して、創年市民大学とも交流などを体験しました。その時のあこがれは、この仕事に携わっている公民館職員になることでした。その A 君が志布志市役所職員となり、なんと創年市民大学の担当者になったというビッグニュースが伝わってきました。

　この事業の効果もあって、各地に地域アニメーターが広がっていきました。姶良町はアニメーターの子ども版の講座を実施し、その受講生を「子どもアニメーター」にしました。これは全国的に話題になりました。7 月 27 日（日）には、沖縄（那覇）アニメーター（子どもアニメーター講座）が開かれ、7 月 30 日（水）には坂戸市地域アニメーター（子どもサポーター講座）が開かれました。

　これらの講座の手法は、ゲーム感覚で地域を発見し、マップに表すといったユニークなものであり、子どもたちが夢中になるものでした。しかし実際には、指導者不足が課題となったようでした。

（5）聖徳大学生涯学習研究所のプロジェクト

生涯学習の観点から少子高齢社会をどのように活性化させるか

　文部科学省学術フロンティア推進事業に採択され、規模の大きい10億円研究助成を受けた聖徳大学生涯学習研究所では、5つの研究部門を設置し、約60名の研究者を組織化した画期的な研究活動を始めました。研究体制には、いくつかの研究団体も協力し、全国生涯学習まちづくり協会、全国生涯学習市町村協議会も外部研究委員会（大学外の委員）委員として参加していました。

　この事業は、聖徳大学生涯学習研究所が主体としている事業でしたが、研究者が所長である筆者であり、まち研の理事長であることから、研究に関する諸事業に、全国生涯学習まちづくり協会が研究員の一員としてもかかわっているのは大きな強みであり、当然のことでした。

　聖徳大学は、松戸駅前にある女子大学で、聖徳太子の「和をもってと尊しと為す」から学是に「和」を掲げる、礼儀を重んじる学園です。大学、短期大学、大学院、専門学校、高校、中学校、小学校、付属の幼稚園とあらゆる教育機関を有する女子の総合学園です。大規模学園でありながら、こじんまりとしたファミリー的な雰囲気も感じさせる学風で、常に前向きの教員・スタッフなど、人間的にも素晴らしいものがあります。

　勤務当時の平成15（2003）年、文部科学省学術フロンティア推進事業に筆者が応募し採択された研究テーマ「生涯学習の観点に立った少子高齢社会の活性化に関する総合的研究」は、筆者なりに勝算ありの内容でした。首相の所信表明から、文科省の施策体系などを逆算すればそうならざるを得ないテーマだったからです。「1千万円あればかなりの実験はできる」そう思い、どうせ落選は免れない、時間が不足しており、まだ細部の計画には納得しないまま、100倍ぐらいにしておこう、と提出したものでした。

　本番は来年度、今年は大学のメンツを立てて応募することに意義を見いだせなどと言いながら「10億円にしましょう」と告げると、事務局は「えーっ」という状況でしたが、審査発表の結果は合格で、大学は驚き、大喜びでした。科研費250万円が大学教授で採択されれば大学が鼻高々になる実態です。後で伝わってきましたが、審査票で最低表の審査員もあったようでした。とても不可能という予想だったようです。専門分野外の審査員には理解不能だったのでしょう。それでも最高額を得たのは期待があったからだったのだと思います（以後、学内では筆者に「10億円の男」という呼び方をする教員もいたようでした）。

　入試での学生獲得に苦心し、不振の生涯学習指導者養成コースにとっては、起死回生の大偉業になったものです。

テーマは、5部門に分かれ約50名の研究スタッフを学内外から組織しました。その
うち第3部門「高齢者の生きがい対策と人材活性化に関する研究」、第4部門「大学と
地域の協働における生涯学習システム構築」に関して、高齢者の課題、創年活動、市民
大学のプログラム研究の研究テーマは、現在も筆者の活動として継続しているものです。
その成果の一つとして、大学が研究の拠点として松戸駅前に14階建て70メートルの
生涯学習社会貢献センターを記念として位置づけ設置されたことがあります。

　創年活動、子ほめ条例、創年のたまり場、全国市民大学連合、旅のもてなしプロデュー
サー、青少年の社会参加など、本誌で取り上げている項目の大半は、当時の聖徳大学生
涯学習研究所のプロジェクトの延長上にあるものばかりです。今も継続している研究は、
当時、5プロジェクト19事業がそのまま実施されているものです。もちろん大きな成
果を上げて多くの仲間と研究の継続を誓いあったものでした。

研究に強力なパートナー

　プロジェクトが成功したのは、強力なパートナーに恵まれていたことがあります。中
でも相棒の清水英男教授、西村美東士教授、松下倶子教授のほかに他大学の上条秀元教
授、蛭田道春教授は、国社研のかつての同僚で、気心は十分わかる人たちでした。もち
ろん共同研究者は、全国的に知られる人ばかりでした。因みに筆者が大学に「生涯学習
関連学科設置」のために招かれた時、学長からは最高の教授陣をそろえるという命を受
けていました。いずれも当時の職を辞してはせ参じており、学長の言葉に「間違いなく
すばらしい人ばかりです」と答えました。そのうえ筆者の欠点をすべてカバーする教授
たちでした。学内でも信じられないほど活躍され、研究計画を完成させたのでした。筆
者にとっての親分、岡本包治教授に「最高の人を集めた」と褒められたことがありまし
たが、以後、いずれも全国の生涯学習関連の各分野で知られる教授として君臨されたの
は周知の通りです。

　また、事務的にも研究手続等にしても、補助的役割で大きかったのは、プロジェクト
で採用した齊藤ゆか氏と研究所の助手たちでした。齊藤ゆか氏は、若さと研究熱心さ、
ち密さなど、これまで出会ったどの研究者にも負けない資質を有していました。彼女は、
このプロジェクトのいわばボランティアのようなものでしたが、助手の10人力と言え
る力を発揮していました。当時、幼い2児を抱える新米母であり、大学のフロンティア
事業担当非常勤職員とまち研事務局の両輪で仕事を担っていました。時給850円、そ
して往復4時間の通勤、2人の子育て、博士論文の総仕上げ期など、三重苦だったとも
述べていました。この苦節は、後のハングリー精神に結びついたといいます。その後、
聖徳大学生涯学習研究所の常勤講師に採用されました。博士論文には、まち研の実践例
やヒアリングが含まれていました。後に発表した著書は、日本NPO学会にて研究奨励
賞を受賞するなど、とにかく努力家であり、研究熱心な点は評判でした。

「まち研」に育てられた女性研究者として

齊藤　ゆか

　まち研と出会った 2003 年の春。聖徳大学で採択された、文部科学省の私立大学学術研究高度化推進事業・学術フロンティア事業「生涯学習の観点に立った『少子・高齢化社会の活性化』に関する総合的研究」(2003 ～ 2008 年の 5 年間)を手伝うことになったときでした。採択された大事業をどう進めていくのか、実践・調査・政策提案をどう連動させて成果を出していくのか、の挑戦でした。この事業の実践モデルとして、全国の「まち研ネットワーク」を活用することにしたのです。

　20 代後半、私は無我夢中で博士論文「ボランタリー活動」と「プロダクティヴ・エイジング」研究に取り組む貧乏院生でした。大きな夢を描きながら、将来どのような分野で身を立てて生きていけるのか、研究職の仕事を得ることができるのか、子育てしながら女性が働き続けられるのかなど、心内は霧の中を走る若輩者でした。

　まち研と出会った 2003 年の春。私はまだ 0 歳児と 1 歳児を抱える新米母であり、大学院生で、これから、女性研究者としてキャリアを築く入口に立とうと必死でした。

　「生涯学習まちづくり」を牽引するまち研、そして福留強先生（以下、先生）や清水英夫先生など素敵な先生方にお会いし、チャンスが到来しました。「まち研」事務局は、不思議なお客様が次々に来訪し、夢語りをする空間でした。機関銃のように早口で喋りまくる先生は、新世界に導いてくれました。私は一日の大半を「聴く」に徹していました。聴いた内容に基づきレポートし、実践に向け意見交換する日々でした。

　「まちづくりコーディネーター」講習会を受講。受講生は、沖縄から北海道まで全国から集まる愉快な大人たち。共通点は、「学びたい」と「まちを良くしたい」という強いモチベーションの持ち主。年齢や性別だけでなく、背景や地域性が異なっていても、志は同じ。ワイワイ・ガヤガヤと各地の自慢話をしあっていました。話がおもしろい、飽きない、魅惑的な大人との出会い。「全国にいるまち研の仲間がこれからあなたの財産になるはずだ。よーく覚えておきなさい」という先生の助言が心に沁みました。30歳の記念すべき誕生日は、なんと先生と文科省で省庁が主催するパーティーに同伴し、帰りに一緒にワインを飲んだものでした。

　博士論文「ボランタリー活動とプロダクティヴ・エイジングに関する研究：定年退職後の余暇生活とボランティア」を書き上げ、2004 年 3 月に博士（学術）を取得しました。晴れて、聖徳大学生涯学習研究所の常勤講師（31 歳）に採用されました。博士論文には、まち研の実践例やヒアリングが含まれていました。のちに、『ボランタリー活動とプロダクティヴ・エイジング』（ミネルヴァ書房）を出版し、日本 NPO 学会にて研究奨励賞を受賞しました。

聖徳大学生涯学習研究所、福留先生が受託した学術フロンティア事業は、国の予算規模も大きな事業でした。私は、全国生涯学習まちづくりに種を蒔く先生の側近として、身を粉にして働き、子ども時間より仕事時間を優先し、全国どこでも出張して、現状把握や事業立案に奔走したように思います。エコミュージアムの現地視察のために、フランス出張や、自身で応募した予算申請が叶い、世代間交流を学ぶためにアメリカ視察にも行きました。そんな時、実母が急逝しました。子育てしながら、自由に全国に飛び回る仕事のやり方を大幅に見直す転機となり、諦めることの重要性に気づきました。

　まち研で様々な実践的・政策的な取組を介して、多くの研究者とつながり、多くの成果を発表しました。『高齢者の生きがい対策と人材活性化』、『創年のススメ』（ぎょうせい、2008）、『旅のもてなしプロデューサー（心・技・体）』、『若者がまちを創る』、『ひと×まちからの創造』など。全ての編著は、まち研の全国の実践事例に基づく成果でもありました。このように、若手研究者の時代に、「まち研」が自身に与えた影響は計り知れないものがあります。正に、まち研と共に女性研究者のキャリアを築くことができたのです。

(神奈川大学教授)

聖徳大学生涯学習研究所と生涯学習研究会

　生涯学習社会貢献センターを拠点に、地元商店街や地方都市との交流で活躍したグループが、生涯学習研究会りりーず（写真下）でした。

　筆者が九州女子大学の卑弥呼を創設し、全国で飛び回っているころ、関西の大会で活躍している卑弥呼を目の当たりにした川並弘昭学長から聖徳大学にも卑弥呼に負けない学生集団を創りたいと誘われ、聖徳大学に転籍したのでした。

　りりーずは、生涯学習指導者コースや生涯教育文化学科の学生が中心となって組織され活動し、九州女子大学の卑弥呼とは若干異なり、都会型の雰囲気を持つ集団でした。一時はよさこいソーランで学園祭や松戸まつりで話題になる活動を見せました。

　大久保寛子氏（生涯学習社会貢献センター）、沼崎千絵子氏（聖徳大学）、豊村綾子氏（聖徳大学）、八重樫沙樹子氏（旧姓・丸屋、東京都北区）、栗原薫氏（邑楽町教育委員会）、橋本幸恵氏（小山市）などが、社会教育や学校教育の現場でも手腕を発揮している様子が伝えられています。彼女等は一見控えめですが、その能力は創造性や緻密さなど素晴らしいものがありました。

　伸びしろたっぷりのメンバーたちが、今後、教育の場で活躍していくことを楽しみにしたい思いです。

（6）市民大学

　「市民大学」とは、学校教育法によらない、いわば社会教育事業の一つで、自治体における市民を対象とする自主的な学習機会です。市民大学に一定の定義はありません。単に学級講座として、公民館等で行われているものと区別されているのは、専門的で、体系的なものが多いという程度でしょう。名称も、「市民大学」「区民大学」「カレッジ」「婦人大学」「女性大学」「高齢者大学」「市民セミナー」など多様です。また単年度でなく継続事業としての講座が多く、創設30周年、40周年も珍しくありません。

　その学習目的・内容は、自らの知的欲求を満たすことが主であるのはいうまでもありません。「創年市民大学」のように「学習成果をまちづくりに生かす」ということを目指すとすれば、市民大学は、市民がまちづくりに参画するための基本的な学習の機会ということになります。

　学習成果をまちづくりに活かす志布志創年市民大学、恵那市の三学塾、栗東100歳大学という市民大学が全国的に知られています。今後、まちづくりを推進するための基本は市民大学となり、ここでの学習の成果として市民の活動家を養成できることが立証されていくでしょう。市民大学は基本的に市民が創るものです。自らの学習計画で、学び、評価し、地域で成果を活かす。それが市民大学の最大の特色です。

　筆者はこれまで、学習成果アンケートには運営者の不満を述べるだけの受講者たちを数多くみてきました。自主性という基本的なことは何も身に付いていない講座が多いようです。行政も、ただサービス機関として学習の場の提供ということに力点を置いているようです。「市民性の啓培」という教育的な側面が欠落しているようにも思えます。

市民大学とまちづくりに関する調査研究会（文部科学省委嘱）

　この研究は、NPO法人全国生涯学習まちづくり協会が初めて委託研究を受託してまとめたものでした。平成14（2002）年度文部科学省委託研究・生涯学習推進のための地域政策研究「市民大学とまちづくりに関する調査研究」として実施したものです。

　調査は、全国生涯学習市町村協議会加盟団体200、非加盟団体100について行いました。

　内容は、市民大学のプログラム、運営に関する現状と課題、地域の団体との連携、学習成果の活かし方についてなどです。さらに市民大学プログラム事例として、東松山市きらめき市民大学、長浜学と市民学芸員制度、久喜市民大学、加古川市民生涯学習大学「地域アニメーター養成講座」、山東町ルッチ大学（滋賀県）の5つのプログラムの先進

141

的な市民大学の事例を分析し、紹介しています。
　のちに、これらの調査結果を活用して「まちは市民の大学」シンポジウムを実施するなど、今までにないまちづくりと市民大学に関する調査と評価されていました。

東松山市「まちは市民の大学」フォーラム　市民大学とまちづくりに関する研究会
　平成15（2003）年3月1日（土）　埼玉県東松山市　東松山市民文化センター
　文部科学省委嘱で行われた市民大学とまちづくりに関する研究会では、東松山市きら

めき市民大学で開催したフォーラムがあります。記念シンポジウム「まちづくりに於ける市民大学の役割」坂本祐之輔氏（東松山市長）、石川尚子氏（都立短期大学教授）などで実施されました。筆者は開講式に毎年招かれ、まち研は後援を続けていました。
　この市民大学は専有の校舎と専任のスタッフがいました。県立青年の家跡だけに、敷地建物の環境、規模ともに申し分のない素晴らしさです。
　（市民大学とまちづくりに関する調査研究報告書・平成14〈2003〉年度文部科学省委託研究）

市民大学・講座の現状
　文部科学省では市民大学の実態は把握していませんが、それでも全国の各自治体に、一大学は存在するだろうとみられており、少なくとも1,800はあるということになります。これらの学習者の一人一人が会員意識をもって活動するようになれば、創年パワーの結集で大変な組織力になると思われます。そういう意味では、市民大学には、わが国の学ぶ知性集団としての大きな資源が眠っているといってもよいでしょう。
　創年市民大学は、創年が学んだ成果を活かし、地域の活性化に役立つばかりでなく、使われていない豊富な人材・能力の活用という点からも、大きな意義があります。学習内容は多様ですが、「まちづくり」「社会参画」「青少年健全育成」など、まちづくりに参画する上での基礎的な知識技術を学ぶことができます。

市民が参画し運営する市民大学
　千葉県柏市を中心にして地域で活躍する「柏シルバー大学院」は、受講生が年会費2万円を出し合い設立した、行政がまったくタッチしない市民大学です。参加者は、千葉県生涯大学校の修了者たちが、大学校終了後の学びの機会を求めて自ら設置した市民大学です。
　平均年齢は70代後半。会員約800名は多すぎて、会場確保に苦労しています。その

ため数グループに分割していますが、それぞれ独自のプログラムで学習を実施しています。会場は、市内の電力会社や証券会社の講堂、研修室などを借用し、学んでいます。講義開始30分前までにすでに満員になるということです。

　元気な市民大学として、シルバー大学院のリーダーの一人、山田輝雄氏は、「これがいつものとおりですよ」と自慢します。当然、会場設営、進行係、記録者など、会員が当番で運営しています。あるべき市民大学の姿を見るようです。

（7）生涯学習まちづくりモデル支援事業

まちづくりのスタートは学び合う学習から

　いうまでもなく、コミュニティづくりに最も効果があるのは、市民が学び合うことです。学習成果を活用して「教える人」と、その「教えられる人」の相互の関係は、共通の情報を共有することから相互信頼を生み出しやすく、相互に尊敬しあう関係が生まれます。生涯学習がまちづくりにつながるというのは、このことを指しているのです。

　まちづくりにおいては、何はおいても「学び合い」であり「スタートは学習から」ということで、市民大学の学習は、市民がひとつの情報を共有しあい、これまでの多様な経験や知識を活用するための準備運動のようなものです。そのため、学習はまちづくりに役立つ基礎知識をはじめ、多くの参考事例を学んでいます。

　まちづくりの意義、内容、方法などを学びつつ、仲間づくりも重要な学習課題です。自由に発言できる、お互いが集いたくなる集団作りが大切です。

文化が彩るまちづくりフォーラム in まつぶし

　平成15（2003）年3月2日（日）　松伏町中央公民館　田園ホール・エローラ

　共催　松伏町文化のまちづくり実行委員会、松伏町、松伏町教育委員会

　「文化が彩るまちづくりフォーラム in まつぶし」は、全国に誇る文化施設エローラを有して、文化のまちづくりを目指す松伏町と2つの文化事業を共催しましたが、これは大学の機能を活かす実験でもありました。

　これは、大学と自治体が連携して、生涯学習まちづくりを推進している地域に対して、文科省が支援する事業で、特に文化のまちづくりを進めている松伏町を事業で支援しようと推進した事業でした。松伏町は、千代町長も文化活動に力点を置き、その熱意を知っていたことから、まち研としても積極的に支援したものでした。松伏町は2年連続して「文化」を標榜した大会を開催し、県内にエローラとともに、文化のまちづくりを定着させていました。かつて生涯学習局でともに活動していた文化庁の文化部長の寺脇研氏に相談して実現したものでした。

143

共催は、聖徳大学、NPO 法人全国生涯学習まちづくり協会、松伏町文化のまちづくり実行委員会、松伏町でした。後援は、全国生涯学習市町村協議会、彩の国生涯学習まちづくり市町村協議会などでした。

　分科会は、「芸術文化のまちづくり」「生活文化のまちづくり」「子どもが主役の生涯学習まちづくり」の 3 つのテーマとし、全国的な先進事例 9 事例を研究協議の対象としました。

　基調講演「文化のまちづくり」の講師は寺脇研氏（文化庁文化部長）でした。

　シンポジウム「住民が主役の文化のまちづくり」では、林田恒正氏（福井県丸岡町長）、今野雅裕氏（政策研究大学院教授）、千代忠央氏（松伏町長）、南部長子氏（松伏町）の 4 名であり、コーディネーターは福留強（聖徳大学教授）でした。

　全体会、開会セレモニーでは、聖徳大学の舞踊専攻の学生による古典舞踊の演技が評判を呼びました。また、子ども憲章の歌と踊りの鑑賞など、演出にも文化のまちらしさを表現していました。松伏町では、2 年目はタイトルも変えて「子育て文化のまちづくりフォーラム in まつぶし」として、「子育て支援」事業を推進していました。

平戸市生涯学習まちづくりフォーラム　長崎県民大学連携講座

平成 15（2003）年 2 月 23 日（日）　平戸市ふれあいセンター

　美しい玄海灘の海と海峡と歴史を感じる城、異国情緒あふれる街並み。コンパクトなまち平戸は、市役所のそばまで海があるような美しいまちです。そのまちが生涯学習に他の自治体をリードする活動を続けてきました。その節目にはまちづくり研究大会を実施しています。

　共催は、平戸市生涯学習まちづくりフォーラム実行委員会、全国生涯学習市町村協議会、平戸市、平戸市教育委員会、NPO 法人全国生涯学習まちづくり協会です。

　後援は、文部科学省、長崎県教育委員会、読売新聞社、西日本新聞社、長崎新聞社でした。

　基調講演は、「生涯学習とまちづくりの交差点」榛村純一氏（掛川市長）を柱に、レクチャーフォーラム「学習成果を地域に活かそう」では筆者が講義しました。

　討議では、白浜信氏（平戸市長）、青木宣人氏（冒険家）、中島美奈子氏（市民ボランティア）、森部真由美氏（甘木朝倉女性会議編集長）、林口彰氏（財団法人孔子の里常務理事）など多彩な分野から実践家が集まり、県内でも考えられないフォーラムが開催されました。

　この日のことについて平戸市根獅子・飯良まちづくり運営協議会長の川上茂次氏は、自らの取り組みを「まち研との出会い」として寄稿頂いています。（229 ページ参照）

全国生涯学習まちづくり研究大会の位置づけで

第5回聖徳大学生涯学習フォーラムを、全国生涯学習まちづくり研究大会の位置づけで平成15（2003）年6月29日（日）に開催しました。

分科会研究会での「子どもと地域探検」「市民が主役のまちづくり手法」「生涯学習まちづくりモデル支援事業」の3テーマ8事例の発表は、大学奏楽堂研修室など施設をフルに活用したものでした。全体会公演「舞踏への招待」では、音楽文化学科古典舞踏コース4年生の古典舞踊が参加者を魅了しました。

学術フロンティア事業記念鼎談「少子高齢化の活性化について」は、穂坂邦夫氏（志木市長）、北村節子氏（読売新聞社調査研究本部主任研究員）、福留強（聖徳大学生涯学習研究所長）で行われ、学術フロンティア推進事業の一環にも位置付けられる事業とし、いわば研究の中間発表の意味を持つ事業にしたのでした。

以後、聖徳大学生涯学習フォーラムは、まちづくり研究会の総会と並行させつつ、平成27（2015）年まで毎年6月に行われ、多くの自治体が集まる数少ない機会となっていました。まち研の研修機会であり、全国生涯学習市町村協議会の交流の機会になるなど、大きな役割を果たしたといわれています。また、大学が地域と連携する具体的な場として、さらに学生の社会参加の契機になる貴重な体験の場として広く注目されました。

＊

総理官邸　チャレンジ支援ネットワーク検討委員会（総理官邸）小泉総理と会談

平成15(2003)年4月21日(月)、内閣府男女共同参画局のチャレンジ支援ネットワーク検討委員会は、文字通り男女共同参画を推進する狙いで、その活動の支援方策をについて、各界からの委員12名の意見を聞こうというものでした。筆者は「生涯学習」と「まちづくり」を推進する立場と、教育の代表ということで委嘱されていました。

第1回の検討委員会は、総理官邸で行われ、初めて総理官邸の玄関をくぐりました。会議室に着くまでに数回の検問をうけ、執務室に入るまでにも検問がありました。名前も事前に登録されており、難なく入れました。開かれた官邸のイメージはあるものの、厳重に警戒されている感じでした。小泉総理大臣以下、安倍官房長官、福田元官房長官に対して、委員が一言ずつ意見を提示することになっており、筆者は「創年」の意義について話をしました。さすがに総理官邸と感じる場面が数多くあり、厳重警備は当然ですが、スタッフのサービス精神が感じられました。

（8）韓国日本生涯学習友好フォーラムの発展

平成14（2002）年12月28日（土）韓国からの社会教育関係者が日本に1週間の視察研修で来日。生涯学習まちづくりについての実情と背景等について学ぶというものでした。研修日程の1週間に、掛川市や、八潮市などをめぐったあと、セミナー（千葉県民プラザ）に行ったり、最終日に横浜で筆者が講義を行いました。

この時の交流から、以後、日韓の交流が始まったのでした。翌年初めに筆者は韓国に招かれ、各地で講義を行いました。韓日友好交流が本格化していくことになりました。

韓国日本生涯学習友好フォーラム　韓国・大田市
平成15（2003）年3月10～12日（水）
・生涯学習発展国際フォーラム　韓国・大田大学（11日）
「地域人的資源開発と生涯学習都市」をテーマにフォーラムが開催されました。

第2回大韓民国　第2回平生教育祝祭
平成15（2003）年9月26日　大田万博会場
国際シンポジウムでは、「技術革新のための生涯学習都市づくり事業の動向と課題」をテーマに開かれ、筆者も招請により参加しました。
・第1回韓日友好生涯学習まちづくり実践国際フォーラム・事例発表会
平成15（2003）年9月27日　大田万博会場
韓国の生涯学習フェスティバルの一環として、日本からも筑後市、姶良町などをはじめ、いくつかの自治体が発表しました。

生涯学習を通じて日本と韓国の交流を深める国際イベントでした。韓国の盛り上がりに驚いたことが記憶に残っています。日本からは100人が参加し、韓国の新聞等でも大きく報じられていました。終わって歓迎の野外交流会（万博ステージ）では、花火大会が行われ参加者を楽しませてくれました。韓国に招かれていた筆者（福留）のほか、全国生涯学習まちづくり研究会会員約30名が同行。岐阜市の合唱団も加わり、総勢60名の日本側からの参加となり、交流の輪が広がりました。

＊

次に、記者でまち研メンバーの野口晃一郎氏のレポートから抜粋した記事をご紹介します。

国際フォーラムに参加して

野口　晃一郎

　国際フォーラムの開催にあたっては、福留先生と深くつながっていた韓国の金得永教育学博士（在日韓国人の教育や日韓の文化交流を進めるため、日本の文部科学省に当たる韓国教育人的資源部から岐阜韓国教育院に派遣され、日本の生涯学習を研究されていた）と、まちづくりコーディネーターの内田晴代さんの連携で実現した交流でした。

　フォーラムでは、両国の生涯学習に携わる関係者らが、少子高齢化、青少年の健全育成など共通の問題について、実践事例を発表し合いました。岐阜県からも、教育関係者ら約30人が参加し、世界各地で音楽活動をしている合唱団指揮者で、NPO法人コンチェルティーノ岐阜の権泰孝理事長と団員の皆さんらがフォーラムのステージに立ち、韓国の合唱団と熱唱し、感動を呼びました。その時の様子は、岐阜新聞の紙面、岐阜放送の報道番組で紹介することができました。生涯学習を通じた日韓文化交流は、両国に、多くの共通点があることを学ぶ機会となりました。　　　　　　　（フリーアナウンサー）

● 平成14年（2002）

1月23日(水)	全国生涯学習市町村フォーラム中部日本・名張大会（三重県名張市）
1月30日(水)	北日本ブロック内灘会場（石川県内灘町）
1月26-27日	第10回まちづくりコーディネーター養成講座（東京都・国立オリンピック記念青少年総合センター）
2月2-3日	全国生涯学習まちづくりフォーラム・日南大会（鳥取県日南町）
2月5日（火）	隼人町生涯学習まちづくりフォーラム（鹿児島県隼人町）
2月17日（日）	第1回亀岡市生涯学習賞「生涯学習奨励賞」受賞　大賞はジェルピ氏
2月23-24日	子どもの心を育てる全国研究集会・井原大会（岡山県井原市）
3月23日(土)	山梨県生涯学習実践交流会（山梨市民会館）
8月31日(土)	関東地区生涯学習交流会（埼玉県・北本市中央公民館）
9月23日(月)	沖縄地区検地アニメーター講座（沖縄県具志川市）
10月11日(金)	地域教育実践モデル研究発表（石川県野々市町）
10月12日(土)	全国生涯学習まちづくりサミット（石川県野々市町）
10月26日(土)	関西地区生涯学習実践交流会枚方大会（大阪府枚方市）
11月16-17日	全国生涯学習まちづくりフェスティバルinかめおか（京都府亀岡市）
11月30-12月1	全国生涯学習まちづくりフォーラム本別・北海道大会（北海道本別町・中央公民館）
12月14-15日	稚内市フォローアップセミナー（北海道稚内市）

● 平成 15 年 (2003)

2 月 8-9 日	第 12 回まちづくりコーディネーター養成講座 （東京・国立オリンピック記念青少年総合センター）
2 月 23 日（日）	平戸市生涯学習まちづくりフォーラム　長崎県民大学連携講座 （長崎県平戸市）
3 月 1 日（土）	「まちは市民の大学」フォーラム（埼玉県東松山市）
3 月 2 日（日）	文化が彩るまちづくりフォーラム in まつぶし （埼玉県松伏町中央公民館）
3 月 8-9 日	第 1 回全国子どもをほめよう研究大会（大分県前津江村）
3 月 10-12 日	韓国日本生涯学習友好フォーラム（韓国・大田市）
5 月 9 日（金）	「地域アニメーター」商標登録証（特許庁）
5 月 10-11 日	南九州地区生涯学習まちづくり実践交流会（鹿児島県志布志町）
6 月 29 日（日）	第 5 回聖徳大学生涯学習フォーラム 全国生涯学習まちづくり研究大会
7 月 27 日（日）	沖縄（那覇）アニメーター・子どもアニメーター講座（沖縄県那覇市）
7 月 30 日（水）	坂戸市地域アニメーター・こどもサポーター講座（埼玉県坂戸市）
9 月 26 日（金）	第 2 回大韓民国　第 2 回平生教育祝祭（大田万博会場）
9 月 27 日（土）	第 1 回韓日友好生涯学習まちづくり実践国際フォーラム・事例発表 会（大田万博会場）
11 月 29 日（土）	全国生涯学習まちづくりサミット IN なは（沖縄県那覇市） まなびピア沖縄 2003inなは

平成16〜17年（2004-2005）

8　大学と連携した創年事業の展開

◆平成16年　2004

　新潟中越地震、アテネ五輪で金メダル総数が史上最多、小泉首相の靖国参拝に抗議し、北京で1万人規模の反日デモ、オリンピック冬季大会が長野で開幕。プロ野球初のセ・パ交流戦、政府推奨のクールビズ開始。流行語では想定内（想定外）、小泉チルドレン、小泉劇場などの流行語が広がっていきました。

（1）聖徳大学生涯学習研究所　学術フロンティア推進事業に協力

　大学の教育機能を活用することは、大学側の事情もありますが、大学の使命でもあります。両方の立場で動かすために、まち研も大いに活躍したのでした。はがき通信「通心」の発行、ふるさとづくり全国フォーラムが会員の関心を高めました。

＊

　平成16（2004）年1月28日、聖徳大学生涯学習研究所（所長・福留強）は、文部科学省の私立大学学術研究高度化推進事業・学術フロンティア推進事業の採択を受けて、「生涯学習の観点に立った少子高齢社会の活性化に関する総合的研究」のテーマで5ヵ年の研究に着手し、5つの研究部門を設置、約60名の研究者を組織化して活動を推進しました。その内容は自治体とかかわる

当時のまち研事務局を支えたボランティア（平成16〈2004〉年）

ことが多く、全国生涯学習市町村協議会に関わる事業もいくつか実施されました。助成を受けた研究者が筆者自身であり、まち研理事長でもあることから、まち研も全面的に協力することになりました。

第6回聖徳大学生涯学習フォーラム　平成16（2004）年度まち研総会
学術フロンティア推進事業研究大会
　日時　平成16（2004）年6月27日（日）　聖徳大学奏楽堂、研修室他
　主催　聖徳大学、聖徳大学生涯学習研究所、関係機関の講演のもとに盛大に開催。

基調鼎談「生涯学習の観点から『少子高齢社会の活性化』に関する総合的研究の経過と展望」では、滑志田隆氏（毎日新聞社記者）、小澤芳子氏（フリーライター、千葉県生涯学習審議会委員）、福留強（聖徳大学生涯学習研究所長・教授）が登壇し、意義深い提案などがなされました。

　分科会は「子どもをめぐる家庭と家族の課題」「創年の学習課題と大学の役割」「生涯学習成果とキャリア開発」など6分科会15事例による研究協議が行われました。

　全体会のまえに、アトラクションとして「聖徳大学生涯学習研究同好会りりーず」の発表があり、全体会のテーマ「生涯学習方策とまちづくり」をもとに、講話と続きました。講話は渡部徹氏（文部科学省生涯学習政策局・地域づくり支援室長補佐）が「最近の国の動向について」をテーマに話され、最後に主催者あいさつで福留所長が総括して研究大会を終わりました。

　聖徳大学生涯学習研究所が主体となるフォーラムは、かなり地域に定着したように思いました。この大会は、近隣の自治体と交流があり、多くの参加者を見込めることから実現したものでした。大学としては本学キャンパスを市民に開放することは、オープンキャンパスや文化祭・学園祭以外にはないため、大学のＰＲに貢献するという期待がありました。会場の奏楽堂は、筆者自身も大学教員でありながら初めて利用したほどで、施設機能を十分に生かし切ったかどうかは自信がありませんでした。教員や学生の参加も見られ、仲間からはそれなりの成果があったようです。まち研関係者は50名前後が参加していました。学術フロンティア推進事業の一環でもあり、全国からより多くの関係者が参加するというのも強みでした。

　この時期、まち研や聖徳大学生涯学習研究所が支援する子どもをほめよう研究大会では、山口県錦町の「子どもをほめよう全国大会錦町大会」が平成16（2004）年2月10〜11日（水）に錦町中央公民館で行われたほか、平成16年11月20日（土）に鹿児島県志布志市で「第3回全国子どもをほめよう研究大会」が市民文化会館で行われ、筆者も参加しました。いずれもそれぞれの県では、ユニークな事業として話題となっており、地域を刺激した点でも成功であったと思われます。

学生と共に歩んだ「まちづくりボランティア」の体験

久次　弘子

　NPO法人生涯学習まちづくり協会との出会いは、2002年8月広島県教育委員会生涯学習課主催の「第2回こどもセンターまつり in 瀬戸田」でボランティアとして参加したのがきっかけでした。そこで、広島県内各地でご活躍の協会員の方々から「これからも一緒に活動を」とのお誘いをいただきました。

私は、2001年4月広島国際大学人間環境学部在籍当時は、「先生、この町、田んぼばっかりで、何もない。道路は舗装されてなくて、でこぼこ、ガードレールもない、店のあるところまで行くには、夕方になると真っ暗で怖くて歩けない。自転車が田んぼの側溝にはまった」学生からこんな報告が続く毎日でした。

　1998年に開学し3年目の広島国際大学は、現在の東広島市と合併する前の黒瀬町にあります。当時、地元紙の中国新聞に「緑地帯」という8回シリーズのエッセイを書いており、その一篇に「田舎論争」と題し、「何もないから何でもできる」を合言葉に、1年生だけの学生たちが「黒瀬町改造論」として、大学生が住みやすいまちづくりを議論している様子を書きました。そこから2001年12月黒瀬町議会での意見聴取があり、それが議会便りに掲載され、冒頭の瀬戸田町でのお声がけをいただき、「まちづくり研究会」としてまちづくりボランティア活動が始まったのでした。

　2002年の研究会との出会いから1年後、学生も1・2・3年次生が揃い、2003年8月広島県教育委員会生涯学習課主催の「第3回子どもセンターまつりin宮島」を大学生主導での実施で依頼されました。そして同年10月に広島県社会教育委員会主催の社会教育研究大会の「まちづくりシンポジウム」において、シンポジストとして3年次の学生2名が「大学生におけるまちづくりボランティア」の事例発表をしました。

　この年、私はNPO法人生涯学習まちづくり協会会員となり、これらの体験をした3年次の学生3名が聖徳大学の福留先生のお誘いで「まちづくりコーディネーター養成講座」を受講するため松戸に参りました。本学言語・コミュニケーション学科の1期生学生の「まちづくりコーディネーター」の誕生です。学生たちの活動が評価され、東広島市西条町の全国でも有名な「酒まつり」の実行委員会のスタッフとして1～3年生の学生47名が参加することになりました。以来、この活動は、広島国際大学から毎年100名規模の学生がボランティアスタッフとして携わっています。

・まちづくり助っ人プロジェクト

　他にも、この学生たちとは、鹿児島県薩摩川内市における「生涯学習まちづくりフォーラム」への参加をし、他県のまちづくり体験は、大学時代の思い出となっています。

　2004年には広島県安芸郡海田町における「全国生涯学習まちづくりフォーラム」開催準備として、海田町教育委員会生涯学習課主催「第1回子どもまちづくり講座」のコーディネーターとしての活動が始まりました。大学生としてまちづくりに携わった経験を、海田町の小・中・高校生に伝える作業は、学生にとってさらなる成長に繋がるものになりました。こうしてまち研での活動は、2005年7月「全国生涯学習まちづくりフォーラムin瀬戸田」開催の実行委員や、大学生の事例発表など、記憶に残っています。

（広島国際大学客員教授）

(2) 子どもが主役のまちづくり

子育ち文化のまちづくりフォーラム in まつぶし
平成 16（2004）年2月7日（土）松伏町中央公民館　田園ホール・エローラ
　テーマを「田園を育む未来の松伏」とし、芸術文化、スポーツ文化、子育ち文化をまちづくりの視点で3分科会を設定し、9つの事例発表のあと、シンポジウム「子育ちと地域住民のサポート」を金山康博氏（志木市教育次長）、八城良美氏（山形県金山町社会教育主事）、若盛正城氏（こどものもり理事長）、斎藤夕子氏（金杉小学校PTA会長）、福留強（聖徳大学教授）で実施しました。未来を奏でるコンサートとしてエローラジュニアオーケストラ、同少年少女合唱団・フローラ松伏・松伏童謡を唄う会、聖徳大学音楽文化学科教員、町職員、保育園、幼稚園の各演奏が、参加者の感動を呼びました。

子どもをほめよう研究大会　子ほめフォーラム in にしき
錦町児童生徒表彰条例制定15周年記念事業
平成 16（2004）年2月10〜11日　山口県錦町　錦ふるさとセンター
　共催は、全国子どもをほめよう研究会、錦町子ほめフォーラム実行委員会、錦町町教育委員会、NPO法人全国生涯学習まちづくり協会、聖徳大学生涯学習研究所でした。
　独自に各学校、地域ごとに表彰認定など行われていたようでした。十分成果を上げて

いましたが、他の自治体の事例を学んだことでさらに活発化させようという呼びかけで、県内の初めての研究大会は、他の自治体を刺激したことでも成功だったといえるでしょう。
　講演されたプロ野球評論家で元広島東洋カープ監督の古葉竹識氏に乗用車で岩国まで送っていただき、野球の話で意気投合しました。

東京銀座・地域アニメーター養成講座　銀座通りの会
平成 16（2004）年3月22日（月）
　東京銀座を舞台に、まちづくり講座、地域アニメーター講座を数回にわたって実施しましたが、隣のビルでも交流がないという人の集まりでもありました。毎回の顔触れが変わるのも銀座の特色でした。地域アニメーターの活躍の場面は、イメージとして農山村が強いですが、日本の中心、東京銀座で行うのも面白いとして、数回にわたって実施しました。

地域アニメーターの活動をするメンバーである有田英世さん（銀座資生堂の元重役で生粋の銀座人であり、最後まで銀座に愛着を持つ人でした）の要請で、銀座で地域アニメーター養成講座を実施しようということになり、約20名のメンバーが集まりました。

地域アニメーターとは地域を活性化する人ですが、銀座はまさに日本一の活性化のシンボルです。従来の事業実施の必要性のある所は限界集落などがある地域なのですが、銀座はコミュニティを感じられず、いわば過疎地と同じであるというのが有田氏の意見でした。講座では参加者が毎回入れ替わる状況で、隣接のビルに住む人でもまるで初対面の人ばかり。真剣にコミュニティの欠落を嘆く人もあり、銀座の地域アニメーターは研究課題となりました。

文部科学省委託調査の報告書の発行と生涯学習推進のための地域政策調査研究を実施

平成16（2004）年3月、今後の生涯学習推進や地域政策に活用する目的で、文部科学省が大学、研究機関等（第1分科会）と全国生涯学習まちづくり協会（第2分科会）に、調査研究を委託したものでした。以下の2つの研究は、まち研が担当したものです。

・**「合併時代のコミュニティにおける市民活動とその支援方策に関する研究」**

文部科学省生涯学習政策局「生涯学習施策に関する調査研究」委託事業

全国生涯学習市町村協議会加盟の大半の自治体が、市町村合併の課題に直面しており、今後の動向により、行政だけでなく市民は生涯学習まちづくり運動に対しどのような意識を持ち、支援しているかを明らかにしました。

・**「市民が主役の生涯学習まちづくりにおける市民参画の実態と効果的な形態に関する研究」**

NPO全国生涯学習まちづくり協会加盟団体の会員1,600名と、全国14自治体の事例を加えた調査研究で、市民が主役となった先進的活動事例を取り上げ、実践事例を分析しました。市民が市民大学等で学び、その卒業生組織などが自主的にまちづくりに参画して成功している多くの事例を紹介しました。

東北地区生涯学習実践研究交流会・金山大会　山形県金山町

平成16（2004）年3月6〜7日

金山町中央公民館　ホテル・シェーネスハイム金山

共催　金山町、金山町教育委員会、NPO法人全国生涯学習まちづくり協会

協力団体　金山町青年団体連絡協議会、女性団体連絡協議会、ＰＴＡ連合会ほか

第1部（6日）研修1「市民のまちづくり参画の意義と方法」福留強（聖徳大学教授）

研修2ワークショップ「町を活性化する手法」、「子どもが主役のまちづくり」「平成子どもふるさと検地の進め方」

討議演習「子どもを地域でまちづくりに参画させる事業」、発表「事業計画の発表と

まとめ」

　大雪のなかでの研究会でしたが、演出が印象的で、参加者には多くの思い出ができたようでした。徹底してワークショップで追い込まれた参加者にとって、終了した時の達成感も大きかったようでした。

名瀬市地域アニメーター講座3回　鹿児島県名瀬市
平成16（2004）年8月6～7日（土）
名瀬市なぜきょら塾と生涯学習まちづくりモデル支援事業

　生涯学習まちづくりモデル支援事業は、平成14（2002）年度から文部科学省が実施していた補助事業です。生涯学習機関として地域への貢献が求められている大学等高等教育機関の、人的・知的・物的資源を活用し、地域における魅力あるまちづくりを進めることを目指す事業でした。名瀬市の熱心な申し出で実現したもので300万円の補助があり、名瀬市は早くから、聖徳大学・まち研と手を組むことを決めているようでした。もちろん、筆者にとっても棚ぼたみたいなもので喜んで取り組むことにしたものでした。

　平成16年7月25日（日）の名瀬市地域アニメーター講座3回、8月6～7日（土）の名瀬市なぜきょら塾の取り組みは、地域でも大きな成果を上げたようでした。まち研にとっても、まち研奄美支部結成につながった事業として、特筆すべき成果でした。

志布志創年市民大学からの発信

　鹿児島県志布志市では、平成16（2004）年から、創年の立場で継続的、系統的な講座を「創年市民大学」として実施し、参加者の積極的な関わりで成果をあげています。

　平成16年9月11～12（日）鹿児島大学の原口泉教授（歴史家・志學館大学教授）

を学長に、多彩なプログラムがスタートしました。その中で、創年市民大学は、2つの「志」を掲げ、「志布志人材」を育むことを目的にしています。「志」の一つは「創年と子どものまちづくり」と、もう一つは「地域学からはじまるまちづくり」で、全国のまちづくりの実践事例を学ぶものです。

　志布志創年市民大学は、あらゆる側面から見ても他の自治体のモデルになるような活動を展開しています。市民大学の参加者層は現職の学校長、市議会議員、婦人会代表、文化協会関係者など多彩で、各分野の人々が参加しています。講座の企画から荒平安治氏、小窪久美子氏、酒匂景二氏らのまちづくり研究会員をはじめ、名物受講生がそろっていました。学長は原口氏、総長は創年市民大学出身の下平晴行志布志市長で、基盤の強さを感じさせます。

会員を元気にする修学旅行など、近県の先進地との交流も人気です。講座の始まりには、毎回、カランカランと小さな鐘が受講生によって鳴らされます。さながら「学びの鐘」で、これからの学習に集中させることと、新しい学習に取り組むスタート鐘と言ってもよいでしょう。筆者が知る限りでは、全国でこうした仕掛けは志布志だけだと思います。ちょっとした演出で大きく盛り上がる事例と言ってもいいでしょう。年1回の修学旅行は、九州管内を中心に1泊2日の県外研修で、焼酎付き。皆さんの大きな楽しみとなっています。いずれも笑いがあふれているのです。

　卒業式もユニークです。いわゆる一般の学校の卒業式と同じように、卒業生入場、市民大学の校歌斉唱、学長式辞、送辞、答辞などを行います。厳粛な雰囲気は、スタッフに元学校長の社会教育指導員が数名いることによりますが、一転爆笑にもかわります。特別賞の授賞などユニークで、例えば皆勤賞授与の皆勤賞の文面は鹿児島弁で書かれています。「おはんな志布志創年市民大学第19期の課程を、まこちみごとにうけやしたなあ。ザ皆勤賞じゃっど。ほんのこちひったまがいもした。こいかあもまちづくいのため、桜島んごっ燃えっせえ、気張っくいやんせ（学長・原口泉）」卒業式に爆笑の輪が広がります。それも志布志創年市民大学の光景なのです。

<h2 style="text-align:center">勇気が湧く講義 その一歩</h2>

田中　温子

　福留先生との出会いは、講義で友人が誘ってくれた選択科目の受講でした。当初は、単位も多めにとっておこうという思いと、お試しに受けてみたのがきっかけだったのです。そんな軽い気持ちで受けた講義だったのですが、講義90分、頭に雷が落ちたような気分になりました。当時、座学の講義といえば、教科書や参考書を手に取り、そのことについて知識を深める作業が普通でした。しかし福留先生の講義は常に「今現在」「動いていること」「誰でも参画できる」「一緒に盛り上げよう」のキーワードが胸に刺さり動かされるものでした。こんなちっぽけな私でも地域に何かできるかも！と鼓舞される勇気が湧く講義だったのです。

　講義の終わりに、「日本ふるさとづくりフォーラム 美しいふるさとを考える100人会議」へのボランティアの参加希望が募られました。勇気100倍になってしまっていた私は、これもまたなんとなく参加希望者として手をあげてしまっていたのでした。

　私は、福留先生の所属する学科・ゼミの門を叩き、弟子になったつもりでいろいろな場所についていきました。巡り巡る場所で福留先生に会いたい人はたくさんいて、私よりもずっと先に勇気100倍になったであろう人々もまた、数多くいました。実際に地域での活動の幅を広げ、まちにかかせない存在になっていた人もいて、福留先生との再

会を楽しむ姿、眼差しがまた、素敵でした。私にとっても、そういった数多くの出会いの中に立ち会えたことに感動していた人々でした。

　しかし日本全国をとび回る福留先生の弟子として、全てについていくのは至難の業で、私にはできないことでした。とどまることがない、恐るべし、福留先生。勇気が湧く講義で、必ずといってもいいほど話の中で数多く登場する鹿児島県志布志市の志布志まちづくり研究会と志布志創年市民大学。楽しく地域のことを考え、遊びながら学び、いきいきとしたまちが多いのだといいます。はじめの頃は、おとぎ話のひとつなのでは？と思うほど、そんなまちあるわけないよ、と思っていました。しかし、実際に見る機会ができたのです。

・さながら桃源郷・志布志創年市民大学

　ゼミ合宿で志布志に滞在することになり、向かった先の公民館。目に飛び込んできたのは、「熱烈！歓迎！ゼミの皆さん！」と大きな垂れ幕。大きな規模の会議室に笑顔あふれる大勢の市民学生の人々。蛇の皮で仕立てられた三線の音を楽しみ、手作りの地産の食事を囲み、多くの人々とお話するあたたかい思い出のひとときを過ごしたのです。志布志創年市民大学は福留先生の講義内容のひとつに登場する場所でしかなかったのですが、本当に存在したと、「百聞は一見にしかず」をまさに、その素晴らしさで体感したのでした。

　福留先生から教えていただいたことは数多くあります。いろいろな知識や情報のほかに、いちばんは「愉しむこと」だったように思います。「多くの人と出会い、いろんなことを体験してごらん。きっとその先は、いろいろあるが、よいことしかないよ」と、「どんなに大きな壁も小さくみえるおまじない」をかけてもらったようでした。

　今は、先生の弟子活動を離れ何年も経ちましたが、弟子であることは変わらず、これは今の私の考え方の芯になっているのです。　　　　　　　　　　（元まち研事務局）

全国生涯学習まちづくりサミット in 新居浜市（まなびピア愛媛 2004in にいはま）
平成 16（2004）年 10 月 10 日　新居浜市高齢者生きがい創造学苑
テーマ「市民が主役のまちづくり」
共催　第 16 回全国生涯学習まちづくりサミット in 新居浜実行委員会
新居浜市、新居浜市教育委員会、NPO 法人全国生涯学習まちづくり協会
開会式　佐々木龍氏（新居浜市長）、久保公人氏（文科省生涯学習政策課長）他
アトラクション、コーラス・高齢者生きがい創造学園「サークルひろせ」
基調鼎談「市民活動とまちづくり」福留強（聖徳大学教授）、金得永氏（韓国平生教育講師連合会副会長）、松本洋子氏（フリーアナウンサー）
分科会「市民が主役でなければまちづくりではない」は 4 分科会（ふるさと、女性、子ども、学びが開くまちづくり）で 16 名が事例を発表しました。

シンポジウム「学びがまちづくりに変わる可能性と条件」は、讃岐幸治氏（愛媛大学教授）、永池榮吉氏（スコーレ家庭教育振興協会長）、久保公人氏（文科省生涯学習政策課長）、佐々木龍氏、浅野幸江氏（ギャラリー城川館長補佐）、崔云實氏（韓国亜州大学校教育大学院長）が登壇者でした。

「学点銀行制」により、韓国から予想以上の研究者や実践者など約100名の参加があり、関係者も驚く国際フォーラムになっていました。平成24（2012）年の全国生涯学習まちづくりフォーラム新居浜大会以来のシンポジウムに続くものでしたが、海外からの参加者が増えたことでフェスティバルの成果にも影響があったことが報告されていました。

新居浜市の事業では、常に担当者の関福生氏の活躍があったことは見逃せません。地道で着実な姿勢が、いつも心に残りながら新浜を後にしたのでした。

（3）活発化したまち研の活動

はがき通信「通心」の発行

聖徳大学生涯学習研究所の学術フロンティア推進事業が動き始めると、自治体との連携も活発になってきました。事務局では竹中貢氏や福留陽一郎氏などが積極的に動いていた時期でした。例えば、はがき通信「通心」の発行を行うなど、まち研会員とのパイプを強めることに腐心していたようです。はがきにまち研の動きが印刷され、各会員に送られるというものです。はがきに一言そえたこともあり、大いに喜ばれた記憶があります。竹中貢氏と福留陽一郎氏のコンビによる各地を把握しようとする試みは、効果が表れていました。

また、東京銀座を舞台に、まちづくり講座、地域アニメーター講座を数回にわたり実施しました。銀座資生堂で活躍されていた有田英世氏の要請によるものです。一方、地方では、鹿児島県奄美大島の名瀬市と聖徳大学が、生涯学習まちづくりモデル事業の補助を得たこともあって、名瀬市地域アニメーター講座「なぜきょら塾」が開設されました。

東京・銀座で事業を展開する一方で、奄美の生涯学習まちづくりを支援したことは非常に新鮮でした。名瀬市にまちづくり研究会名瀬支部が結成されるまでに事業が広がっていくという事実は、勇気が湧いてくるものがありました。

◆平成 17 年　2005

つくばエクスプレス線（東京・秋葉原駅～茨城・つくば駅間）が開通。宇宙飛行士の野口聡一さんがスペースシャトル「ディスカバリー」で宇宙へ飛び立ったことなどが、明るい話題となりました。役所ではクールビズがスタート。仕事を終え、話題の「のどごし生」を飲みながら、新しく始まったプロ野球セ・パ交流戦を楽しんだ時代でした。

全国生涯学習まちづくり研究会関連事業は、聖徳大学生涯学習研究所事業との共催等により、瀬戸田町や気仙沼市でも開催されました。また若者が多く参加する事業も積極的に実施しました。

美しきリーダーのつどい　平成 17（2005）年 1 月 16 日（日）

兵庫・嬉野台生涯学習センター

嬉野台の生涯学習センターに集まったのは女性たち約 20 名。若い女性を集めたのはシンガーソングライターのマリア味記子氏をリーダーとする集団でした。

「美しきリーダー」というだけあって全体的に若い人たちで、気の合う仲間たちという雰囲気でした。単に美しくあろうとするだけでなく、美しさに多くの意味を持たせているグループでした。もちろん気分の良い人気のアニメーターリーダーになっていただければ最高という気分でした。マリアさんの新しい試みと努力が地道に広がっているということを感じました。こうした魅力的な事業や素晴らしい演出はマリア味記子氏独特の世界で、彼女しかできないだろうと感じました。

第 4 回子どもをほめよう研究大会 in 東北・気仙沼市生涯学習まちづくり市民の集い

平成 17（2005）年 1 月 30 日　気仙沼市立松岩公民館

主催　NPO 法人全国生涯学習まちづくり協会、気仙沼市生涯学習推進本部、気仙沼市、気仙沼市教育委員会、まちづくりフォーラム IN まついわ実行委員会

地元マスコミ数社が後援。啓発の姿勢が十分見られました。企画者の庄司幸雄氏（松岩公民館長）が基調報告「地域の子どもと公民館」で意欲を語りました。

事例研究では、青少年、自治会・公民館活動、市民が主役まちづくりの各テーマを 3 分科会 9 事例をもとに研究協議を行いました。その後、シンポジウム「まちづくり小さなことから地域が変わる」では、杉村美恵氏（シャンソン歌手）、山崎捷子氏（アネッサクラブ）、松澤利行氏（八潮市理事）、夏秋英房氏（聖徳大学助教授）など、まち研の主役の皆さんが討議をしました。

公民館長として庄司幸雄氏が大会の中心となり運営に活躍され、小さな公民館地区での実践として、着実な取り組みが発表されていました。関東からも参加者が多く、交流会では久しぶりの盛り上がりでした。まち研の研究会をサポートする公民館活動でした。

158

子ほめ運動の思い出

ほめることの意義や親の一言の大切さを心から実感できたことについて、清水英男教授と前津江村の花田紀子教育長との会話を思い出します。花田先生は、ケガをした母親を支えていたことで家族賞を受賞した小学4年生の感想文の話を披露。「私が選ばれるとは思ってなかったのでとてもうれしかった。お父さんとお母さんに『家族賞もらったよ』といったら、お父さんが『あんたのが一番価値のある賞だ』と言った」という話を引用され、感想文には「当たり前のことをしたのに表彰されたので驚きました。これからも弟の世話をしたいです」とあったことをお話くださいました。花田先生は、「この子はお父さんの言葉によって、子ほめ条例で表彰された喜びが更に2倍にも3倍にもなって心を満たしているのがわかりました」と述べておられました。

子ほめ条例の意義

子ほめ条例（児童生徒表彰条例）は、地域ぐるみで一人ひとりの児童・生徒を見守り、その個性を見出し表彰することにより、未来に生きる子どもたちを育成しようとするものです。地域の実態に合わせて、自治体が特定の領域を設定して、その項目に照らして、全ての子ども（いずれも小学校1年から中学校3年まで期間）が、必ず1度は表彰されるという事業です。表彰項目は、「ボランティア賞」「スポーツ賞」「アイデア賞」「勤労賞」「努力賞」「特技賞」などで、地域の連携が強く生かされる仕組みとなっています。

学校外において、全ての子どもが（義務教育期間中）必ず1回以上、首長から直接、表彰され記念メダルが授与されます。子どもを地域でほめて育てる、いわば地域全体で子どもを見つめ、ほめて育てる活動、システムが創られています。学校外の子どもたちを観ることが中心ですので、よほど地域の育成組織が確立しないとできない事業です。まさに地域ぐるみの子どもの健全育成ということです

昭和60（1985）年に栃木県の旧国分寺町（現下野市）が、我が国で最初に「国分寺町児童生徒表彰に関する条例」（子ほめ条例）を制定しました。この条例を新聞社が「子ほめ条例」と名づけたのです。まち研では、地域ぐるみで青少年の社会性の育成や自立の支援を目指す「子ほめ条例」を充実させ、波及させることを主な目的として「子どもをほめよう研究会」をつくり、調査・研究活動や「全国子どもをほめよう研究大会」などのイベントを開催しました。

・子ほめ条例のまちの成果

何よりも特徴的なことは、子どもたちが、まちや地域に対する誇りを持つようになり、大人を信じ誇りに思うようになったということでしょう。「僕たちのまちは、良いことをすれば必ず大人が見ていてくれる」と述べています。自分を認め、ほめてくれた大人に対する尊敬と、大人を信頼し感謝する子どもたちが増えていることがうかがわれます。ほめられたことによって自分に対して自信が生まれ、情緒が安定して、日常の生活活動

への意欲が向上、積極性が涵養されていることが推察されます。当然大人への信頼もより大きくなっていくでしょう。

　条例化の意義は、言うまでもなく首長が交代しても継続されるということです。すべての子どもが必ず一度は表彰される機会が保証されているわけです。また、子ほめ条例のまちで特徴的なことは、多くの大人たちが、ほめることの大切さ、困難さと、学習の必要性を実感していることです。同時に、子どもを真剣に見詰めようとする地域の大人の意識の向上が見られます。子ほめ条例（児童生徒表彰条例）は、その話題性からまちの特色として対外的に注目されています。また関わる多くの市民は子ほめ条例の推進を通じて、地域活動に積極的に参加するようになり、地域の格段の連携が強化されたと考えています。

　実施自治体は、下野市（栃木県）、大田原市（栃木県）、錦町（山口県）、志布志市（鹿児島県）などがありますが、岡山県鏡野町では、児童生徒表彰条例（鏡野町は「ペスタロッチ賞」と呼んでいる）を制定しています。（「子ほめ条例のまちは変わるのか～地域で子どもをほめて育てよう」イザラ書房・福留強著）

（4）聖徳大学生涯学習社会貢献センター竣工式

市民にとっても自慢の学習センター

　全国生涯学習まちづくり協会としても、聖徳大学生涯学習研究所の学術フロンティア推進事業に協力することは、いわば活動の一環でもありました。平成17（2005）年3月9日（水）、聖徳大学生涯学習社会貢献センター竣工式は、関係者全員の喜びであり

期待でした。松戸駅に隣接する地上14階建てのガラス張りの瀟洒なビルは、学生にはもちろん、市民にとっても自慢の学習センターになりました。社会貢献センターと名付け、大学は「10号館」の看板をビルに、JRからも見えるようにネオン表示をしたものでした。

　聖徳大学生涯学習研究所は、全国生涯学習まちづくり研究会の拠点ともなり、全国的に注目されました。のちに韓国で開催されたアジア諸国が集った生涯学習研究会でも、大学の生涯学習の構想、機能について紹介され話題になりました。松戸駅前にそびえたつ70メートルのビルは、学内関係者にもほとんど知られていない土地であり、最高の場所だったのです。

創年と若者の交流の集い

　平成17（2005）年3月16日（水）聖徳大学生涯学習社会貢献センター
　主催　聖徳大学生涯学習研究所学術フロンティア推進事業

基調提言（対談）は、北村節子氏（読売新聞社主任研究員）と福留強（聖徳大学生涯学習研究所長）、事例報告は、「創年のたまり場」「若者の主張〜りりーずの活動を通じて〜」「市民大学の経営と展望」でした。またシンポジウムは「創年と若者の交流が生み出すもの」をテーマとして、シンポジストは、夏秋英房氏（聖徳大学助教授）、東灘邦次氏（生涯現役推進協議会代表）、松田秀樹氏（名瀬市教育委員会教育長）、西村美東士氏（聖徳大学教授）、金子美奈子氏（聖徳大学社会人学生）の5名のシンポジストにより、各専門分野を踏まえた活発な意見交換が行われました。

活動の発表は、聖徳大学の生涯学習指導者コース他、学生による YOSAKOI の発表でした。若さ溢れる華やかな踊りの披露に参加者は大きな拍手を送っていました。

豊かなまちづくりシンポジウム　柏市生涯学習センター
平成 17（2005）年3月19日（木）
モラロジー研究所による「生涯学習によるまちづくり」をテーマにした研修のパネル討議に筆者が出演しました。そこで「創年」を提案したことが同研究所季刊誌「まなびとぴあ」に掲載されました。各団体が、生涯学習まちづくりに強い関心を示していました。

私の生涯学習

丸山　英子

私の生涯学習は 21 年前（2003 年）、退職後の生き方を考え始めた時、聖徳大学教授・福留強氏の講演会に参加したことに始まりました。当時「生涯学習」は、あまり聞き慣れない言葉でしたが、何度か学習の機会を得て、生涯学習の必要性を認識したのでした。福留教授に憧れ、また全国で活躍する人たちを知り、余生を生涯学習に賭けてみようという気持ちを抱くようになったのです。当時、可児市の「生涯学習指導者養成講座」を受講し、生涯学習インストラクターの資格を取得しました。また、機会ある毎に東京へ出向いて研修や講座に参加し、福留教授のご指導を受けながら、可児市での生涯学習活動を開始して生涯学習ボランティア活動に傾注していきました。

継続事業を展開するには組織づくりが必要と考え、2003 年に仲間と「NPO 法人生涯学習かに」を設立し、生涯学習相談・生涯学習講座・子ども支援事業などの多くの事業を展開しました。その中で最も力を注いだ事業が「生き活き創年ゼミ」でした。

「生き活き創年ゼミ」は、中高年の生きがいづくりと地域参画支援を目的とした全10 回の生涯学習講座です。可児市は新住民が 65％と言われるベッドタウンであり、多くの市民が定年を迎え、今まで稀薄であった地域社会の中で、いかに生きがいを見出せるのか模索をしていました。私もその一人でした。そこで、この地域課題の学習化と

161

して、幅広いジャンルの学習機会を提供する講座に着手しました。広い選択肢の中から各人に合った生涯学習を発見し、学習者がその学習成果を活かして社会参画ができるよう支援することを目指すものです。福留教授の提唱された「創年」をテーマに、「生き活き創年ゼミ」と命名しました。この講座の特徴は、学習内容の精選と講師の選定に力を入れたことです。人口 10 万人の小さなまち可児市において、全国的にも著名な講師陣を迎えての講座は非常に好評で、毎年定員を超えました。この講座活動を通して、人の輪・学びの輪が広がり、確固たるネットワークが構築されていきました。また、受講生同士の交流も深まり、「生涯あるこう会」「パソコン学習会」等のクラブ活動的な会も発足しました。このように、17 年間継続実施の「生き活き創年ゼミ」ですが、コロナの発生で中止の年が続き、2019 年をもって終止符を打つ意見も出ているようで、多方面から惜しまれています。

（生涯学習かに代表）

（5）創年の活動の提案と展開

高齢社会を創年の生き方で

平成 17（2005）年は、創年運動の提案と展開が最も大きな活動になりました。「創年とは、地域の中で自分の力を生かし、自分をよりよく創り変え、積極的に生きようとすること」という私たちの造語は、全国各地に少しずつですが確実に広がりつつあるようです。40 代後半から人々は、自分の人生を考え直そうと考える転機を迎えるからです。

中でも、学び直しや仲間との集い、仕事づくりを進め、まちづくりに寄与することは、本人の健康や生きがいづくりにはもちろん、まちづくりや、ひいては医療負担の軽減など財政上からもその貢献度は計り知れないものがあります。高齢社会の我が国にとっては、まさに創年活動がピッタリだと言えます。自治体にとっても、増加する高齢者層をすぐれた人的資源として活用できれば、地域活性化の重要な力となるのです。高齢者を「老人」とせず創年として、いわゆる生涯現役としてとらえることをすすめたいものです。

人は誰でも老齢化します。体力や仲間、家族、仕事や社会的な地位などを失っていきます。人は不安や孤独に悩み、さびしくなっていくものです。しかし、生き方によってはより豊かになり、創造的に生きられるのです。豊かな高齢期のためには、これからどう生きればよいのか、こうした孤独と不安と自信喪失に、誰もが打ち克つことが必要なのです。

そこで、これまで長い人生で培った特技や趣味を中高年期以降にさらに充実させて、広く地域や後輩のために生かそうという姿勢が、自分自身のためだけでなく社会的にも必要とされています。積極的に、豊かに生きようとする姿勢として、いま、「創年」の意識と生き方が必要とされ、提唱されています。

162

創年とは、自己を地域に生かす生き方

ところで「創年」とは、中高年を中心に、「老人」「高齢者」などの用語ではなく、「積極的に活き自分を再活性化させようとする前向きな生き方」を主張した呼称です。したがって「創年期」とは、年齢というより「自分を生かそう、自分を磨き再生させようと自覚」し、決意した時点ということになるわけです。

創年は、40代後半の人々から団塊世代、高年者を含める最も幅広い層のことです。創年として、自ら生涯現役として積極的に生きるということは、個人にとっても健康で学習を伴うことから脳の活用も含めて、より長寿のためにも効果的で、意義深いことです。一方で、増加する創年層が、社会的資産として活用できれば、それは大きな資源を有していることを意味します。創年が活動することにより、地域にとっても高齢社会の課題の解決にもつながり、国家にとってもきわめて刺激に富む創年世代となることができるのです。創年期に自己の力が社会的に有効に活用できるということになれば、自分にとっても地域にとってもその元気作り、活性化に大きく貢献することになるでしょう。

創年活動は、長寿と医療費の削減のために効果

創年活動は、仲間と集い、学習し、ともに活動しつつ社会貢献することで、そのまま健康長寿のための活動になっています。いわば健康長寿に最もよい活動をしているのです。それは、健康を維持することで介護などの手数を省き、医療費が少なくて済むということです。結果的に高齢者の医療費の削減につながり、国の財政負担を軽減します。それだけでも社会貢献になるのです

具体的な創年活動	事業名など	関係自治体
行事として行われる例	「創年コミュニティフォーラム」 「創年ふれあい塾」	千葉県酒々井町
学級講座、市民大学	「創年の日」宣言 「わくわく創年チャレンジ大学」 「創年市民大学」 「創年楽校」	鹿児島県曽於市 青森県階上町 鹿児島県志布志市 鳥取県三朝町
団体サークル活動	「光輝創年の会」 「16創年の会」	千葉県松戸市 茨城県取手市
創年のたまり場	「創年のたまり場・馬車道」 「動く創年のたまり場」	静岡県下田市 大分県佐伯市
商品名に創年を冠した物	「焼酎・創年の志」 「創年の華」（化粧品）	鹿児島県志布志市
新聞、広報、組織	「創年日々タイムズ」 「創年活動研究会」	神奈川県横須賀市 日本　中国

創年活動のかたち

創年活動は広がっていますが、全国的にみれば、実践数は多いとは言えません。現状では「シニア」「シルバー」「熟年」「高年者」等のキーワードの事業が定着しているからです。まだ、「創年」は十分に理解されていないので、説明をしなければならない状況です。ただ、多くの場合、「創年？　いいですね」という答えが返ってきます。現状で実践されている創年活動を分類すれば、前ページの表のようになります。

そのほか、学級講座等で使用されている場合、まち研との連携事業を行う自治体等で、会議名などに「創年」の文字が使用されており、創年の趣旨が広がりつつあることが推察されます。全国生涯学習まちづくり協会が発表した創年運動にかかわる人はおよそ1万2,000人でした（平成30〈2018〉年度調べ）。

現在32都道府県で、創年活動が何らかの形で実施されています。筆者が参画した講座等の講義、後援などを加えれば、もっと広がっているかもしれません。

（6）集まる場「創年のたまり場」の整備

地域で創年が集まり、話し合い、つながる場として民間で「創年のたまり場」を設置することをすすめています。喫茶店や旅館、ホテル、会社事務所など地域に気楽に集まれる場（創年のたまり場）が数多くあることが望まれます。子どもたちを見守り、障害を持つ人を助けるような、自然に集まれる場所です。オーナーは地域のリーダーであり世話役であることが多いようです。しかし、一般に運営はボランティアで行っています。

都会でもたまり場は実現できる

都会は、隣の人と会話も無い「無縁社会」と言っても過言ではないようです。創年男性の多くは会社勤めで、生活スタイルが異なることもあって、地域での活動はほぼありません。大都市では、職場以外で心を許せる人や行く場所が意外に少なく、さびしい創年も多いでしょう。居酒屋でも行きつけの場所があり、気の合う仲間がいる人は幸せです。私たちの周りに創年の居場所づくりを考える必要があるでしょう。

新聞などでは、「増えつつある立ち飲み居酒屋」、「銀行内の交流スペース」、「空き家の介護施設の改装に市民が知恵」、「都内喫茶店ギャラリー化」などの話題が見られます。さらに「認知症カフェ」「お寺のたまり場機能」などを加えると、ますますたまり場への期待が膨らんでいるようです。地域における人情の心が感じられる「心のたまり場」を、地域で増やしたいものです。たまり場には、単に場所だけの話ではなく、すぐれて「人がいる」ことが不可欠です。素晴らしい「創年のたまり場」が多いまちは、それだけで魅力のまちなのです。

話題を呼んだ「創年のたまり場」とブルボン

　あるとき、はがき大の新聞記事で、「福留教授は全国にたまり場を1万ヵ所創る」と掲載されたことがありました。100ヵ所ぐらいはと思っていましたが、1万ヵ所とは言った覚えはありません。しかしさすがに反響は大きく、翌日、JR本社、大手コーヒーメーカー、大手出版社などからの相談が相次ぎました。中でも最後まで熱心であったのが大手菓子メーカーのブルボンでした。全国の創年のたまり場に「喫茶用、創年用に菓子を」という提案でした。吉田康社長、染谷晃営業課長のコンビとは、その後も長く交流が続き、いくつかの商品アイデアを話したものです。

天童市、姶良市の「たまり場」の取り組み

　「たまり場は　浮世の風の通り道　知恵の泉のわくところ」これは、山形県天童市の北公民館で見た句です。創年のたまり場の設置を期して書かれたものでその本質を明快に表現しています。元館長の佐藤農園を経営する佐藤茂男氏による句だと思われますが、一瞬にして覚えてしまいました。佐藤氏は自宅にある石蔵にたまり場を設置し、地域の人々の心をかよわす場としています。美しい四季折々の環境にマッチする、まさにたまり場づくりの見本のようなものでした。そこには創年時代をいきいきと楽しんでいる人々の姿が見られます。

・手作りマップが自分とまちを変えた　地域に根付く女性の活動「あいあいマップ」

　鹿児島県姶良市の「あいあいマップ」という手作りのA3版のマップがあります。長谷川きよみさんが、町内の数多い魅力人間に注目し、人物中心の手作りマップを作成しました。マップに載った魅力人の手作りの店や、レストラン、工房、陶房などが紹介されています。これらは、各地域のたまり場として、多くの客が訪れるようになったのです。「あいあいマップ」でつながった経営者たちの交流が始まり、さらに活動が広がっていきました。それぞれのたまり場が各町内の名所になっていったのです。

　「創年のたまり場」の発想は、この「あいあいマップ」がヒントに生まれたものです。今後、姶良市にまち研会員の集まる機会が増えると思われますが、きっと、どこかのたまり場の「あいあいマップ」メンバーに出合うことになるでしょう。

　たまり場は、「場所」だけでなく、そこに居る「人」が重要な条件になります。たまり場のオーナーとの交流などが楽しめれば、たまり場巡りは新しい風を呼び起こすものと思われます。たまり場巡りもこれからの新しい旅の魅力になりそうです。

「曽於だね未来塾」たまり場の実践

　鹿児島県曽於市の五井塚剛市長の個人的なたまり場、「曽於だね未来塾」に招いていただきました。地域に開いているという隠れ家の雰囲気もあり、興味深い時間を過ごしました。数々の模型、おもちゃ、骨とう品など、多彩な趣味や、いたずら少年のような

心情を感じさせる展示、ポスターなども並んでいます。ここが五位塚市長の遊び場であり、心の落ち着く場であり、まちづくりを発想する自由な空間なのです。少年のような遊び心が随所に見られます。ここで仲間とお茶や焼酎を飲み、語り合うのでしょう。

　豪華な作りではなく、民家の離れを利用しただけという感じで、10人ぐらいでお茶を飲みながら勉強会を開くなど、夢を感じる場所です。市長の本物の人柄を見る思いがします。曽於の未来がここからさらに広がるのでしょう。市民ならずとも一度覗いてみて、市長と語る、市長と飲む、楽しいに違いありません。飾らない、誠実で市長の人柄魅力がたっぷりと感じられるたまり場です。

NPO法人安房文化遺産フォーラム

　市民活動を展開しながら、街角たまり場を創り、そこを拠点にして、地域文化遺産の発掘保存、活用を通じてまちづくりに貢献するグループが着実に伸びています。

　NPO法人安房文化遺産フォーラムは、研究と文化遺産を、活動を通じて積み上げ、まちの魅力づくりに成果を上げているグループです。活動が評価され、あしたのまち・くらしづくり活動賞内閣官房長官賞など数々の受賞があります。共同代表の愛沢伸雄氏、池田恵美子氏の完璧なまでの活動手腕に脱帽してしまいます。

館山まるごと博物館

池田　恵美子

　高校の世界史教諭だった愛沢伸雄氏は、地域教材を授業づくりに活かしながら、放置され荒廃していた戦争遺跡の保存を '90年代から訴えてきました。公民館講座から賛同者は広がり、15年の保存運動を経て「赤山地下壕跡」が整備・公開され、館山市指定史跡となりました。同時期、『南総里見八犬伝』の舞台であった里見氏稲村城跡は、市道計画により破壊寸前となっていました。愛沢氏は戦跡と並行して城跡の保存を訴え、全国から1万筆の署名を集めました。市道計画は変更されて城跡は守られ、17年を経て国指定史跡となりました。

　2つの文化財保存運動を母体として、市民ガイドが活躍するNPO法人を2004年に設立し、愛沢氏が代表、私が事務局長となりました。私たちは、せまい半島先端部に混在する戦跡群や城跡群をはじめ多様な文化遺産を「館山まるごと博物館」と呼び、市民の学習・研究・保全・展示などを通じて地域活性化を図るエコミュージアム活動を展開しています。地道な草の根活動が評価され、あしたのまち・くらしづくり活動賞内閣官房長官賞や、千葉県文化の日功労賞、文化財保存全国協議会和島誠一賞、日本都市計画家協会まちづくり教育部門特別賞などを受賞しました。

一方、市民が生涯現役で活躍する「創年」という生き方を提唱していた福留強先生が、館山で講演した際、私も活動報告をしたご縁で出会い、20年のお付き合いになります。この間、私は生涯学習まちづくり協会の理事としてもかかわり、まちづくりコーディネーター講座もお手伝いしてきました。当時、私たちの事務所は、関東大震災後に隣町から移築された大正期の銀行建物でした。これを国登録文化財とし、「まちかどミニ博物館」として使っていました。ここでは、NPO会員が持ち回りで講師になって学習と親睦を深める「知恵袋講座」を開催していました。まさに、福留先生が提唱する「創年のたまり場」でした。漁村の主婦らと郷土料理レシピ集「おらがごっつぉ」を編集したり、貝殻採取を好む小学生と「タカラガイ図鑑」を発行したり、絵の得意な市民と「ウォーキングイラストマップ」作成や、老若男女を問わず活躍できる場を作っていきました。

　全国生涯学習まちづくり協会との共催で、2008年5月31日に「市民が主役のまちづくり」シンポジウム、2010年に「元気なまちづくり市民講座」、2011年に「安房地域母親大会～安全・安心のコミュニティづくり」、2012年に「元気なまちづくり市民のつどい」などを館山で開きました。2009年には国土交通省の「新たな公」によるコミュニティ創生モデル事業に選定され、「漁村が誇るまちづくり」事業を進めました。2013年には文化庁の補助事業に採択されて「ヘリテージまちづくり講座」をシリーズで開き、調査報告書『ヘリテージまちづくりのあゆみ』を編集しています。

　また福留先生率いる全国の研究会では、2010年「まちづくりコーディネーター講座」、2011年「創年コミュニティ研究大会（3.11後の克災都市づくり）」、2012年「女子力まちづくりフォーラム」、2012年「日韓生涯学習まちづくりフォーラム」、2012年「女子力フォーラム（ふるさとを元気にする100人会議）」、2012年「女子力まちづくりフォーラム」、2018年「全国生涯学習まちづくり研究会」などで、講師や事例報告者を務めました。

　また、青木繁が滞在し「海の幸」を描いた漁村の住宅の保存運動では、市指定文化財にした後、館山市ふるさと納税で事業指定できるような仕組みをつくり、全国の著名な画家の皆さんと連携しながら4000万円近い保存基金を集めました。建物修理を経て、青木繁「海の幸」記念館として開館するのに11年かかりました。官民協働によって実現したこのプロジェクトは「ちばコラボ大賞」として選ばれ、生涯学習まちづくり協会を含む11団体は千葉県知事賞を受賞しました。

　2019年の房総半島台風で被災し、コロナ禍で事業縮小を余儀なくされましたが、福留精神で乗り越え、今も次のステップに向かっています。

（NPO法人安房文化遺産フォーラム共同代表）

仕事づくり

少子高齢社会の今、高齢者が職業につき生産活動に従事し社会に関わることが不可欠です。日本はもともと高齢者自身の働く意欲が高く、多くの自治体には臨時的、短期的な仕事を委託する「シルバー人材センター」等があります。創年の多くは、自らの体得した学習成果を新しい仕事づくりに活用することを望んでいます。年金だけでは生きにくいからです。生きがいを持ってボランティアに参加するのもいいですが、できればわずかでも収入があればもっと楽しくなるでしょう。そこでわずかでも収入のある方法を考えようとするのが、年金プラスアルファという希望です。そのためには、コミュニティビジネスの研究実践と必要な資格等への挑戦があります。

聖徳大学と財団法人余暇文化振興会、全国生涯学習まちづくり協会、旅行業者が連携し、「旅のもてなしプロデューサー養成講座」を実施、旅行の受け入れや観光イベントの企画など、仕事として成り立つと思われる事業を行い、仕事づくりを研究しています。

（7）聖徳大学発・生涯学習啓発イベントが活発化

聖徳大学生涯学習社会貢献センターが、地域と常に連携することを目指して実施した主なイベントは生涯学習フォーラムでした。これらの活動が地域に波及し、広がることが目標になっていました。

第7回聖徳大学生涯学習フォーラム　平成17（2005）年6月26日（日）
聖徳大学生涯学習社会貢献センター（10号館）

聖徳大学生涯学習研究所学術フロンティア推進事業の成果発表のための研究大会に位置づく事業として、テーマ「生涯学習の観点から地域の活性化を考える」を実施しました。

聖徳大学生涯学習研究所の主催ですが、まち研のほか全国生涯学習市町村協議会、教育新聞も後援するイベントとして発展しました。これ以後、聖徳大学に関わる事業は、学術フロンティア推進事業として実施されました。シンポジウム「地域にチャレンジする女性」と題して、長江曜子氏（聖徳大学短大部教授）、小川誠子氏（國學院大學非常勤講師）、杉本由子氏（芳翠園代表取締役社長）が出演しています。課題研究では、「子ども・女性・創年と地域ネットワーク形成」のほか、4分科会で12事例の発表でした。

全体会は「女性のチャレンジ支援をめぐって」と題して、名取はにわ氏（内閣府男女共同参画局長）の講演があり、フォーラムを意義あるものに高めました。さらに、特別公演の時間を設け、オペラ歌曲から小泉恵子氏（聖徳大学音楽文化学科助教授・声楽家）の本格的な声楽と、若者の踊り、話題になりつつあった「よさこいソーラン」（聖徳大学生涯学習研究同好会りりーず）が披露され、参加者を楽しませました。

全国生涯学習まちづくりフォーラム in 瀬戸田

平成 17（2005）年 7 月 30 〜 31 日（日）広島県瀬戸田町ベルカントホール

　共催　全国生涯学習まちづくりフォーラム瀬戸田実行委員会、学校法人広島国際大学、NPO 法人全国生涯学習まちづくり協会、聖徳大学生涯学習研究所、聖徳大学生涯学習研究所学術フロンティアプロジェクト、瀬戸田町、瀬戸田町教育委員会、広島県教育委員会でした。オープニングは和太鼓演奏・太鼓集団「島衆」の演奏ではじまり、基調講演は「まちづくりの主役、創年と子ども」のテーマで福留強（NPO 法人全国生涯学習まちづくり協会理事長）が講師を務めました。

　分科会の「しまなみ文化とまちづくり」「青少年育成」「若者が考えるまちづくり」「健康づくりワークショップ」では、中学生、高校生、大学生も参加して研究協議が展開されました。ワークショップでは、これからの活動計画を議論し、成果をまとめました。高校生を中心に多くの若者が参加し、地元の活動家である杉原潔氏などが中心で活躍しました。

　近年で多くの若者が参加した大会という印象が残っています。

韓国平生教育フェスティバル　光明市　平成 17（2005）年 9 月 22 〜 24（土）

　韓国光明市にある光明大学に行きました。韓国の平生学習フェスティバルは、日本の生涯学習フェスティバルの韓国版で、そのスタートにあたって筆者も招かれてシンポジウムに登壇することになりました。また、光明市平生学習院で「学校週 5 日制」について講義しました。「福留強は日本の大学教授であり、生涯学習フェスティバルの推進者であり、全国生涯学習まちづくり研究会の代表である」と紹介されていました。

　参加者の中には、何度か交流した人々もおられ、韓国社会教育学会の皆さんは、日本と対等に交流するという姿勢でまち研を見ていたようでした。

全国生涯学習まちづくりサミット北栄大会　文部科学省・全国生涯学習フェスティバル

　平成 17（2005）年 10 月 10 日　鳥取県北栄町大栄歴史文化学習館

　共催　北栄町全国生涯学習まちづくりサミット実行委員会、NPO 法人全国生涯学習まちづくり協会、大栄町まちづくり研究会、聖徳大学生涯学習研究所

　講話　大槻達也氏（生涯学習政策局政策課長）

　基調講演「創年活動は、市民が主役のまちづくり」福留強（聖徳大学教授）

　事例発表「鬼が仲間をつなぐ町」など 4 人の事例発表をもとに研究協議。

　シンポジウム「市民が主役のまちづくり」久次弘子氏（広島国際大学）、山田小百合氏（北

栄町）、小玉文吾氏（兵庫県あしや気楽苑長）がシンポジストとして、またコーディネーターは清水英男氏（聖徳大学教授）でした。

短期間での準備にもかかわらず、ユニークなサミットになったという評価でした。

全国生涯学習まちづくりフォーラム IN 八潮　平成 17（2005）年 11 月 19 〜 20 日
やしお生涯学習まちづくり財団設立 10 周年記念事業（八潮生涯楽習館・八潮メセナ）
共催　やしお生涯学習まちづくり財団 10 周年記念事業委員会、八潮市、八潮市教育
　　委員会、全国生涯学習まちづくり協会。
1 日目はローンボウルズ大会、2 日目は 4 分科会「創造」「飲・食」「芸能」「創年の
たまり場」をテーマに 20 の事例発表に基づき研究討議を実施しました。
基調提言は「生涯学習まちづくりの現状と課題」で講師は福留強（聖徳大学教授）、
シンポジウムは橘ノ圓氏（落語家）、松下倶子氏（国立少年自然の家理事長）他の出演。
既に広く活動が知られている八潮ですが、このフォーラムを機にさらに知名度が高
まったといわれていました。全国各地からの多くの参加者もあり、交流会も盛会でした。

南日本生涯学習まちづくりフォーラム（名瀬市）
平成 17（2005）年 11 月 26 〜 27 日（日）
第 12 回名瀬市生涯学習推進発表大会　名瀬市奄美文化センター金久地区分館
主催　名瀬市、名瀬市教育委員会、NPO 法人全国生涯学習まちづくり協会、聖徳大
　　学生涯学習社会貢献センター（学術フロンティア推進事業）
テーマ　「市民が主役のまちづくり　一人一学習、一スポーツ、一ボランティア」
分科会は、「潤いのあるまち」「子どもが主役」「生き生き健やか」「創年と子ども」「市
民が主役のまちづくり」の 5 分科会で 15 の事例発表を研究協議しました。シンポジウ
ム「市民が主役のまちづくり」はシンポジストに平田隆義氏（名瀬市長）、美沙恒七氏ほか。
記念講演「市民が主役のまちづくり＝その手法と効果」は講師・福留強（聖徳大学教授）。
南日本生涯学習まちづくりフォーラム（名瀬市）との 2 枚看板方式の大会で、平田市長
の熱意もあって大きな盛り上がりでした。

館山ふるさと再発見講座（千葉県館山市）　平成 17（2005）年 12 月 6 日（火）
NPO 安房文化遺産フォーラムを運営する愛沢伸雄氏、池田恵美子氏は、地域の市民
まちづくりのリーダーとして中心的な役割を果たしており、館山市内で「館山ふるさと
再発見講座」を実施、研修では、主にエコミュージアム研究を取り上げました。事業の
成果を上げたこともあって、NPO としての活動が高く評価されていました。行政から
も見直された感じで、以後の活動がきわめて活発化する契機となった事業になりました。
エコミュージアムが、住民と行政の双方に関心を呼び起こした成果でした。

170

● 平成 16 年（2004）
　　はがき通信「通心」の発行

1 月 28 日（水）	聖徳大学生涯学習研究所・学術フロンティア推進事業の研究に着手
2 月 7 日（土）	子育ち文化のまちづくりフォーラム in まつぶし（埼玉県松伏町）
2 月 10-11 日	子どもをほめよう全国大会錦町大会（山口県錦町）朝日新聞同行取材
2 月 22 日（日）	遠野市生涯学習と町を楽しむセミナー（岩手県遠野市・あえりあ遠野）
3 月 6-7 日	東北地区生涯学習実践研究交流会・金山大会（山形県金山町）
3 月 22 日（月）	新銀座発見セミナー 地域アニメーター講座（文京区京橋プラザ区民館）
5 月 23 日（日）	姶良地区生涯学習実践研究交流会（鹿児島県姶良町・中央公民館）
5 月 29 日（土）	清見潟大学塾・生涯学習全国フォーラム（静岡県清水市）
6 月 27 日（日）	第 6 回聖徳大学生涯学習フォーラム　平成 16 年度まち研総会
8 月 6-7 日	名瀬市なぜきょら塾（鹿児島県奄美大島、名瀬市）
8 月 22 日（日）	まち研関東地区実践交流会北本大会（埼玉県・北本市文化センター）
9 月 2 日（木）	豊かなふるさとづくりフォーラム東北・北海道大会（秋田県田沢湖町）
10 月 10 日（日）	全国生涯学習まちづくりサミット（愛媛県新居浜市）
11 月 9 日（火）	ふるさとづくり全国フォーラム（東京都・国立オリンピック記念青少年総合センター）
11 月 20 日（土）	第 3 回全国子どもをほめよう研究大会（鹿児島県志布志市）

● 平成 17 年（2005）

1 月 16 日（日）	美しきリーダーのつどい（兵庫県嬉野台生涯学習センター）
1 月 30 日（日）	東北地区子どもをほめよう研究会（宮城県気仙沼市）
3 月 9 日（水）	聖徳大学生涯学習社会貢献センター竣工式
3 月 16 日（水）	創年と若者の交流の集い（聖徳大学生涯学習社会貢献センター）
3 月 19 日（木）	豊かなまちづくりシンポジウム（モラロジー研究所・柏生涯学習センター）
5 月 22 日（日）	「子ほめ条例のまちは変わるのか」出版（イザラ書房）
6 月 24 日（金）	内閣府男女共同参画ネットワーク推進委 官房長官と懇談会（総理官邸）
6 月 26 日（日）	第 7 回聖徳大学生涯学習フォーラム・総会
7 月 30-31 日（日）	全国生涯学習まちづくりフォーラム in 瀬戸田（広島県瀬戸田町）
8 月 15 日（月）	季刊雑誌「創年」の創刊
9 月 22-24 日	韓国平生教育フェスティバル（韓国・光明市）　平生学習院で「学校週 5 日制」について講義
10 月 10 日（月）	全国生涯学習まちづくりサミット北栄大会（鳥取県北栄町）
11 月 19-20 日	全国生涯学習まちづくりフォーラム in 八潮（埼玉県八潮市）
11 月 26-27 日	南日本生涯学習まちづくりフォーラム（鹿児島県名瀬市）
12 月 6 日（火）	館山ふるさと再発見講座（千葉県館山市）

平成 18 〜 19 年（2006-2007）

9　観光とまちづくり

◆平成 18 年　2006
　神戸空港が開港、デジタル一眼レフが世に出た時期です。「メタボ」が話題に。スポーツでは、トリノ冬季オリンピックでフィギュアスケートの荒川静香氏が金メダル獲得、第１回ワールド・ベースボール・クラシック開幕、ハンカチ王子（夏の甲子園を沸かせた早稲田実業の斎藤佑樹氏の通称）が話題になりました。安倍晋三内閣（第１次）が発足。

　全国生涯学習まちづくり協会に係る事業は、47 事業が実施されています。いずれも自治体と共同で行う事業 30 と、NPO 法人全国生涯学習まちづくり協会や聖徳大学生涯学習研究所学術フロンティア推進事業が大幅に増えていました。

（1）観光の意義と楽しみ方の変化

　創年は旅に関心が高く、創年活動には、旅する側と受け入れる側から「観光」が多く取り上げられています。学習の視点からも、まちづくりに観光は課題としてふさわしいものです。また、観光の振興には、そのための仕掛け人が必要です。そのためには新しい視点を提示する必要があります。観光を考えることは、新しい楽しみを創ることです。自然の絶景がなくても多くの観光客が訪れるまちが存在しています。それはハードではなく、むしろ「ソフトづくり」に成功しているまちです。
　いったい、まちをあげて、観光地のソフトづくりに取り組むことができるのでしょうか。もちろん答えはイエスです。観光はすぐれて市民の活動で、教育や学習が最も必要とされる分野です。観光立国推進基本法が平成 18（2006）年 12 月 13 日、議員立法で成立。観光立国として加速しています。

観光とは　観光の語源
　「観国之光、利用賓于王」（国の光を観るは、もって王に賓たるに利し）。中国の「易経」【五経】の一つにある言葉で、「観光」の語源だといわれています。「その地方の優れたもの、すばらしいものを、その地方の代表者、権力者のところに来られる賓客にお見せして、おもてなしすることは良いことだ」という意味です。地域の優れたもの、す

ばらしいもので、「もてなす」ということです。

「光を観る」とは、他国の優れた制度や文物を視察するという意味であり、「観る」とは、示すという意味もあり、国の光を誇らしく示すということにもなります。国の「光」とは、自然の美しさ、歴史・文化、伝統芸能、産業、制度など、あらゆる分野にまたがるものです。これらの光を、心をこめて目に見えないものも含めて「観る」というのが本来の観光ということになります。

今日、観光の楽しみ方は、従来の景観鑑賞というパターンに加えて、生活と人々とのふれあいが主流になりつつあります。身近な生活を見て、普段着の人々とふれあい、普段の食べ物を楽しむという着地型観光が、観光の主流になるといわれています。それだけに、住民が、日常生活の楽しみ方で、客をもてなすということが極めて重要です。

観光まちづくりの考え方とその目的

観光まちづくりとは、「地域が主体となって、自然、文化歴史、産業、人材など、地域のあらゆる資源を生かすことによって、観光・交流を振興し、活力あるまちを実現させるための活動」といわれており、観光振興の重要性に注目し、観光にウェイトをおいたまちづくり手法です。旧来型の均一化した観光地づくりから脱し、地域に根ざし、地域の個性を十分に活用したまちづくりのことで、地方創生の目玉にするところが増えています。まちに旅行者を受け入れ、交流人口を増やすことで活力あるまちづくりを推進することが「観光まちづくり」というわけです。

具体的には、市民が日常的に「もてなしの風土」を築くことです。訪れる人々が魅力を感じるようなまちは、住民が誇りをもてるまちでもあります。

観光まちづくりを推進することによって、地域資源の見直しが進むとともに、その保全と有効な利活用が図られます。かつては温泉街があるとか、目を見張るような絶景があるとか、歴史的な遺産があるとか、それらのものがなければ観光地であるとは思われていなかったものでした。しかし温泉がなくても、大自然の絶景がなくても多くの観光客が訪れるまちが存在しています。それは、ハードではなく、むしろ「ソフトづくり」に成功しているまちでしょう。まちをあげて地域の光を「探し」「調べ」「推理し」「整理し」ます。もし、これという「光」が見つからなければ、新しく創り上げればよいのです。

本来、まちづくりとは、まちが持っている価値ある固有性を見出し、それを磨き光らせることによって、まちを活性化させることです。それは、訪れる人にとっても住む人にとっても、住みたくなる、訪れたくなる、いいまちをつくっていくというものです。人々の住み良い生活を外部の人々が味わうことも、今日の観光のあり方としてのひとつの傾向ということができるでしょう。まちづくりの視点が必要です。

観光の推進は、従来のいわゆる観光の拠点と呼ばれる名所旧跡を整備するだけでなく、

人々の日常の生活、たとえば市民活動の活性化を含めた総合的な取組みをさすものです。これは「観光まちづくり」という新しい視点として、今後の重要な学習課題であり、政策であるといえます。あらゆる活動が「まちづくり」に関わりのある活動であるといえるでしょう。同じようなみやげ物があり、同じようなものを「売り」にしている観光地は、個性もなく、たちまち飽きられてしまうということが一般的です。

　今日、観光の楽しみ方が変化しており、従来の景観鑑賞、名所旧跡探訪パターンに加えて、生活と人々とのふれあいが主流になりつつあります。これからの観光は、露地を歩いて、台所を見て、場合によっては調理室や調理の場面も見る、つまり生活に学び、楽しむのが、これからの観光の愉しみ方の一つになっているのです。それだけに、私たちは、日常生活の楽しみ方で、客をもてなすということが極めて重要なことといえます。

国土交通省・観光庁の設立　観光立国を総合的、計画的に推進

　国全体で官民を挙げて、観光立国の実現に向けて取り組む体制づくりのために、平成20（2008）年10月1日、我が国は観光庁を発足させました。わが国政府を代表して、対外的な発信力と、関係省庁へのリーダーシップを発揮することとし、縦割りを排した機関として設置されました。諸外国に向けて、政府を挙げた観光への取り組みを強化し、地域・国民に対して、観光に関するワンストップ窓口となるというものです。

　観光は、我が国の力強い経済を取り戻すための極めて重要な成長分野です。このため政府は、観光立国の実現に向けて様々な取組みを実施してきました。

　観光立国推進基本法　　平成18（2006）年12月13日　議員立法で成立

　観光立国推進基本計画　平成19（2007）年6月29日　閣議決定

　観光圏整備法（観光圏の整備による観光旅客の来訪及び滞在の促進に関する法律）

　　　　　　　　　　　平成20（2008）年5月16日成立、7月施行

　観光立国推進基本計画を閣議決定　平成24（2012）年3月

　「観光の原点はただ単に名所や風景などの「光を観る」ことだけでなく、一つの地域に住む人々がその地に住むことに誇りを持つことができ、幸せを感じられることによって、その地域が「光を示す」ことにあります。観光は国づくりや地域づくり、まちづくりに密接にかかわっているのです」（観光立国の実現に向けて 国土交通省・観光庁パンフレットより）

観光は感光、観光は歓光

　淡路島で旅のもてなしプロデューサーとして様々な仕掛けをする木村幸一氏は、観光には感動が不可欠であると主張します。また、喜びがないといけないといいます。それはお客さんだけでなく、迎える側にも必要です。来客への感謝も必要です。これが観光というわけです。木村さんの行動を見ていると、日常的な営みが観光活動に見えます。

174

木村さんの淡路に対する深い愛情には誰しも感動するでしょう。兵庫県知事とのテレビ対談番組で、地域に対する思いを語った様子に、県民は納得しただろうと思いました。

ニューツーリズム

ニューツーリズムというキーワードが、観光振興の波として脚光を浴びています。旅先でしかできない体験や地元の人との交流を重視した、新しいタイプの旅行を総称したものです。旅行会社が主導して観光地を観て回る従来型の「マスツーリズム」に対し、観光客を受け入れる地域のアイデアを生かすのが特徴です。エコ型、交流型などが多いのですが、次のようなプログラムが、新しい旅行ニーズとして関心を集めています。

①エコツーリズム（自然環境について学ぶことを主眼とする）、②グリーンツーリズム（自然体験や農業体験などを取り入れたもの）、③スポーツツーリズム（スポーツを楽しむことが主眼の旅）、④医療ツーリズム（治療や療養目的の人を対象にしたビジネス）、⑤産業観光ツーリズム（地域の産業や遺跡について学ぶ）、⑥アートツーリズム（芸術体験や美術館巡りなど芸術鑑賞などを目的とする旅）、⑦ブックツーリズム（観光と図書館を楽しむ）、⑧ダークツーリズム（自然災害や人の過ちによる負の遺産を見つめる旅）、⑩巡礼ツーリズム（宗教が観光に取り込まれた旅、お遍路など）

そのほか、コンテンツツーリズム（物語作品の舞台を訪れる）、フードツーリズム、ワイナリーを巡る旅などもあります。そのまちにのみ通用するツーリズムがあっても面白いでしょう。（参考「観光革命」大澤健　角川学芸出版）

バリアフリー旅行

障害者や要介護者を元気にする、あるいは高齢者や障害者ツアー、子連れの人が気兼ねなく旅行できるようなシステム「ユニバーサルツーリズム」が広がりつつあります。足腰や体力に自信がなくても参加しやすい団体ツアーとして、「杖、車椅子で楽しむ旅」、「人工透析が受けられる海外ツアー」、聴覚障害者向けの「手話旅なかま」などユニークなものがあり、今後普及し、日常化することが期待されます。創年は、その利用者（旅行者）としてはもちろん、働く場としての可能性の広がりでも期待されそうです。

旅を表すキーワード

旅の研究家である近藤太一氏による、旅を表す単語として一般的に知られているものを上げてみました。

ツアー　　　　（Tour）漫遊、回遊など先人が創りあげた無難な旅

トリップ　　　（Trip）2〜3日の手短な旅

ジャーニー（Journey）陸上の少し長めの旅

ボヤージュ　（Voyage）遠路航海の旅、冒険的な旅

トラベル　　（Travel）北極自然体験や宗教体験などのような冒険的な要素もある旅行

　旅には、何が起こるかわからない不確定な要素が含まれるものです。トラベルにはトラブル（混乱）の意味も隠されている、と言われています。なるほど「トラベル」と「トラブル」は背中合わせみたいな関係もあることに納得してしまいました。

旅行は最高の教育　旅行の意義

　旅行は、最高の教育であるといいます。学習方法の中で最も効果的な方法が見学でしょう。見学は容易で楽しくて、だれでも実践できるものです。旅行は見学そのものであり、あらゆる形態の旅が可能なのです。見る、聞く、話す、触れる、味わう、読む、書く、体を動かすなど五感を通したあらゆる学習の中で、旅行はそのすべてを含む総合的な学習なのです。旅がもつ「学ぶことを楽しむこと」という特色は、生涯学習と基本的にほぼ同義語といってもよいぐらいです。旅は、積極性を養い、明日への鋭気を養う、直接体験の場であること。旅は、知的欲求を刺激し、自己発見の場、交流の場であり人々の相互理解を深めるなど、教育的にも意義があるといえるでしょう。

　田山花袋の随筆『東京の三十年』に次のような言葉がありました。

　「旅は、どんなに私に生々としたもの、新しいもの、自由なもの、まことなものを与えたであろうか。旅に出さえすると、私はいつも本当の私となった」

　人生は旅にもたとえられることがありますが、前向きに人生も考えればよいかな、とも最近は思うことにしています。どんな新しい体験ができるだろうか、どんな人や出来事に出合えるだろうか、などと考えると苦難の方がきっと多いのですが、人生もかなり楽しいものになるような気がします。

　わが国は、旅行を教育的側面から学校教育に取り入れるなど、重視してきました。誰でも学校での思い出として修学旅行は楽しい思い出として残っているでしょう。修学旅行は、日本の初等教育・中等教育の諸学校における学校行事（教育課程）の一つとして、教職員の引率のもとに児童、生徒が集団で見学・研修等をするための宿泊を伴う旅行のことです。その始まりは、明治 19（1886）年 2 月に東京師範学校（現・筑波大学）が実施した「長途遠足」であるといわれています。また「修学旅行」という名称も、同校がその年中に独自に使用しはじめた造語とされています。

　因みに志布志市創年市民大学でも修学旅行がありますが、大人の、それも創年たちが旅行を楽しみにしています。いわば、若返りとたのしさの象徴として、学習者たちの心に定着しているのでしょう。

（２）旅のもてなしプロデューサー養成講座のスタート

近畿日本ツーリストと連携した、着地型観光の専門スタッフの役割
平成 18（2006）年２月 18 日〜 19 日（東京六本木・ホテルアイビス）
聖徳大学生涯学習研究所、財団法人日本余暇文化振興会、近畿日本ツーリストと連携し、「旅のもてなしプロデューサー養成講座」を実施しました。
「旅のもてなしプロデューサー」は、ボランティアとして活動している場合が大半です。この養成研修では、主にまちづくりに関与している人など約 40 名が参集し、観光概論、観光政策と地域政策、地域の活用、観光まちづくり論、もてなしの技法、観光に関する諸事業、交流の意義などを研修しました。また「交流の広がり」として、パーティーでは参加者の交流で盛り上がりました。

旅を演出する人「旅のもてなしプロデューサー」
今日、旅は、人々の生きがいや学習、地域の振興など、娯楽的な意義だけでなく、生涯学習においても効果を高めることが再認識されています。いうまでもなく、観光は、地域の活性化においても重要な要素であり方策となっています。今後の旅行は、観光ガイドによる旅の楽しみから、「地域の人々による文化にふれる創造的な旅」が時代のキーワードになると考えられています。そこには、地域間交流に旅の魅力が加味され、地域の人材活用による地域の活性化にも、大きな効果と期待が寄せられています。
地域の資源と観光客を結びつけ、円滑に観光を振興する役割の人が必要であり、地域の活性化を推進する総合的な演出家（プロデューサー）を養成することが必要です。そこでこれらを総合的に行い地域のために活動する人が、「旅のもてなしプロデューサー」となることが期待されています。

旅のもてなしプロデューサーは、旅行先となる地元で受け入れプランを立案して、客を迎え、接待する新しいタイプの旅のサービス・ナビゲーターです。地域の資源を駆使して必要な交渉や調整を行い、地域ぐるみで旅行者を受け入れる総合的な演出スタッフでもあり、観光の中心的な役割があります。養成研修では、主にまちづくりに関与している人が中心になって、旅の計画や、その運営演出について学びます。

南日本・薩摩はやとふれあいツアー　旅のもてなしプロデューサー講座

鹿児島県霧島市　平成 18（2006）年 6 月 2〜4 日（日）

　旅と指導者養成講座、南日本「創年活動」フォーラムを組み合わせたプログラムが、資格講座「旅のもてなしプロデューサー養成講座」となりました。講座修了者（ツアー参加者）が申請によって認定資格を取得できるもので、全国初の事業として実施しました。観光地を旅行して、旅先で地域住民との交流をしながら、それが研修会のプログラムとなり、結果的に旅のもてなしプロデューサーの資格が取得できるという事業を実験してみました。

　南日本の薩摩はやとふれあいツアーは、観光地鹿児島への観光ツアーでした。2 日目に現地の自治体と連携して南日本「創年活動」フォーラムを組み込んだ実験事業となりました。南九州（鹿児島地区）の自然と薩摩隼人とのふれあいの旅 2 泊 3 日で、旅の楽しみと指導者養成研修を組み合わせた事業です。

　観光地をめぐる旅は好評を博しました、上野原遺跡群、福山の黒酢工場や市内の名所を巡るなど、自治体の観光振興の新事業としても注目されました。旅のもてなしプロデューサー講座のモデルとして実践したものが評価されたのでした。

＊

　聖徳大学生涯学習研究所と NPO 全国生涯学習まちづくり協会、近畿日本ツーリストが共催したのも初の試みでした。南日本「創年活動」フォーラムを組み込み、この中でシンポジウムや講演等に参加しました。

　シンポジウムは、清水英男氏（聖徳大学教授）、長谷川きよみ氏（地域アニメーター）、前田終止氏（霧島市長）などが登壇しました。基調講演「今創年の生き方が面白い」の講師は福留強（全国生涯学習まちづくり協会理事長）でした。

　この事業は、まちづくりのリーダーとして観光事業の実践家養成を目指した実験であり、旅先では地元と協働してフォーラムを開催し様々な可能性を検討した事業でした。

旅のもてなしプロデューサー講座開講（SOA）

　SOA（ソア）とは、地域社会への貢献と社会人の生涯学習支援のために、平成 4（1992）年にスタートした聖徳大学オープン・アカデミーの略称です。大学が地域の成人を対象に、教授陣を講師として公開講座を開設しているものです。

　受講者の組織もあり、講座以外でも会員の旅行などのプログラムが用意されています。その一つとして、まち研が行っている「旅のもてなしプロデューサー養成講座」を実施しました。学習者募集や、授業のすすめは自らの職場でもあり、実施運営にゆとりを持てた半面、受講料を加算することになるという難点もありました。

霧島市観光基本計画策定委員会　鹿児島県霧島市

平成 18（2006）年 6 月 26 日（月）　霧島市観光未来戦略策定委員会（ホテル京セラ）

平成 18 年 8 月 27 日（日）　霧島市観光計画ワークショップ研修会

　霧島市観光未来戦略幹事会・策定委員会のメンバーとして、グローバルユースビューローの古木圭介氏、田島健夫氏（ホテル社長）など 9 名の委員が中心になり、平成 18 年 6 月 26 日から 10 回の会議で観光基本計画をまとめ、平成 19（2007）年 5 月に発表しました。筆者が委員長としてまとめたものですが、基本のオーソドックスな考え方をまず主張したものでした。

　霧島市は、日本神話の天孫降臨の里であり、霧島火山をはじめ大自然の美しさは国立公園として、いわばまち全体がその中にすっぽり入っているという自然景勝地です。もちろん温泉でも知られ、錦江湾に面する都市でもあります。日豊本線と肥薩線の分岐点でもあり交通の要所でもあります。人口約 12 万人都市（平成 6〈2024〉年現在）として、県下第 2 の都市に発展しているのです。霧島神宮と鹿児島神宮があり多くの歳時でも知られています。これらを把握したうえで、市の観光基本計画を立案したものです。観光行政計画のビジョンにはなるという思いです。観光は基本的に市民が自ら作るものだからです。

　いつの日か筆者自身も市民として、観光まちづくりに自ら関わる日が来ることを夢見ることでした。

（3）注目される志布志市の動き

　志布志市では、昭和 63（1988）年、国の生涯学習モデル市町村事業の指定を受け、生涯学習推進会議を設置。平成元（1989）年に「志布志さわやか大学」が開講し、多くは受講者が 700 人を超える講座を開催しています。また、平成 3（1991）年度には推進会議の提言により、官民一体となった「さわやか生涯学習センター」が開所、平成 7（1995）年に生涯学習推進委員会を設立し、生涯学習フェスティバルの開催、情報誌の発行、生涯学習相談事業などを重点的に推進してきました。

　全国に知られる志布志市の活動に、最初からかかわった元社会教育主事の荒平安治氏は、当初の活動から意欲的にすすめていました。荒平氏は次の感想等を記しています。

志布志創年市民大学と志布志まち研の誕生

荒平　安治

　現在の新しい展開への契機になったのは、平成 14 年 3 月 2 日に、福留強先生と出会ってからでした。何もわからずに参加してしまった講演会がすべての始まり。致命的な、いや運命的な福留先生との出会いをしてしまったのでした。

　以来、福留マジックに洗脳され、全国の生涯学習まちづくりの先進的事例等に刺激され、そして強引に言われるままに「生涯学習とまちを楽しむセミナー」、「志布志 IKI IKI 発見塾〜地域アニメーター養成講座〜」と、次から次へと事業が加速していきました。なかでも子ども視点でまちづくりを考える「平成子どもふるさと検地」では、平成 14 年 7 月から 14 日間行われ、92 名が受講し、うち 43 人が地域アニメーターとして申請し、登録では全国一と聞きました。その受講生を中心に同年 9 月 27 日に、生涯学習まちづくり研究会（通称「まち研」）が発足。まずできることから始めようと、駅前の花壇の萱（火や）抜きから行いました。今も、小窪久美子代表のもとに第 2、第 4 土曜日の朝は、駅前に集まり、駅前クリーン作戦は続いています。

　平成 15 年度より、聖徳大学生涯学習研究所や NPO 法人全国生涯学習まちづくり協会との連携事業として「創年と子どものまち宣言事業」を展開してきました。創年とは「新たな人生に挑戦し、生涯現役を目指す人々」の呼称です。その事業として、志布志では「創年市民大学」の開学と「子どもをほめよう研究大会」を開催しました。

　全国的に少子高齢化が進む中、創年と子どもの交流により、創年には、経験と能力を活かして子どもに対する指導を通じて生きがいをもたらし、子どもには、創年に対する尊敬と地域で生きる知恵を継承するものです。

　その中で、創年市民大学は、2 つの「志」を掲げています。「志」の一つは「創年と子どものまちづくり」と、もう一つは、「地域学からはじまるまちづくり」で、全国のまちづくりの実践事例を学ぶものです。

　NHK 大河ドラマの時代考証で知られる鹿児島大学の原口泉教授を学長に、多彩なプログラムがスタートしました。

・志のまち宣言へ

　平成 18 年 1 月 1 日、有明町、松山町、志布志町が合併し「志布志市」となり、平成 19 年 4 月 24 日、「しぶしの日」を制定、「志のまち」を宣言しました。この年、平成 18 年 11 月 24 日に奄美パーク園長の宮崎緑さんを迎え、志のつく自治体など、県内外より約 600 人が参加して「生涯学習まちづくり全国創年大会」を開催し、恒例の情報交換会（飲み方）で大いに交流が図られました。

　市民大学講座から、「志」をテーマにエッセイコンテストを全国に発信することにな

りました。初めての募集に海外はカナダ、オーストラリア、ギリシャから、国内は全国
各地から応募があり、第10回までに3万6000点を超える作品が寄せられたのでした。
　市民にとって、生涯学習、創年市民大学が、もう一人の自分探しとなりました。創年
市民大学をまちづくりの起爆剤とし、市民大学生がまちづくりの仕掛け人として活躍す
る場を広く提供していきたいと願うものです。　　　　　　　　　（元社会教育主事）

まちづくりに「志布志創年市民大学」が貢献

　志布志創年市民大学の参加者層は多彩で、現職の学校長、市議会議員、婦人会代表、
文化協会関係者など各分野の人々が参加しています。

　講座の企画から荒平安治氏、小窪久美子氏、酒匂景二氏らのまちづくり研究会員をは
じめ、名物受講生がそろいます。学長は原口泉氏（志学館大学教授）、総長は、下平晴
行氏（志布志市長）です。

　会員を元気にする修学旅行など、近県の先進地域の交流も人気です。卒業生による「創
年団」は生徒会のようなもので、約50台の民間パトロール車（「青パト」と呼ばれている）
を団員が運営し、青少年の防犯・健全育成に成果をあげています。

　まち中に花いっぱい運動を展開する「花咲か爺さんばあさん」は、駅前の花壇作りや、
市街地美化に活躍します。

　講座以外の課外活動も活発で、「志布志歴史探訪」「商店街地元学」「まちづくり観光
ボランティア」「志布志昔話の語り部」等のクラブ活動・自主研究グループが、積極的
に活動しています。

　特に、「だいやめ講座」は、創年市民大学の焼酎愛好者のクラブ活動です。米の収穫、
サツマイモの育苗、栽培収穫から焼酎「創年の志」商品化までの全生産過程を、約30
名の受講者たちが醸造体験をします。製造者たちの集合写真入りの焼酎を、市民大学で
造り、発売しているのは、日本の社会教育史上初の成果です。以下、荒平氏の記録から
紹介します。

焼酎「創年の心」

　平成18年度6月には、市民大学生を中心に焼酎文化の研究を建前に「だいやめ講座」
を開設、手作りの焼酎づくりに取り組みました。

　稲作から、サツマイモも植え、夏場の暑い時期に草取り、そして稲刈り。土から掘り
起こしたサツマイモを直接地元の焼酎工場に運び、米麹と合わせ焼酎の仕込みを終えま
した。そして8ヵ月後の平成19（2007）年、市民大学開講式の5月9日に劇的な披
露とパーティー醸造を祝いました。その焼酎で最高の「だいやめ」（晩酌の意）」を楽し
むのです。

　その味は？　などと聞くのは野暮というもの。誰もが日本一旨い焼酎だといいます。

181

真夏の暑いなかから通年で手作りする焼酎ですから、作った人にとってこれ以上の美味い焼酎があるわけがないのです。創年市民大学には、卒業のほか、一部は大学院に進級し、多くは落第志望です。卒業生による創年のたまり場「日曜ふれあい市」は、空き店舗活用で、会員がリサイクル商品、手づくりの食品、やさいなどを販売しています。

　発足以来、今日まで志布志まちづくり研究会の活躍が大きかったと思います。また笑いの絶えない市民大学の代表でしょう。　　　　　　　　　　　　　　（荒平安治）

（4）創年の学びあう場と子ども育成

　もっぱら自治体が開設する市民大学が多いですが、単に学習するだけでなく、その成果を地域に活用することを前提とする講座があります。学習内容は多様ですが、「まちづくり」「社会参加」「青少年健全育成」などを中心とするものが多く見られます。

　鹿児島県志布志市の「志布志創年市民大学」のほか「ケセンきらめき市民大学」（大船渡市）などが幅広い活動で知られています。行政の協力を受けながら、これらは市民主体となって創造的に運営されています。これらの組織では、交流の機会が数多くもたれています。

　志布志創年市民大学では、福留伸宏氏、加納雅裕氏、焼酎づくりのプロで指導者の下戸直一氏、初代会長で就任と同時に議会議員選立候補のため辞職した女性議員の鶴迫京子氏などが、組織の雰囲気を盛り上げています。また、2次会カラオケでの常連で発足当時からのメンバー、岩根賢二氏、松本義武氏、東郷恵子氏、有馬照子氏、福岡セツ子氏、山下時子氏など女性陣を含めて20年選手も少なくありません。志布志市創年市民大学のメンバー層の厚さを感じます。こうした活動が市民まちづくり賞として表彰されるなど、成果は広く知られるようになっていきました。

東松山市きらめき市民大学　埼玉県東松山市　平成18（2006）年4月19日（水）

　筆者が、毎年のように開講式に招かれて講演をした市民大学です。市民大学とはいえ、自前の市民大学専用の施設校舎がある全国でも珍しい市民大学で、きらめき市民大学というバス停留所もあります。坂本裕一郎市長が学長を務めていました。

　数年前市長に相談を受けました。県立青年の家の施設が県から市に無償で移管されることになりましたが、何かいいアイデアはないか、ということでした。即座に「市民大学」としてはどうかと返答しましたが、それが実現したということでした。おそらく日本の市民大学に影響するのではないかと思っていたのですが、思ったとおり、当市の先進性が高く、評価される例にもなっているものと思われます

第 8 回聖徳大学生涯学習フォーラム　平成 18（2006）年 6 月 18 日（日）　総会
千葉県松戸市・聖徳大学生涯学習社会貢献センター
主催　聖徳大学生涯学習研究所学術フロンティア推進事業
テーマ「創年と若者がつくるコミュニティの活力」
分科会「子どもと遊び」「若者によるまちづくり活動」「創年が蘇るまちづくりの実践」
3 分科会に約 200 名が参加し、事例研究など熱心な研究協議が行われました。

シンポジウム「世代間交流がコミュニティを再生する」では、登壇者として山下真由
美氏、吉岡絹枝氏、池田恵美子氏、芝内健治氏、福留強の顔触れで、いわば大学の生涯
学習研究所の協力者グループと言ってもよい人たちであり、前向きな提言が多く聞かれ
ました。松下倶子聖徳大学教授の講演「創年に学んで創意を高める青年」は、「創年と
若者がつくるコミュニティの活力」のテーマに合致するものでした。

会場には多くのまち研会員（創年）と、授業の延長として参加している学生を含めて、
新鮮な感じを受ける光景が見られました。学術フロンティア推進事業の実績を一つ一つ
重ねていると学内では見られていました。

カメイ財団助成金決定　平成 18（2006）年 6 月 28 日（水）
カメイ財団には、子ほめ条例のまちを推進する過程で助成金をいただいており、まち
研の活性化に大いに力を与えられたと思っています。また、まち研の活動を援助してい
ただいた助成金として、これまで 2 つの基金が大きく活動に役立ってきました。東北に
ある種子の会社が、財団として設立しているもので、子ほめ運動に対して年間 200 万
円の助成金をいただいたことがあり、まちづくり支援に役立ててきました。

子どもゆめ基金
子どもゆめ基金とは、国と民間が協力して子どもの体験・読書活動などを応援し、子
どもの健全育成の手助けをする基金です。今日、社会全体のモラル低下、地域社会の教
育力の低下、メディア上の有害情報の氾濫など、子どもたちを取り巻く環境が大きく変
化しています。そのような社会にあって、子どもたちは、自分自身で考え創造する力、
他人への思いやりの精神が身についていないことが指摘されています。また、子どもた
ちの社会性を育成する観点から、自然体験活動等の体験活動の充実や、言葉の教育の重
視などが提言されています。

この基金によって、未来を担う夢を持った子どもの健全な育成の一層の推進を図るこ
とを目的に、民間団体が実施する特色ある新たな取組や、体験活動等の裾野を広げるよ
うな活動を中心に様々な体験活動や読書活動等への支援が行われています。

巨人軍とともに生きてきた中高年（創年）シンポジウム　東京都・日本青年館
巨人軍とともに生きてきた全国創年のつどい　平成18（2006）年8月21日

　成績不振の巨人応援の集いとして、報知新聞の協力を得て「創年」キャンペーンなどを狙い、仲間に呼びかけて実施したものでした。平尾昌晃氏、橘ノ圓氏、ねじめ正一氏、永池榮吉氏らがシンポジウムで討論したことが、マスコミの話題になりました。

　会場には国松彰氏など巨人軍関係者も見え、まち研の巨人ファンたちもかなり集まっていました。聖徳大学での社会人講座の開設などもあって、会員にとって読売新聞や巨人軍は、より近い存在になっていたようでした。

　この時期は、マスコミでの話題も増えてきたようでした。スポーツ専門チャンネルの日テレジータスでは「どれどれトーク・福留強の巻」などの出演のほか、2～3のスポーツ番組でも取り上げられていました。長嶋茂雄氏(巨人軍名誉監督)、船村徹氏(作曲家)、徳光和夫氏（フリーアナウンサー）と筆者の4人が、巨人軍検定認定委員に就任したのもこのときでした。

奄美市まちづくり研究会設立総会　笠利町職員研修会
平成18（2006）年8月30日（水）

　名瀬市の講座を修了したメンバーで教育委員会を中心に、全国生涯学習まちづくり研究会の奄美支部が約20名の市民の参加者で結成されました。

　まち研としての課題の一つに、限界集落の活性化とととともに離島振興も、研究する必要を感じます。奄美市の場合、教育委員会に在籍した4人のスタッフが異動により他の自治体に移ったため、急速に事業が停止してしまった感じがありました。素晴らしいまちで、職員もそろっているだけに再起をかけてほしいと思いました。

　与論町のかりゆしバンドの田畑哲彦氏、まち研事務局でも活躍した赤崎龍三郎氏、名護市の教諭の小菅千鶴氏など、魅力のあるリーダーがいます。全国的に活躍できる人ばかりなので、機会を見てその力をあらためて活用させてもらいたいものだと思っています。

全国生涯学習まちづくりサミットin水戸
第18回全国生涯学習フェスティバル 学びピアいばらき2006
平成18（2006）年10月8日　茨城県立青少年会館

　共催は、聖徳大学生涯学習研究所学術フロンティア推進事業、スコーレ家庭教育振興協会、NPO法人全国生涯学習まちづくり協会、同茨城県鹿島市支部他でした。

　後援は、茨城県、同県教育委員会、水戸市、水戸市教育委員会、茨城青少年育成県民会議、茨城県地域女性団体連滝会、BS・GS茨城県連合他でした。

　テーマは「地域に女性が輝く」で、提言を「創年と若者の交流」のテーマで福留強（聖

徳大学教授）が行いました。

分科会1「地域に輝く女性たち」、分科会2「創年と青少年の交流」では計8事例を発表しました。放談「地域と子ども」では、長谷川幸介氏（茨城大学助教授）、櫻井よう子氏（女性団体連絡会）が登壇しました。

シンポジウム「地域に輝く女性たち」では、北村節子氏（読売新聞社主任研究員）、大内梓氏（文部科学省）、秦靖枝氏（茨城県立医療大学講師）他が登壇しました。

第18回全国生涯学習フェスティバルとして行われたサミットでしたが、初めて自治体の主催を離れて、まち研と聖徳大学学術フロンティア推進事業の主催として実施したものでした。そのため茨城県内の多くの自治体が参加するという形にならず、多くはまち研関係者になってしまったという反省が残りました。

矢板市ふるさと創年大学講座　4回　平成18（2006）年12月9日（土）

全国的に創年活動に積極的に取り組んだのは、栃木県矢板市でした。特に市民大学ではふるさと創年大学を名乗り、全国に先駆けるという意気込みで進められていました。

学習成果の活用などに関しても積極的で、修了生の組織は地域活動に取り組んでいました。駅前の年末のイルミネーションづくりや歴史資料集（街歩きガイドブックなど）を作成するなど、継続的に学ぶ姿勢の見える市民大学でした。

矢板市は全国に先駆け、ふるさと創年大学を名乗っていますが、学習成果の活用などに関しても成果を上げていました。また、受講生で修了者の組織も自主的に作られており、県内の各自治体を指導できるほど強力なスタッフになっていたように思います。

この市民大学の力は、さらに子ほめ条例のまちづくりについても大きな原動力となっていました。いわば子どもと子ほめの教育的意義を理解していた集団でもありました。

この講座は令和2（2020）年、全国の優良市民大学25に選定されましたが、同年、市長交代を機に廃止となり、残念なことでした。

◆平成19年　2007

　安倍首相突然の辞任、福田康夫内閣発足、参院選で自民党が歴史的敗北をするなど、政治的な話題が多い年でした。

南日本生涯学習シンポジウム　鹿児島県霧島市

　平成19（2007）年2月21日（水）～22日（木）ホテル京セラ

　共催　全国生涯学習市町村協議会、霧島市、霧島市教育委員会

　後援　鹿児島県教育委員会、NPO法人全国生涯学習まちづくり協会

　主催者挨拶　多田重美氏（八潮市長）、前田終止氏（霧島市長）

　記念講演「地域に魅力を創る」宮崎緑氏（千葉商科大学教授）

　シンポジウム「生涯学習による地域の取り組みとは」のシンポジストは、宮崎緑氏、原口泉氏（鹿児島大学教授、同生涯教育研究センター所長）、前田終止氏、有村佳子氏（指宿ロイヤルホテル社長）、安川博氏（宇美町町長）で、コーディネーターは福留強でした。

　気になる話・話題、とことん語っみろ会（分科会方式）では、「地域の魅力を生み出す」で有村佳子氏、松澤利行氏、福留強が登壇しました。「合併による地域と行政の在り方」では、宮崎緑氏、前田終止氏が、また「住民主体のまちづくり」では、安川博氏、原口泉氏が担当しました。

　交流会では「あなたの出番です、ネットワークで再盛しよう」「松永米作り踊り」「分会気になる話・話題、とことん語っみろ会」が報告・発表されました。

　この事業は一応の成果を見せ、南から東北の事業へと発展しました。

第4回子どもをほめよう研究大会　青森県五戸町・五戸大会

　平成19（2007）年3月20～21日（水）　倉石コミュニティセンター

　多くの事業は南日本に偏ったように見えたものですが、子ほめ事業は東北各地に広がっていく様子でした。筆者が参加しただけでも3件にわたっていました。

　共催は、NPO法人全国生涯学習まちづくり協会、全国子どもをほめよう研究会、青森県五戸町、まちづくりG-Five-Door、子どもの健全育成とまちづくり実行委員会、聖徳大学生涯学習研究所学術フロンティア推進事業でした。

　後援・協力は、五戸町教育委員会、（財）カメイ社会教育振興財団でした。

　基調講演「子どもを健全に育てるまち～子ほめ運動の現状と課題～」では、講師を福留強（全国子どもをほめよう研究会代表、聖徳大学生涯教育文化学科教授）が務めました。

　分科会は「地域で子どもをほめて育てる」「創年が輝くまちづくり」「地域に活躍する子どもたち」の3分科会で、8つの事例発表をもとに研究討議を実施しました。いずれも東北を代表する実践者が一堂に会しました。せっかく大会を持つまでになったのですから、今後とも自力で行けるようにしたいですね、という担当者の声が残っています。

館山市富崎地区コミュニティの集い　平成 19（2007）年 6 月 17 日（日）

　富崎地区は青木繁「海の幸」を描いた地域として知られ、日本美術の聖地などと呼ばれるようになっているようです。NPO 安房文化遺産フォーラム（共同代表・愛沢伸雄氏、池田恵美子氏）の呼びかけで、地域の学習機会がまとまったものです。

　この活動の延長上で「千葉県地域づくりセミナー」が、平成 19（2007）年 11 月 14 日（水）に千葉県館山市で実施され、NPO 法人安房文化遺産フォーラムの活動が行政の目を開かせたといわれています。行政の目を覚まさせた民間エネルギーの事例としても評価されており、民間の真剣な学習成果を活用した点で評価の高いものでした。

第 9 回聖徳大学生涯学習フォーラム　平成 19（2007）年 6 月 24 日（日）
千葉県松戸市・聖徳大学川並香順記念講堂
NPO 法人全国生涯学習まちづくり協会総会　聖徳大学生涯学習社会貢献センター

　数学者の秋山仁氏（現在、東海大学教育開発研究所長）の「こどもの数だけ夢があり、夢の数だけ将来（あす）がある」と題した特別講演が、フォーラム最大の話題でした。

　午前中に生涯学習研究会りりーずのよさこいソーランなどがあり、記念講演のあと 4 分科会で 12 の事例研究を行いました。終了後、まち研会員の総会を行い、活発な意見が交わされ、久しぶりの熱気を感じました。

みんなで子どもを育もう！下野市民の集い　平成 19（2007）年 7 月 7 日（土）
下野市児童生徒表彰条例制定記念事業　栃木県下野市・国分寺公民館

　下野市、下野市教育委員会、聖徳大学生涯学習研究所、学術フロンティア推進事業の共催で、まち研が実施に協力したものです。

　開会行事の後、市民憲章朗読や、市内各小学校代表児童による作文、「私たちの望むこと」などの発表がありました。

　基調講演「子褒め運動の現状と課題」は福留強（全国子どもをほめよう研究会代表）が講師を務めました。

　分科会は「下野市の子どもをみんなで育むために、今私たちができること」「子どもと地域～子どもの声が大人を動かす」「子どもと学校～好奇心あふれる子どもたちに」「子どもと家庭～子どもから大人へメッセージ」の 3 つのテーマについて、事例発表をもとに研究協議をおこない、神谷明宏氏（聖徳大学准教授）、清水英男氏（聖徳大学教授）、佐々木英和氏（宇都宮大学准教授）の各指導者が総括指導をしていました。

　栃木県はこれまでも先導的な事業を進めていた県ですが、岩船町の石塚英彦氏などベテランが行政をリードし、その伝統は自治体が変わっても感じられます。

霧島かまだ塾　平成さつま隼人塾　5回シリーズ

平成 19（2007）年 9 月 2 日（日）、地元の企業家鎌田善政社長の篤志によって、市民の手でまちづくり塾「平成さつま隼人塾」を開設しました。地元のまちづくり研究会が主催するもので、規模は大きくなくとも充実した研修でした。隼人町時代であればまちを挙げて開設し、大いに成果を上げたのですが、合併後の体制では、開設は当面考えられないという声が強く、独自に開設したものです。まちづくりに強い関心を持つ人もいますが、全体をまとめる人材が見当たらないということがあり、仲間と話し合って市民独自で開設したものでしたが、まちづくり研究会の思想を 100％反映したといってもよいものでした。

鎌田社長は、県内有数の企業で、住宅、福祉施設、観光、石油など 17 の会社を束ね、地域の活性化にも大きな力を発揮しています。会社の玄関に設置されている「凡事徹底」の石碑は、整理整頓など日常の基本的な事柄を徹底する（その人の主義と行動が迷うことなく一貫して全てのものを生かしつくす）という会社の徹底精神を顕著に現わしているものです。なかでも、この会社の発展は、職員のまとまりにあり、その秘訣は会社一丸になってトイレ掃除など凡事徹底するということにあるようです。「イエローハットの鍵山会長」に影響をうけた鎌田善政社長は「人が嫌がるトイレの掃除は、ひたむきで真摯な態度を培うのに最適な実践だ」といいます。「掃除道」として提唱されているこうした考え方を実践しています。

鎌田建設のトイレを磨く運動は、郷里鹿児島県だけでなく、各県に仲間を広げ地域を明るく美しくする運動に広がっています。鎌田建設の取り組みの数々は、近隣の企業にも刺激となっており、地域発展にも大きく貢献しているようにも見えます。

子ほめ運動と地域文化のまちづくり研究会 IN 秋田　秋田県湯沢市

平成 19（2007）年 10 月 27 日　湯沢市立岩崎小学校

＊文化庁　平成 19 年度文化芸術による創造の町支援事業

共催は、創作「能恵姫物語」で地域をパワーアップする実行委員会、秋田県子ども会育成連合会、NPO 法人全国生涯学習まちづくり協会でした。

分科会は、創年と子ども交流、学校外活動、多様な体験、芸術文化など 4 分科会 12 事例の発表でした。また創作「能恵姫物語」の上演を行いました。

講演「子ほめ運動と地域文化のまちづくり」は福留強（聖徳大学教授）が講師を務め、シンポジウムは「人が輝き、故郷が輝く」というテーマで、シンポジストは鈴木俊夫氏（湯沢市長）、紫竹ゆう子氏（劇団わらび座作曲家）、高橋あさ子氏（能恵姫竜神太鼓副会長）、鈴木郁夫氏（秋田県子ども会育成連合会長）でした。

秋田県ではユニークな事業になっており、熱い討議が交わされた素晴らしい研究会だったという評価が聞かれました。

「創年と子どものまち宣言」のまち　鹿児島県志布志市

平成 16（2004）年 11 月 20 日、「第 3 回全国子どもをほめよう研究大会」が開催され、県内外より約 700 人が参加し、これを機に全国初の「創年と子どものまち」の大会宣言を行いました。子どもの個性や能力を発見し、表彰することによって、心身共に健全な子どもを地域ぐるみで育てることを目的に、平成 18（2006）年 1 月 1 日に「児童生徒表彰条例（子ほめ条例）」が施行されました。町長自ら子ども一人一人に「親孝行賞」など 12 の項目で表彰メダルを首にかけました。

生涯学習まちづくり全国創年大会　鹿児島県志布志市

平成 19（2007）年 11 月 24 日（土）志布志市文化会館　志のまち宣言記念

共催は、志布志市、志布志市教育委員会、志布志市生涯学習推進委員会、しぶし創年団、NPO 法人全国生涯学習まちづくり協会、志布志市 NPO 等連絡協議会でした。

後援は、鹿児島県、鹿児島県教育委員会、MBC 南日本放送、KTS 鹿児島テレビ、KYT 鹿児島読売テレビ、KKB 鹿児島放送、NHK 鹿児島放送局、南日本新聞社でした。

基調提言は「ふるさとを創る創年時代」で福留強（内閣府地域活性化伝道師、聖徳大学教授）が講演。事例発表は「志あふれるまちづくり〜志ネットワークと市民大学」をテーマに志布志創年市民大学、埼玉県志木市、山梨県道志村、熊本県合志市、九州女子大学生涯学習センターでした。記念トークでは「名は体を表す〜志のあるまちづくり〜」をテーマに福留強（聖徳大学教授）と宮崎緑氏（元 NHK ニュースキャスター、千葉商科大学教授、奄美パーク園長）が対談。シンポジウムでは「志あふれる創年と子どもたち〜市民が輝く共生・協働　自立のまちづくり」をテーマに宮崎緑氏、鎌田善政氏（鎌田建設社長、日本を美しくする会）、本田修一氏（志布志市長）が登壇しました。

元ＮＨＫニュースキャスターとして知られる宮崎緑氏を迎え、多くの関係者が参加、韓国の社会教育学会の関係者 16 名も参加する話題の大会となりました。

（5）海外に目を向ける

この年は、海外に目を向け検討するという風潮が生まれていました。その一つがエコミュージアムに関する視察研修でした。聖徳大学の研究グループとともに、最も有名なフランスのエコミュージアムを研究しようと有志 10 名で、フランスに視察旅行を実現させました。もう一つは韓国との関係で、行政学会に招かれ研究会に参加しました。

フランス・エコミュージアム視察　平成 19（2007）年 3 月 23 〜 29（木）

クルゾー・モンソ・レミーヌ、フルミ・トレロンは、エコミュージアムのまちとして

世界的に注目されており、パリ郊外にあるいわば農村地区の、のどかで美しい風情でした。しかし日本のまちづくりに参考になるとは言い難いという感想を持ちました。この程度なら日本の生涯学習都市のほうが、はるかに優れた取り組みであった、という確認に行ったような気がします。

韓国ソウル行政学会発表　大田広域市　平成 19（2007）年 8 月 6 ～ 9（木）

　韓国で日本の生涯学習研究家の金得永氏に、生涯学習に関する行政学会で日本の取り組みについての発表を依頼されていました。本番まで具体的には何をすればよいのかわからないまま、ソウルに行きました。市役所のような庁舎に約 20 名の人々が待っていました。分科会のような形式で、通訳を通じて、日本の生涯学習まちづくりの取り組みの様子や、大学の生涯学習研究所の機能や役割、事業などについての現状と、今後の可能性について述べました。韓国との対比で、かなり多くの質問集中という感じでした。半数ぐらいは日本で会ったという記憶の人で、皆、再度、来日したい意向を示していました。言葉の壁で通訳の金得永氏頼りでしたが、時間さえ許せばもっと多くの時間をかけて討議をしたい気持ちでした。金氏も筆者と同じ意向でした。

韓国・大田市議員団の訪問　平成 19（2007）年 12 月 20 日（木）

　韓国もにわかに生涯学習（韓国では「平生学習」と呼んでいる）に重点が置かれ始めていたようです。突如として、韓国の大田市の市議会議員の一団が大学の研究所に訪問されました。ソウル市に近い大田市でも、平生学習都市を目指しており、具体的な取り組みについて学びたいということでした。筆者なりに韓国の仲間たちを何とかしてあげたいという気持ちも強く、日本の事例を伝えたものでした。議員の視察団は掛川市、八潮市や、さらに 2、3 の都市を訪問したいということでした。

　それにしても議会議員の皆さんが生涯学習等について研修に、それもあえて隣国に学ぶという姿勢について、日本こそ韓国に学ぶ必要性がありそうです。

（6）日本ふるさとづくりフォーラム

美しいふるさとを考える 100 人会議　平成 19（2007）年 8 月 18 日（土）
　東京・独立行政法人国立オリンピック記念青少年総合センター

　「ふるさと」という言葉に日本人は唱歌「ふるさと」にあるように郷愁を覚え、心を熱くし、純粋な自分に帰る優しい気持ちになる人が多いのではないでしょうか。「ふるさと」を冠したいくつかの事業に付き合いました。「日本ふるさとづくりフォーラム」「美しいふるさとを考える 100 人会議」は、まさに地域を再考する本格的なフォーラムです。

共催は、NPO法人全国生涯学習まちづくり協会、NPO法人日本子守唄協会でした。

基調提言「ふるさとづくりのために、生活の中の伝統を学ぼう」は福留強（聖徳大学教授）が務めました。

全体報告では「創年の地域活動とたまり場」秦靖枝氏（ハモナカフェ主宰）、「地域探検が生み出す地域の魅力」山下真由美氏（リカレントネット事務局）、「人と自然と文化にふれる」青木早枝子氏（ふぃらんソロピー代表）が登壇しました。

シンポジウム「美しい日本。ふるさとを学び、創ること」は、平林正吉氏（文部科学省生涯学習政策局社会教育課長）、西舘好子氏（日本子守唄協会理事長）、清水英男氏（NPO法人全国生涯学習まちづくり協会副理事長、聖徳大学教授）が登壇しました。

約100名が参加したフォーラムでしたが、会場にはアットホームな空気にあふれているように感じました。この会に臨んだ、かつて聖徳大学のゼミの学生だった田中温子氏の次の手記にも、その感想がつづられていました。

　「日本ふるさとづくりフォーラム」（美しいふるさとを考える100人会議）に、思い切って参加してみました。当日そこでは、同じ学年ないし後輩のたちが大きなフォーラムのスタッフとして重要な役割を担っていた姿がありました。これもまた衝撃的でした。「私もああなりたい」と初めて同世代に憧れの思いをもつ衝撃的な時間を過ごしたのでした。以後、先生に背中を押されて、いくつかのイベント等に参加してみました。様々な人が、生き生きと活動されている様子から、ますます私の学びへの欲求が広がり、自覚できるようになったようでした。

（田中温子）

自らの才能に気が付かない若者たち

本誌でも寄稿いただいている田中温子氏、本田香織氏は、頭脳明晰、周囲からはリーダーに見られていましたが、自信喪失で迷う若者の印象でした。しかし地域とのかかわりの結果、3年間で別人のように変わり、力も発揮していました。2人とも気品あふれ人望の厚い、後輩があこがれる女性で、まち研に協力していました。

また、九州の中溝式子氏は事務局を担当し、自治体の人気者になっていました。いずれも控えめですが、いざとなると並の人以上に動ける力が素晴らしく、魅力でした。中溝さんの企画力や編集者としての潜在能力は、学生時代から発揮されていました。卑弥呼新聞の人気は彼女の力に負うところが大きかったと思います。

万尾佳奈子氏、本田香織氏は、初めての生涯学習コースのメンバーでした。卒業を前に最後に「この学科に来てよかった」と語っていて、コース主任としては、4年間の苦労が救われた気がしたものでした。

ふるさと歳時語り部養成の提唱

　地域の伝統的な風習、催事などが消えつつあるのではないでしょうか。大人も伝えられなくなっています。このままでは、ふるさとの伝統や祭りも消えてしまう、そういう心配がありますが、地域の伝統文化を考えるのは、まちづくりの基本ともいうべきものでしょう。そこで、あらためてふるさとの歳時を語れる大人を創ろうと、開設したのがこのセミナーでした。地域の古老にも参加を呼びかけ、指導者になってもらおうというわけです。高齢者の活動の場面が広がり、世代間交流も期待できるということもあって実施したものでした。想定以上に成果があったようです。

　実施団体は、NPO法人や全国生涯学習まちづくり協会と、自治体、公民館、団体などで、聖徳大学生涯学習研究所がこの事業をサポートしてきました。この活動に全力を傾注している工藤忠継氏（ニューミレニアムネットワーク社長）は、冠婚葬祭の基礎知識を研究し、まとめてきました。これらを英訳して海外に日本人を理解してもらおうと本の普及に奔走しています。ふるさと歳時記語り部養成は、教育委員会、公民館等が開設するほか、団体等でも開設することができます。

あしたの日本を創る協会　全国フォーラム　平成 19（2007）年 11 月 21 日（水）
　国立オリンピック記念青少年総合センター

　あしたの日本を創る協会では、各都道府県の協議会と一緒に、地域づくりに取り組む生活学校や生活会議、安全なコミュニティづくり、子育て支援などのグループづくりを進めています。また、活動資金や活動情報を提供するとともに、全国フォーラムをはじめ研究集会を開いて、課題の解決方策を討議したり、情報交換したり、ほかのグループとのきずなを深めています。筆者も長い間、この会の役員として参加していました。このフォーラムは国で組織化した団体として、地方自治体と強いつながりを持っています。

全国生涯学習まちづくりサミット（岡山県井原市）
　平成 19（2007）年 11 月 3 ～ 4 日
　アクティブライフ井原、井笠地域地場産業振興センター

　学びピア岡山 2007 における井原市の市町村事業。「生涯学習による協働のまちづくり」をテーマに、1 日目は基調提言「市民活動とまちづくり」講師は福留強（聖徳大学教授）で、分科会は 3 分科会 9 事例で実施しました。また、分科会総評をスコーレ家庭教育振興協会長の永池榮吉氏が行い、発表者や参加者を励ましました。

　交流交歓会では井原ジュニア弦楽合奏団の演奏と、「こども神楽」で大いに沸きました。

　シンポジウムは「協働のまちづくりに活かす市民力」をテーマに、滝本豊文氏（井原市長）、御厩裕司氏（文科省地域政策室長）などが、市民への期待を熱く語りました。2 日間で 500 人以上の参加者が集い、全国大会にふさわしいサミットになりました。

● 平成 18 年　2006

2 月 18-20（月）	旅のもてなしプロデューサー養成講座　九州の旅モデル
4 月 19 日（水）	東松山市きらめき市民大学（埼玉県東松山市）
4 月 19 日（水）	映画シンポジウム（東京・サンケイホール）
6 月 2-4（日）	南日本、薩摩隼人ふれあいツアー（鹿児島県霧島市）
6 月 17 日（土）	三河創年塾（愛知県安城市文化センター）
6 月 18 日（日）	第 8 回聖徳大学生涯学習フォーラム・総会
6 月 20 日（水）	志布志創年市民大学（鹿児島県志布志市）
6 月 26 日（月）	霧島市観光策定委員会（鹿児島県霧島市）
6 月 28 日（水）	カメイ財団助成金決定
8 月 21 日（月）	巨人軍とともに生きてきた全国創年のつどい
8 月 30 日（水）	奄美市まちづくり研究会設立総会　笠利町職員研修会
9 月 25 日（月）	福井県社会教育委員研修会（あわら市中央公民館）
10 月 8 日（日）	全国生涯学習まちづくりサミット in 水戸（茨城県立青少年会館）
11 月 19 日（日）	亀山市ふるさと検地（三重県亀山市）
11 月 29 日（水）	墨田区学習サポーター養成講座（東京都・墨田区学習ガーデン）
12 月 9 日（土）	矢板市ふるさと創年大学講座（栃木県矢板市）　4 回

● 平成 19 年　2007

2 月 3-4（日）	西原町・宜野湾市生涯学習とまちづくり楽しむセミナー（沖縄県宜野湾市）
2 月 21 日（水）	南日本生涯学習まちづくりフォーラム（鹿児島県霧島市・ホテル京セラ）
3 月 10-11 日	第 20 回まちづくりコーディネーター養成講座、旅のもてなしプロデューサー養成
3 月 20-21 日	子どもをほめよう研究大会　東北大会（青森県五戸町）
3 月 23-29 日	フランス・エコミュージアム視察
5 月 30 日（水）	平成ふるさと歳時語り部養成スタート
6 月 17 日（日）	館山市富崎地区コミュニティの集い
6 月 24 日（日）	第 9 回聖徳大学生涯学習フォーラム　総会
7 月 7 日（土）	みんなで子どもを育もう！下野市民の集い（栃木県下野市）
8 月 6-9 日	韓国ソウル行政学会発表　大田広域市（韓国）
8 月 18 日（土）	日本ふるさとづくりフォーラム（国立オリンピック記念青少年総合センター）
9 月 2 日（日）	霧島かまだ塾（平成さつま隼人塾）5 回シリーズ（鹿児島県霧島市）
10 月 27 日（土）	子ほめ運動と地域文化のまちづくり研究会（秋田県湯沢大会）
11 月 3-4 日	全国生涯学習まちづくりサミット（岡山県井原市）
11 月 17 日（土）	平戸市生涯学習まちづくりフォーラム（平戸市生涯学習宣言都市記念大会）
11 月 21 日（日）	明日の日本を創る協会全国フォーラム
11 月 24 日（土）	生涯学習まちづくり全国創年大会（鹿児島県志布志市）

平成 20 〜 22 年（2008-2010）

10　日常的な学習活動

◆平成 20 年　2008
　北海道洞爺湖サミット開催、リーマンショック、ノーベル賞 4 人、「アラフォー」が新語・流行語大賞に。8 月の北京五輪で日本勢は 9 個の金メダルを獲得し、水泳の北島康介選手が連続 2 冠、女子ソフトボールは悲願の金でした。岩手・宮城内陸地震で死者・不明者 23 人に。米大統領選でオバマ氏当選、などが話題となりました。

（1）新しい視点　新しい楽しみ方を提示する

　聖徳大学学術フロンティア事業のイベント等が重なり、事業に集中しリードした時期でした。一応の活動が終了し、まとめに中心が置かれる年でした。まち研の活動が研究テーマに合うことがあり、まち研独自の活動情報は少ない時代でした。

東日本生涯学習まちづくりフォーラム　平成 20（2008）年 2 月 17 〜 18 日
　佐野市文化会館大ホール　勤労者会館
　「私らしさこのまちに　咲かせます」は、佐野市のまちづくり基本計画のキャッチコピーで定着しました。「水と緑と万葉のまち」栃木県佐野市で盛大に開催し、同時に「『楽習』と『参画』のまち佐野」を全国へ向けて発信し、市民と共に宣言しました。
　基調提言「市民と行政の協働による生涯学習のまちづくりの方向」は福留強（聖徳大学教授）が行いました。記念対談「素敵な人生過ごしたいから〜私らしさこのまちに咲かせます〜」は坪内ミキ子氏（女優）と福留強が担当しました。坪内さんは何度か対談のご経験があり、いかなる場面でも的確に話題を変えられることがわかっていたので打ち合わせの時間は全くとらずに対談し、もちろん大きな賛同を得ることができました。この後、主催者は「楽習と参画のまち佐野」都市宣言をしました。
　分科会では「市民参画とまちづくり」「今後の広域生涯学習ネットワークの方向性」「創年の輝くまちづくり」とし、9 事例を発表しました。第 2 分科会「今後の広域生涯学習ネットワークの方向性」では、須藤聡氏（桐生文化史談会）、倉上豊治氏（足利市生涯学習課補佐）、白澤嘉宏氏（佐野市生涯学習課社会教育係長）と、コーディネーターの佐々木英和氏（宇都宮大学准教授）などが討論しました。

194

韓国で「子ほめ条例」翻訳出版

筆者の著作が韓国版で翻訳出版され、韓国にも子ほめ条例のまちが誕生し、創年に関するニュースが伝わってきました。韓国語を訳すと「これからの教育の方法」というサブタイトルになっているようでした。

江戸時代のトップレディ『篤姫』公開対談　平成 20（2008）年 6 月 21 日（土）

東京都・台東区役所大会議室

NHK テレビ大河ドラマで人気の「篤姫」の時代考証の原口泉氏との対談は、満員の盛況でした。「薩摩から江戸へのメッセージ」というタイトルで、番組進行中でもあり人気があったようでした。薩摩の島津家の末裔でやはり殿様の島津晴久氏も会場に参加されていたのを事前に知っていましたので、サプライズ演出を期待していました。そして島津家の話題になったとき「実は、その島津の殿様が会場に見えています」というアナウンスで会場がざわめき、期待通り大成功に終わりました。

島津氏は文部省に筆者が勤務していたころからの知人で、博物館の館長を務めながらときどき大学でも講義をされるという歴史研究家でもありました。鹿児島でもぜひ 3 人の鼎談をしようという申し出でしたが、「薩摩に帰ればわれわれ 2 人は殿様と話をするようで、とても無理でしょうな」という理由で実現しなかったことを記憶しています。

その後しばらくして島津氏は他界されたのですが、鹿児島でも実施すればよかったなどと思うことでした。

創年と子ども～子どもをほめて育てる研究会 in 矢板

平成 20（2008）年 11 月 15 ～ 16 日　矢板市中央公民館、矢板市文化会館

共催　矢板市子ほめによるまちづくり実行委員会、矢板市教育委員会、全国生涯学習市町村協議会、NPO 法人全国生涯学習まちづくり協会、聖徳大学生涯学習研究所、全国子どもをほめよう研究会、矢板市子供会連合会

後援　栃木県教育委員会、カメイ社会教育振興財団、矢板市ＰＴＡ連絡協議会

1 日目 エクスカーション　山縣有朋記念館～森戸酒造ほか

交流会「福留先生と遠藤忠市長を囲んで～子ども・創年まちづくり夜なべ談義」

2 日目 3 分科会　子どもと地域、創年、子ほめをテーマに 11 の事例発表と研究協議

全体会と分科会報告　コメンテーター・清水英男氏（聖徳大学教授）

基調対談「つくること育てること」島田恭子氏（陶芸家）、福留強（聖徳大学教授）

アトラクション　ミュージックベル＆よさこいソーラン（すみれ幼稚園他）

大会宣言　矢板市子ほめによるまちづくり実行委員会が、子どもの健全育成に関する 4 つの誓いを宣言して終了しました。

◆平成 21 年　2009

裁判員裁判制度がスタート。バラク・オバマ氏が米大統領に。麻生内閣が総辞職し、民主・社民・国民の 3 党による鳩山由紀夫内閣が成立、15 年ぶりの非自民政権が誕生。事業仕分け、などが新語・流行語大賞になりました。スポーツでは第 2 回ワールド・ベースボール・クラシックが開催され、日本が 2 大会連続優勝、などが話題となりました。

三陸の旅から学ぶもてなし体験　旅のもてなしプロデューサー養成講座
平成 21（2009）年 1 月 24 ～ 25 日（日）
陸前高田市・陸前高田ドライブインスクール
主催　旅のもてなしプロデューサー養成講座実行委員会、近畿日本ツーリスト、NPO
　　法人全国生涯学習まちづくり協会、日本余暇文化振興会、聖徳大学生涯学習研究所
第 1 日　情報交換「観光の現代的意義と観光まちづくり」
講義「まちづくりと創年活動の意義」の講師は福留強（聖徳大学生涯学習研究所長）が務めました。事例研究「エコミュージアムの研究・三陸の宝もの」は山口麗氏、「売れない地域をインターネットで」は、渥美治氏が発表しました。講義「観光ガイドと旅のもてなしプロデューサー」の講師は福井善朗氏（近畿本ツーリスト）。記念講演は、観光庁担当官でしたが、直前に参加不可能の連絡があり、プログラムは変更になりました。
2 日目　講義「地域の活性化とイベント企画の手法」
講師は福留強(聖徳大学教授)。実習及び交流会は「気仙のまちを歩く」がテーマでした。また、演習「地域のもてなしの手法・創年のたまり場からの発信」、研修のまとめなどが実施されました。地元新聞社の協力もあって事業は大成功で自信を深めたものでした。

西日本生涯学習シンポジウム東広島市大会　平成 21（2009）年 2 月 7 ～ 8 日
東広島市中央公民館大ホール
「自然、歴史、文化が息づく国際学術研究都市」をテーマに、広島県東広島市において、市民と行政の協働による生涯学習のまちづくりがさらに推進されることを目指して実施しました。全国生涯学習市町村協議会と、NPO 法人全国生涯学習まちづくり協会が開催したもので、市町村協議会の中心的な役割を果たしてきた東広島市では、積極的な提言が見られました。
基調提言「市民と行政の協働による生涯学習まちづくりの方向」での筆者の提言の後、記念講演は講師の希望で対談となり、「輝いて生きたい」市田ひろみ氏（服飾研究家）と筆者が行いました。もともと親しい間柄で、気さくでユーモアあふれる対談として評価をいただいていました。CMなどで十分に知られている人なので、会場からは大きな支持が得られたような雰囲気でした。

・シンポジウム「『市民が主役のまちづくり』とは？」

市田ひろみ氏を中心に、地元の葛原生子氏、杉原潔氏、藏田義雄氏（東広島市長）が登壇し、コーディネーター・福留強で時間いっぱいの討議で盛り上がりました。さらに交流会を含めて、会場を沸かせた初日になりました。

第2日目エクスカーションでは、東広島市内を視察、広島大学、中央サイエンスパーク、酒蔵通りの散策などを楽しみました。子どものガイドボランティアが注目されました。

国際観光問題懇談会（衆議院第2議員会館）　平成21（2009）年10月27日（日）

旅行はしたいが身体的な理由で断念している人が多くいます。こういう人を介護しながら旅行できるような資格を考えられないか、ということを検討するために、旅行業者、ホテル経営者など4～5人が衆議院第2議員会館に招かれ、与党の国際観光問題懇談会を行いました。筆者は関東旅行資格会の奥沢義雄氏の誘いで招かれたようでした。彼は学校教育の修学旅行等、茨城県を拠点に旅行業を営む社長です。

筆者は、介助に関する資格「旅行主任資格（添乗員）」はいずれも障害のある人を対象とするきわめて難しい資格だと聞いているので、極めて高いレベルの資格であることから、「需要があるのか疑問」と発言しました。しかしすでに介助を行っている人が1万人以上順番待ちということを後で知り、消極的な意見を述べたことを反省しました。

南九州生涯学習まちづくり実践交流会

平成21（2009）年9月12日（土）　鹿児島県志布志市

九州地区生涯学習まちづくりミニサミット

平成21年11月22日（日）　福岡県・筑後市中央公民館

志布志市の47名、平戸市の20名をはじめ、九州各地のまちづくり仕掛け人が参集。各地区の活動状況の発表の後、福留理事長が「全国のまちづくり状況の動向と課題」をテーマに講演しました。

交流会は120人のパーティーとなり、ミニサミットとはいえ大パーティーになりました。筑後市の関係者、まち研筑後支部をはじめ各種団体、社会教育委員会議、公民館運営審議会などの参加もあり、参加者から大きな共感を得た研修会となりました。近隣のグループが集まって行う、こうした交流会をもっと活発にしたいと多くの参加者も感じていたと思われます。

輝け創年祭　埼玉県松伏町制施行40周年記念　平成21（2009）年11月1日（日）

松伏町中央公民館、B＆G海洋センター記念公園、総合公園ほか

主催　松伏町文化まちづくり実行委員会、松伏町、同町教育委員会

後援　聖徳大学生涯学習研究所、NPO法人全国生涯学習まちづくり協会

開会セレモニーは田園ホールエローラにて。

記念講演「創年よ大志を抱け」の講師は福留強（聖徳大学教授・生涯学習研究所所長）が務めました。創年コンサートは、ニューノーツオーケストラが演奏しました。

創年のひろばでは、前田房穂氏（市原まちづくりの会）、深谷じゅん氏（大田区社会教育主事）、コーディネーター・吉村由美子氏（全国生涯学習まちづくり協会）が登壇。

会場には、聖徳大学生涯学習体験ステージが設置され、文化・経験発見ゾーンでは、文化協会加盟団体紹介や体験、コーラス連合、ダンス連盟が配置、またスポーツゾーンでは、インディアカ、卓球、バレーボールの連盟他が配置。レクリエーションゾーンでは、レクリエーション協会加盟団体の紹介や体験などが行われました。農産物直売コーナーも設置されました。

創年と銘打ったフェスティバルは全国初でした。この創年祭は、高齢者たちが健康で可能な限り自分を活かし地域に貢献するという創年活動の輝きがありました。高齢者たちが生きがいをもって積極的に生き、周囲に迷惑をかけず前向きに貢献することは、いわば夢のような話です。しかし、実際に年金プラス5万円で精いっぱい生きがいをもって生きようとする創年も多いのです。創年の趣旨を活かした創年祭が広がることを応援します。

子どもの心を育てる全国集会・山梨大会

山梨市中央公民館　平成21（2009）年11月22〜23日　山梨市市民会館

共催　山梨市教育委員会、子どもをほめて育てる研究会実行委員会、全国生涯学習
　　市町村協議会、NPO法人全国生涯学習まちづくり協会、聖徳大学生涯学習研究所、
　　山梨市子どもクラブ指導者連絡協議会他

後援　NHK甲府放送局、山梨日日新聞社、山梨放送、テレビ山梨

基調講演「子どもを健全に育てるまち」の講師は福留強（全国子どもをほめて育てる会代表）。解説「子ほめ条例のまち」は清水英男氏（聖徳大学教授）が行いました。

シンポジウム「地域で育つ大人と子ども」では、松下倶子氏（恵泉女学園長）、二宮至氏（元巨人選手）、古口紀夫氏（栃木県下野市教育長）、広崎紀子氏（まちづくりコーディネーター）がシンポジストとして活躍されました。

山梨県では初めての子ほめ大会でした。平成15（2003）年3月8〜9日（日）大分県前津江村で開催された「子褒めフォーラムin前津江」（第1回全国子どもをほめよう研究大会）以来、全国各地に広がってきました。

北日本生涯学習まちづくりフォーラム・北海道大会

「田舎が輝くまちづくり　ひとが動く　まちが変わる」のテーマを掲げて北海道本別町で開催。市民一人ひとりが学びを通じ、地方の活力をどのように取りもどせるか、「田

舎力」「市民力」「地域力」そして「協働」をキーワードに討議しました。
　平成 21 年（2009）11 月 28 日　北海道本別町中央公民館大ホール
　共催　全国生涯学習市町村協議会　本別町　本別町教育委員会ほか
　後援　NPO 法人全国生涯学習まちづくり協会　歓び実感プラン 21 推進委員会
　基調提案「田舎力　地域に眠る宝を探し発信する」は金丸弘美氏（環境ジャーナリスト）
　パネルディスカッションは「生涯学習によるまちづくりを検証する」は大西雅之（阿寒鶴雅グループ代表）、福留強、今野公司氏、髙橋正夫氏（本別町長）、小山忠弘氏（ふるさと再生塾長）の 5 名で行いました。
　平成 14（2002）年 11 月 30 日〜 12 月 1 日の「全国生涯学習まちづくりフォーラム本別・北海道大会」から 7 年ぶりの本別大会で、髙橋正夫町長、小山忠弘元教授のコンビは変わらず、テーマ「田舎力」は、まちづくりに傾斜していることがうかがわれました。市町村協議会のリーダーとして、北海道大会を実施しました

全国生涯学習まちづくりサミット in 秩父
　平成 21（2009）年 10 月 31 日（土）〜 11 月 1 日
　埼玉県会場の全国生涯学習フェスティバルのまちづくりサミットです。県庁所在地を避けてまちづくりサミットにふさわしい自治体を会場にするという流れで、歴史的な風土のある秩父市内で実施することにしました。直前から秩父市の生涯学習課長の応援もあって、参加者は例年に比較して少なかったのですが、成功だったと思いました。特にこの大会の特色は、聖徳大学の学生たちが活躍したことで評判になりました。
　主催　秩父市、全国生涯学習まちづくりサミット in 秩父実行委員会
　共催　NPO 法人全国生涯学習まちづくり協会
　後援　埼玉県教育委員会、全国生涯学習市町村協議会、聖徳大学生涯学習研究所、㈶日本余暇文化振興会、㈳スコーレ家庭教育振興協会

◆平成 22 年　2010

　民主党政権の仕分けパフォーマンスによって、生涯学習の啓発事業、全国生涯学習フェ
スティバルは、第 20 回を迎えたところで廃止になってしまいました。小惑星探査機「は
やぶさ」が帰還するニュースにわきました。

世界遺産イタリア研修旅行　ミラノ、ベネツィア、フィレンツェ

　平成 22 (2010) 年 2 月 17 ～ 24 日 (水)、まち研創立 20 周年の企画事業として、
世界遺産の宝庫イタリア周遊世界遺産研修を 8 日間実施しました。ミラノ、ベネツィア、
フィレンツェ、世界の観光地イタリアの代表的な都市です。多くの名所、名画に触れる
とともに、イタリア料理とカンツォーネを楽しむ旅行でした。一度参加すればやはり最
も意義ある活動と思えます。小川誠子氏の紀行文にその味わい方を学んでみてください。

<h2 style="text-align:center">まち研と関わる活動を振り返って
重要な意味をもたらしてくれた 2010 年のイタリア訪問</h2>

小川　誠子

　まち研と関わる私の活動は、国内に留まりません。海外での活動にも広がっていきま
す。2010 年 2 月 17 日から 2 月 24 日、近畿日本ツーリストのツアー「大感謝祭イタ
リア 8 日間」に参加しました。福留強先生やまち研関係者の方々と訪問したイタリアで
の経験は、その後の私の人生に大きな影響を与えてくれました。訪れたまちは、ミラノ、
ベネツィア、フィレンチェ、ピサ、ローマです。2 日目に訪れたベネツィアは、雨が降
ると海面高度が上がって地面と同じ高さになります。地盤沈下と海面上昇が進んでいる
まちの状況です。

　全国生涯学習まちづくり研究会との出会いは、約 30 年前、大学院で生涯学習や社会
教育について真剣に学び始めた頃のことです。指導教官と一緒に、全国生涯学習まちづ
くり研究会の会合に訪れたことが始まりでした。その後、岐阜県羽島市で開催された
フォーラムで司会を担当させていただいたりするなかで、生涯学習がまちづくりに果た
す役割について多くのことを学ばせていただきました。

　2000 年、全国生涯学習まちづくり研究会は、NPO 法人全国生涯学習まちづくり協
会 (まち研) へと新たなステージに入っていきますが、そのステージにおいてもさまざ
まな活動に参加させていただきました。特に、2005 年、第 7 回聖徳大学生涯学習フォー
ラムにおいて、「カナダ社会におけるボランティア活動の具体的諸相─セカンダリー・
スクールでのボランティア体験から」というタイトルで発表させていただいたことと、
2010 年、岩手県軽米町で開催された「子どもをほめて育てよう研究大会 in かるまい」
において、シンポジウム「学校、家庭、地域連携による子育て運動」のコーディネーター

を担当させていただいたことが、印象に残っています。

　さまざまな地域で活躍される人々との出会いやそこから得た貴重な情報は、その後の私の大学での教育活動において生かされています。3日目に訪れたフィレンツェ、このまちは、「屋根のない博物館」と呼ばれていますが、ミケランジェロ広場から見渡すフィレンツェのまち並みは、まさに「屋根のない博物館」でした。ウフィツィ美術館では、ボッティチェリの「ヴィーナスの誕生」と「春」の2つの名画に魅了されました。特に、「春」に描かれているフローラ（花の女神）の花柄模様のワンピースは、何度見てもほしくなります。名画に酔いしれるウフィツィ美術館からは、アルノ川に架かるフィレンツェ最古のヴェッキオ橋を眺めることができます。ヴェッキオ橋の昼の顔と夜の顔をどうしても見たくて、同じ場所で時間をずらして写真を撮影してみました。

　フィレンツェでは、郊外のホテルに泊まりましたが、今度フィレンツェに訪れるときは、ヴェッキオ橋の近くのホテルに泊まって、この「屋根のない博物館」をもっとじっくり歩いてみようと心に決め、フィレンツェのまちを去りピサに向かいました。

　2010年のイタリア訪問から約3年半の月日が経ち、再びフィレンツェを訪れることになりました。2011年から諸外国の社会教育施設（博物館・図書館など）に訪問するというプロジェクトを立ち上げたからです。韓国・ソウル、ロシア・サンクトペテルブルグのまちに続いて、私は、迷わずフィレンツェのまちを選びました。ヴェッキオ橋の近くのホテルに7日間（2013年9月9日から9月17日）滞在し、社会教育施設を訪問しながら、「屋根のない博物館」をじっくり歩くという貴重な時間を過ごしました。この時は、ウフィツィ美術館に加えて、2010年の旅では行くことができなかったパラティーナ美術館、さらにベアート・アンジェリコ中学校のなかにある地域生涯学習センターや、フィレンツェ市民に愛されているオブラーテ図書館にも足を運びました。「屋根のない博物館」にある「美術博物館」の展示資料をゆっくり鑑賞するという、とても贅沢な時間が流れていきました。

　2013年にフィレンツェを訪れてから、スウェーデン・ストックホルムやフィンランド・ヘルシンキ、中国・天津やアイルランド・ダブリンのまちにも訪れ、諸外国の社会教育施設に訪問するというプロジェクトは続いていきました。私は思います。2010年、福留先生やまち研関係者の方々と一緒にイタリアに訪れることがなかったら、諸外国の社会教育施設に訪問するというプロジェクトは、立ち上がっていなかったと。外国のさまざまなまちに出かけることはなかったでしょう。さまざまなまちの社会教育施設について考えるきっかけを与えてくれた2010年のイタリア訪問は、私の人生に重要な意味をもたらしてくれました。そんな機会に巡り合えたことに、心から感謝したいと思います。

（青山学院大学コミュニティ人間科学部教授）

(2) 協働参画によるまちづくり IN かるまい

第8回軽米町生涯学習フェスティバル

　平成21（2009）年度軽米町教育振興運動集約、第8回軽米町生涯学習フェスティバルを核にして、こどもの心を育てる研修会、東北地区生涯学習まちづくり研修懇談会の3事業を1週間内で実施し、フェスティバルの面目を保ったものでした。

・**軽米町こどもの心を育てる研修会（子ほめ研修会）**　平成22（2010）年2月5日（金）
　オープニング（実践発表）　晴高小学校「郷土芸能伝承『高家えんぶり』」
　基調講話「子どもをほめて育てよう」の講師は福留強（全国生涯学習市町村協議会世話人）。シンポジウム「家庭、学校・地域連携による子育て運動」のシンポジストは、五十嵐進氏（鶴岡市自治振興会副会長）、金沢昭氏（矢祭町・もったいない図書館長）、日山篤氏（軽米町体育協会長）、田中祐典氏（笹渡小中学校PTA会長）の5名の方々で、コーディネーターは小川誠子氏（青山学院大学非常勤講師）でした。

・**東北地区生涯学習まちづくり研修懇談会**　平成22（2010）年2月6日（土）
　軽米町中央公民館
　事例研究「市町村における生涯学習まちづくりの成果と課題」は、山形県高畠町・山木義明氏（教育総務課）、青森県黒石市・駒井昭雄氏（企画財政部）、青森県階上町・田中靖子氏（総務課広報担当）、五戸町まちづくり会・赤坂喜美氏の4人の方々が発表されました。4人の発表者はいずれも東北の仕掛け人の皆さんで、実践家としても知られる人ばかりで、予想以上の成果を上げたといわれていました。

・**第8回軽米町生涯学習フェスティバル**　平成22（2010）年2月7日（日）
　表彰式、閉会行事
　近隣の自治体を巻き込む大がかりなイベントとしてまちの力を全国に示しました。ま

た、4枚看板方式の大会で同時に3大会を総合し、町民行事でありながら東北地区のまちづくり関連行事として意義ある事業となり、記憶に残りました。第8回軽米町生涯学習フェスティバルの一連の事業として実施されたものですが、教育委員会としてはかなり議論したのでしょう。事業の趣旨と成果などを徹底的に検討されたものと思われます。

こうした事業では、担当者が緊張してピリピリしていたのでは成り立たないものです。つまり素晴らしい軽米町のチームワークによるものでした。

(3) 全国の活動成果の学習、各種研修会

全国生涯学習まちづくり研究会発足20周年勉強会～きらめくまちづくり再考～
平成22 (2010) 年4月24日　聖徳大学生涯学習社会貢献センター
全国生涯学習まちづくり研究会の会員や近隣の自治体の生涯学習まちづくり担当者、学生などが、全国の実態や活動成果について学び、意見を交換しました。次代を担うスタッフが育ってほしいという願いから、まち研創立20周年記念セミナーを実施しました。関係者が顔を合わすだけでもいいもので、今後について様々な発想がわくものです。

聖徳大学生涯学習研究所の課題別研究会に参加
まち研は、研究会を名乗っているのですから、研究の機会をもつことは必須の条件です。聖徳大学の生涯学習センターで隔週開催される生涯学習まちづくりに関する研修は、多彩なテーマを議論する場であり、大学の教官や、地域の実践者の話を聞くという夜間の市民対象の学習でした。研修所のイベントチラシには、「赤ちょうちんから生涯学習へ」「お酒を飲んで元気になろう」など、大学らしからぬ(?)テーマの講座等で市民の興味を呼びました。まち研会員をはじめ一般市民学生が参加し、毎回学習を楽しみました。
地方の情報でもまち研が関わる事業は、筆者のもとに数多く届いていました。
平成22 (2010) 年5月18日(火)天童市まちづくり研修会(山形県天童市・北部公民館)
平成22年8月27日(金)たまり場研修会(名古屋地区アドバイザー)徳重地区会館(ユメリア) など、これらは、いわば日常的に展開されている各地の活動の一端です。

熊本大学社会教育主事講習　平成22 (2010) 年6月1～3日
このころ、毎年夏になると熊本大学の社会教育主事講習に行くことが恒例になっていました。平成29 (2017) 年まで30年以上続いていたことになります。鹿児島、宮崎、大分、熊本の4県から約100名の受講者が40日間の主事講習に参集していました。筆者自身も昭和47 (1972) 年に熊本大学2期生として主事講習を受け、以来、社会教育の道に転向したものでした。本講習に参加する受講者は、かつての筆者と同じ社会教育

に出合い、その道を目指して希望をもって講習に参加しているのです。筆者にとっては楽しみの1週間でした。いわば後輩を育てる気持ちで、その他の示唆を思いのたけ伝えたと感じられるような気がしたものです。

楽習フェスタ2010　第12回聖徳大学生涯学習フォーラム

平成22（2010）年6月19日（土）〜6月20日（日）　まち研総会

主催　聖徳大学生涯学習研究所

共催　NPO法人全国生涯学習まちづくり協会

後援　千葉県教育委員会、松戸市、ほか

協力　新京成電鉄株式会社、株式会社ブルボン、聖徳大学オープン・アカデミー、児童学部生涯教育文化学科、聖徳大学生涯学習研究同好会りりーず

記念講演「地域×もてなし×学校教育」の講師は向山洋一氏(教育法則化運動TOSS代表)

記念シンポジウム「地域×もてなし〜どうなる どうする 地域と子ども」のシンポジストは、向山洋一氏（TOSS）、谷和樹氏（玉川大学准教授）、石田直裕氏（地域活性化センター理事長）、鈴木博志氏(栃木県南赤塚小学校教頭)の4名の方々で、コーディネーターは清水英男氏（聖徳大学教授）でした。

イベントでは「地域ふるさと自慢博覧会」「生涯学習見本市」「夢のお菓子パッケージコンクール」「特別コラボ・巨人軍」「聖徳大学オープン・アカデミーSOA体験コーナー」があり、松戸駅前西口特設ステージには、ハワイアンバンドブルースカイ、よさこいソーラン（生涯学習研究同好会りりーず）、聖徳大学吹奏楽研究会が参画しました。

この年から、学術フロンティア推進事業の成果をさらに発展させ、イメージを変えようと「生涯楽習フォーラム」という新名称を使ってみました。

・第13回聖徳大学生涯学習フォーラム（楽習フェスタ2011）

平成23（2011）年6月11〜12日（土）

東日本大震災後の暗い気持ちの脱却をイメージした楽習フェスタ2011は参加者に新鮮に映ったようでした。主催の聖徳大学生涯学習研究所、共催のNPO法人全国生涯学習まちづくり協会のほか、全国生涯学習市町村協議会、聖徳大学オープン・アカデミー、人文学部生涯教育文化学科生の協力がフォーラムをさらに盛り上げました。学生たちにとっては授業の一部であり、学習の延長上のイベントです。学習効果はてきめんで、フォーラムが楽しかったと一同が答えていました。

名古屋サロン指導者講座　第1回創年アドバイザー講座

平成22（2010）年8月27日（金）

たまり場研修会（名古屋地区アドバイザー）　徳重地区会館（ユメリア）

たまり場運営と、開設の在り方などの情報交換と啓発事業として、名古屋市のまち研

会員の小野碩鳳氏が実施したものでした。研修交流会を民間として行う事例は数少なく、その後も継続していました。いずれも、たまり場の意義、現状と運営に関する研修を、小野氏はまち研愛知支部を名のり孤軍奮戦しながら実施していました。

日本人は魚を食え in 東京タワー　平成 22（2010）年 11 月 21 日（日）

　土井克也氏は運送業ですが、走る創年のたまり場を創っています。地域で年金プラス 5 万円を課題とする講座に参加して発奮し、目玉のトラックを改造し「動く創年のたまり場」を創りました。さらに、東京タワーでさんま祭りを成功させ、一躍有名になりました。東京タワーさんま祭りに乗り込み、そこで披露し話題をさらったものが、「日本人は魚を食え」トラックでした。

　東日本大震災にも、魚を東北に運び、東北救援に奔走したものでした。この時のエピソードが被災者の東北人の言葉「魚はありがたいが、この魚は救助に来ているアメリカ軍に食べさせてください」という言葉があったといいます。この心にアメリカ人が感動しました。世界の紛争国等に救援に行っているアメリカ兵は、命の危険もあったのですが、東北人の温かさに触れた、ということなどで一段と東北人の評判を上げるとともに、交流が深まっていったということでした。その基を築いたのが土井克也氏でした。

● 平成 20 年　2008

1 月 22 日（火）	旅のもてなしプロデューサー講座開講（千葉県松戸市・聖徳大学 SOA）
1 月 25 日（金）	立川市団塊世代次世代育成セミナー（東京都立川市）
2 月 17-18 日	東日本生涯学習まちづくりフォーラム（栃木県・佐野市文化会館）
2 月 11 日（月）	平成さつま隼人塾（鹿児島県霧島市）
3 月 2 日（日）	学術フロンティア推進事業生涯学習・実践研究のつどい
4 月 15 日（火）	東松山市きらめき市民大学開講式（埼玉県東松山市）
5 月 24-25 日	平戸市地域アニメーター講座（長崎県平戸市）
6 月 16 日（日）	韓国で「子ほめ条例」翻訳出版　大野見から子どもの茶（最終便）
7 月 12-13 日	ケセンきらめき市民大学（岩手県大船渡市・高田ドライビングセンター）
8 月 6 日（水）	安房創年市民大学（千葉県館山市）
9 月 13-14 日	第 21 回まちづくりコーディネーター養成講座（聖徳大学）
10 月 11-12 日	全国生涯学習まちづくりサミット in 南相馬（福島県南相馬市）
11 月 15-16 日	創年と子ども〜子どもをほめて育てる研究会in矢板（栃木県矢板市）
11 月 22 日（土）	市原市まちづくり塾（千葉県市原市・市原市公民館）

205

● 平成 21 年　2009

1 月 24-25 日	旅のもてなしプロデューサー養成講座（岩手県陸前高田市）
2 月 7-8 日	西日本生涯学習シンポジウム東広島市大会（広島県東広島市）
2 月 14 日（土）	墨田区いきいきセカンドライフ講座（東京都墨田区）
6 月 13-14 日	聖徳大学生涯学習フォーラム
6 月 27 日（土）	佐久市創年セミナー（長野県・佐久市中央公民館）6 回
7 月 7 日（火）	千葉市生涯学習ボランティア講座（千葉市生涯学習センター）3 回
7 月 23 日（木）	おだわらシルバー大学公開講座
9 月 12 日（土）	南九州生涯学習まちづくり実践交流会（鹿児島県志布志市）
9 月 12-13 日	第 22 回まちづくりコーディネーター養成講座（聖徳大学）
10 月 17-18 日	「生涯教育の町」宣言 30 周年記念大会（岩手県金ケ崎町）
10 月 27 日（日）	国際観光問題懇談会（衆議院第 2 議員会館）
10 月 31 日（土）	全国生涯学習まちづくりサミット秩父（埼玉県秩父市）
11 月 1 日（日）	輝け創年祭松伏町制施行 40 周年記念（埼玉県松伏町）
11 月 22 日（日）	九州地区生涯学習まちづくりミニサミット(福岡県筑後市中央公民館)
11 月 22-23 日	子どもの心を育てる全国集会・山梨大会（山梨市中央公民館）
11 月 28 日（土）	北日本生涯学習まちづくりフォーラム・北海道大会（北海道本別町）

● 平成 22 年　2010

1 月 19 日（火）	東御市生涯学習まちづくり市民大学ワークショップ
2 月 5 日（金）	軽米町子どもの心を育てる研修会（子ほめ研修会、岩手県軽米町）
2 月 17-24 日	世界遺産イタリア研修旅行　ミラノ、ベネツィア、フィレンツェ
3 月 1 日（月）	瀬戸内しまなみ大学プロジェクト（広島県尾道市）
3 月 4 日（木）	富里市創年セミナー（千葉県富里市）
3 月 12 日（金）	志布志創年市民大学（鹿児島県志布志市）
4 月 24 日（金）	全国生涯学習まちづくり研究会発足 20 周年・勉強会
5 月 24 日（月）	矢板市ふるさと創年大学（栃木県矢板市中央公民館）3 回
6 月 1-3 日	熊本大学社会教育主事講習
6 月 19-20 日	楽習フェスタ 2010　第 12 回聖徳大学生涯学習フォーラム
9 月 17-18 日	旅のもてなしプロデューサー養成講座
11 月 21 日（日）	日本人は魚を食え in 東京タワー（東京タワー）
11 月 27-28 日	第 25 回　まちづくりコーディネーター養成講座
12 月 4 日（土）	平戸市まちづくり交流会、九州地区ミニサミット（長崎県平戸市）
12 月 14 日（火）	全国生涯学習市町村協議会フォーラム（聖徳大学）廃校活用研究会

平成 23 ～ 24 年（2011-2012）

11　自然災害等の克服　元気回復

◆平成 23 年　2011

　東日本大震災が発生し、福島第一原発事故など未曽有の大事件となりました。菅直人首相に替わって野田政権が発足。世界人口 70 億人突破などが関心を集めました。サッカー女子ワールドカップドイツ大会で「なでしこジャパン優勝」が明るいニュースになりました。東日本大震災によって、自然災害の脅威、ふるさと意識、自治会の意義が広がるなど、社会的課題への合意を得た一面もありました。

　自然災害等に対応できる、学びやまちづくりが新たな課題として提起されました。生涯学習やまちづくりの課題として、災害の防止や被災後の対応などを考慮したプログラムの必要性が高まった時期でした。全国的に被害もあって、あらゆる面で停滞する傾向がありました。そうした中で「まちづくり活動に参画することが災害を克服し元気回復の基本である」ということが合言葉となっていきました。

　まち研は、東北会員の会費を 3 年間免除にしました。この時期、まち研は子どもをほめて育てよう研究会・黒石大会（2 月 26 日）を実施。TBS ラジオの久米宏氏が自宅から電話で出演しました。

（1）東日本大震災　平成 23（2011）年 3 月 11 日

　平成 23（2011）年 3 月 11 日午後 2 時 46 分。三陸沖を震源に未曽有の巨大地震が発生しました。東日本の各地で大きな揺れを観測するとともに、海岸線に壁となって押し寄せた津波により多くの人命が失われ、東日本をはじめ、日本各地に甚大な被害をもたらしました。

国内観測史上最大の地震

　マグニチュード 9.0 と発表された東北地方太平洋沖地震は、平成 6（1994）年の北海道東方沖地震の 8.2、平成 7（1995）年の阪神淡路大震災の 7.3 を大きく上回る国内観測史上最大の地震となり、宮城県栗原市では震度 7 を記録しました。太平洋プレートと北アメリカプレートの境界で起こったこの海溝型地震は、震源域が岩手県沖から茨

207

城県沖までのおよそ南北500キロメートル、東西200キロメートルという広大なもの
でした。これまで想定されていた地震の規模を、大きく上回る巨大地震だったのです。

地震に伴って発生した大津波は、北海道から関東の太平洋沿岸へ押し寄せ、漁船、港
湾施設、さらに住宅地や農地を呑み込み、大きな被害をもたらしました。住宅の全半壊
約40万5,000戸、避難者約4万人という大被害をもたらし、東日本全域に大きな傷跡
を残しました。死者・行方不明者の合計は1万8,420人であり、関東大震災の死者・
行方不明者約10万5,000人に次ぐものとなりました。また、津波により冠水した面積
は宮城県、福島県など6県で561平方キロメートル（山手線の内側面積の約9倍）に
及ぶとみられています。　　　　（死者と行方不明者の数は2024年3月警察庁発表より）

東日本大震災の影響で3月以降の多くの事業が中止

多くの政策は、変更や中止になり経済的にも市民生活にも停滞と苦難を強いられまし
た。被災地は、経済的に甚大な損失をうけ、また電力不足の深刻化など重い負担がのし
かかったのでした。まち研も、東北6県の会員の会費を3年間免除しました。ささやか
でもいい、何らかの支援をしたいという会員の気持ちを、できる範囲で実施したもので
した。しかし、このことがまち研の会員の激減につながってしまいました。

反面、復興への努力を通じて深まった国民的な「絆」が、全国に自信と誇りを持たせ
ました。防災ボランティア延べ94万人、募金額国内4,400億円、海外175億円、海
外からの物資支援126ヵ国・地域、出動した自衛官、警察、海保、消防延べ1,071万
人が報告されています。被災地に応援職員を派遣した自治体数は計1,377自治体にの
ぼっていました。

東日本大震災の被害が大きいため、3月以降の多くの事業が中止、または廃止され、
再建がキーワードになっていきました。

「克灰」をヒントに「克災」を提唱　立川市・大山団地自治会

自治体関係者のほか、東日本大震災で被災した福島からの被災者など150人のボラ
ンティアが参加。清水庄平立川市長のあいさつの後、基調報告「大山団地自治会にみる
都市におけるコミュニティの在り方」は佐藤良子氏（大山団地自治会長）による報告・
提言などの後で、克災都市づくりを協議しました。分科会では、「コミュニティ形成の
ための自治会活動の工夫」「大不況時代の創年市民大学の学習内容「地域における創年
活動」「災害復旧の力を生み出す市民活動」の4分科会12事例で研究協議を行い、助
言者によるシンポジウム「創年コミュニティに求められる役割」で盛り上がりました。

総括では、福留理事長から「克災都市づくり」の具体的な取り組みとして、鹿児島・
桜島の「克灰」に対して、一人一人の力を結集して災害を克服するという考え方と取り

組み方が示されました。

　社会教育の課題も、「災害に際してどのように対応するか」というテーマが広がっていきました、全国生涯学習まちづくり研究会でも、全国的に、災害に取り組む研修を広げるために、研究を充実させようという意見がありました。マスコミをはじめ、教育にも災害予防、災害ケアなどの研修が広がり、いち早く、栃木県佐野市では、研修テーマの一つとして防災への対応を取り上げたのでした。講師に依頼された筆者は、佐野市での講座で、市民活動で災害に立ち向かうコミュニティの話をしたときに、鹿児島の「克灰」が脳裏に浮かび、「克災」という造語を提案したものです。

（2）町内会・自治会はまちづくりの基礎

　町内会・自治会は、あらゆるまちに存在し、日常生活の場で様々な活動を展開しています。市民にとっては、最も身近な組織であり、相互理解、協力、支援、安全安心の生活には不可欠な集団です。町内会・自治会については一般に次のような定義が知られています。「原則として、一定の地域区画において、そこで居住ないし営業する全ての世帯と事業所を組織することをめざし、その地域的区画内に生じる様々な（共同の）問題に対処することを通して、地域を代表しつつ、地域の（共同）管理にあたる住民組織」です。（中田実、山崎丈夫、小木曽洋二『地域再生と町内会・自治会』自治体研究社より）

　本誌でも、この考え方で「町内会・自治会」を考えていますが、ほぼ同じ範囲を想定して「コミュニティ」にも言及しています。町内会・自治会はまちづくりの基礎なのです。町内会・自治会の特色は、居住地の「地縁」に基づいて成立し、原則として全世帯（全住民）で構成され、脱退加入は自由とされています。そのため未加入の人も多く、それが町内会・自治会の悩みの一つとなっているところもあります。特に都市における生活では、災害時や渇水時に地域の連帯不足を痛感することが少なくありません。困ったときに助け合う人間関係が希薄なことが、人々を苦しめるということです。

より良いコミュニティが人々の悩みを和らげる

　町内会・自治会は、煩わしいという人も多く、町内会などの出席が少ないことや、会費の未納者、ゴミの分別などの約束を守らない人もいます。しかし町内会・自治会の意義は想像以上に大きいものです。自然災害等により、まち全体が他の地域に避難を余儀なくさせられた人々は、その際にも、できるだけ同一地域の人々と同一場所に避難を希望しました。身近な人々、親しい人々の集まりは、不安やストレスを軽減することに効果があるとされたからです。また、災害にも整然と過ごした人々を見ると、東北や熊本の各被災地にはすぐれたコミュニティの存在が証明されました。町内会のしっかりした

地域が、死傷者も少なく、また立ち直りも早かったし、被災後の人間関係もより強まったということです。地域の防災においても、快適な生活のためにもコミュニティは不可欠です。

　町内会・自治会はどのような役割を果たすのか。内閣府の調査によると様々な役割が知られていますが、最も多いとされたのは次のような項目でした。いわばこれが町内会・自治会の役割ということでしょう

- ・住民相互の扶助や住民自治を拡充し、地域のまちづくりを進める主役
- ・コミュニティ組織の中核的な主体として
- ・防災活動や地域の安全確保の担い手
- ・地域の人々の親睦や精神的なまとまりのため
- ・行政の計画・施策に住民の意見を反映させるため行政からの事務連絡のため
- ・環境美化・環境保全と廃棄物・リサイクル活動の担い手
- ・地域福祉の担い手

（内閣府調査『平成 16 年度国民生活白書』地方公共団体へのアンケート調査より）

立川市創年コミュニティ研究会（立川市大山団地自治会）
・創年コミュニティ研究大会～ 3.11 後の克災都市づくり～
平成 23（2011）年 7 月 17 日　立川市大山団地上砂会館

　創年コミュニティづくり研究大会実行委員会、NPO 法人全国生涯学習まちづくり協会、立川市大山自治会、全国生涯学習市町村協議会が共催したもので、立川市、立川市教育委員会、立川市社会福祉協議会、立川市自治会連絡協議会、あしたの日本を創る協会、日本余暇文化振興会など、多くの団体が後援して実現しました。

　基調報告「大山団地自治会に見る都市におけるコミュニティの在り方」佐藤良子氏（大山団地自治会長）、分科会等。

　基調提言「安心・安全のコミュニティづくりと創年活動の進め方」福留強（聖徳大学生涯学習研究所長・NPO 法人全国生涯学習まちづくり協会理事長）

　シンポジウム「創年コミュニティに求められる役割」佐藤良子氏、他

　町内会・自治会は、まちづくりそのものの活動集団と言ってもよいでしょう。自らの住まいを守り近隣と支えあって安心して生活できるような活動を行うものが町内会、自治会であるといってよいでしょう。この町内会・自治会で、全国的に最も有名になったのは、立川市の大山団地自治会の活動です。孤独死が年間 5,000 人はいるという東京にあって 4,000 人の町内会で 7 年間孤独死ゼロ、というのは奇跡に近いといえます。その中心になっているのが佐藤良子さんで、自治会長として全国的な話題になりました。その手法は高齢者を孤独にしない取り組みなどアイデアいっぱいで、立川の模様は全国的に報道されました。都市における町内会・自治会のモデルとして語られています。

やねだん　行政に頼らず、活性化した過疎集落

　行政に頼らないまちづくりとしては、限界集落といわれている鹿児島県鹿屋市柳谷地区（地元では「やねだん」と呼ぶ）自治会が知られています。高齢化率約4割、人口280人の集落ですが、様々な工夫で活性化しています。まず、空き家を活用した「迎賓館」に若手芸術家たちを招きいれ、「文化と若者」という2つの接点を地域全体で盛り上げ、多くの訪問客を受け入れています。8名の芸術家の制作活動は、地区の文化向上に貢献し、多くの人を集落に招いています。創年と高校生との共同の農作業や農産品の生産、特産品の開発やコミュニティビジネスの実践などを通して、自主財源を確保し独自の福祉、青少年教育に取り組んでいるのです。これらの収益金を元に、自治会費の値下げ、年末に各戸に1万円のボーナスを支給し話題になりました。さらに、高齢者家庭に無料で緊急警報装置や煙感知器を設置、全戸に連絡網に使う無線を設置しています。また、独居老人の見守り方式の試みなど、助けあうコミュニティが形成されています。

　これらの成果はリーダーの豊重哲郎さんの指導力、尽力に負うところが大きいようです。全国からの視察が殺到し、今では地域で全国対象のまちおこし研修を行うほどです。

　（「やねだん」MBC南日本放送、「知られざる日本の地域力」椎川忍他著　今井出版）

全国創年市民大学交流フォーラムin志布志　平成23（2011）年10月15日

全国創年市民大学研究大会（志布志市・志布志文化会館）
講話　塩見みづ枝氏（文科省社会教育課長）
基調提言「なぜ、創年市民大学なのか」福留強（志布志創年市民大学名誉学長）

　事例発表は、筑後市の「生涯学習グループTMの会」、尾道市の「しまなみねっとTV」の2事例のほか、志布志市の「志布志市観光ガイド」「志布志市NPO等連絡協議会」「志布志創年市民大学・だいやめの会」の5事例発表があり、地域貢献のあり方を考える効果的な内容でした。

　シンポジウム「元気日本再生と市民活動」では、全国で話題のコミュニティ指導者である本田修一氏（志布志市長）、佐藤良子氏（立川市）、豊重哲郎氏（鹿屋市）、前原徳雄氏（志布志市）による白熱した討議が話題を呼びました。

金ケ崎町生涯学習大会　平成23（2011）年11月25日（金）

岩手県金ケ崎町中央公民館
　生涯学習のまち金ケ崎町は「生涯教育の町宣言」をしていますが、その宣言の発表を兼ねた生涯教育大会を実施しました。この大会は継続されていくほどに町内だけでなく近隣の自治体を巻き込む大会に発展していったようです。全国の生涯学習まちづくりに大きな影響を与えていったと評されています。

（3）お寺もまちづくりの拠点

　代表的な６つの宗派の若い住職さんが、生涯学習研究所に来訪されたことがありました。今、お寺はかなり困っているとのこと。高齢化で後継者不足、また過疎地では檀家も減り、お寺での冠婚葬祭が激減してしまいました。そのため多くのお寺は財政的に苦しく、廃寺も増えているといいます。かつてお寺は、子どもにとっては季節ごとのお祭りの場であっただけでなく、庭は遊び場であったし、地域の人々にとっては学びの場であり、生活を考える場であり、いわば、今日の公民館であり、コミュニティセンターでもあったのです。若い住職グループは、お寺をもう一度、地域の人々の心のよりどころとなる交流の場としての地域活動の拠点にしようと考えていました。若い住職さんたちのまちづくり研修をしたいという相談でした。そして実現したのが勝浦ミラクル会議でした。この事業をモデルとして、全国に広げたいという熱意に共感するものです。お寺はこれからもコミュニティの中心であり続けることでしょう。

勝浦ミラクル人会議
平成 23（2011）年 12 月 1 日（日）千葉県勝浦市妙海寺　寺小屋道場
共催　妙海寺、熱血!! 勝浦タンタンメン船団、NPO法人全国生涯学習まちづくり協会、
　　寺小屋ブッダ、千葉県南部日蓮宗青年会
　「お寺がまちづくりの拠点になれるか」をテーマに、４つのステップでお寺で学ぶまちづくり研修会として、「まちづくりとは何かを学ぶ」「成功事例に学ぶ」「まちづくりアイデア創造ワークショップ」「懇親会で仲良くなろう」を行いました。
　お寺の若き住職たちを中心に、地域の住民も加わった研修で、佐々木教道氏を世話人に、福留強（全国生涯学習まちづくり協会理事長・聖徳大学教授）が講師に加わり、お寺のコミュニティセンターの復活をかけて約 40 人が参加して実施されました。この研修から、地域特産をはじめ様々な取り組みの企画が生まれました

寺小屋ブッダ
　寺院を拠点とした " ひとづくり・まちづくり " 活動を、宗派を超えた全国の寺院とともに展開する一般社団法人寺子屋ブッダ（代表理事・松村和順氏）は、かつてよりお寺が日本人の心に位置づいていたことを再認識させようと、お寺のネットワーク構想を実現させました。多彩な活動で地域づくりとお寺本来の役割の他、お寺の魅力を現代風に作り上げています。平成 30（2018）年 10 月 15 日（月）「地域の健康に貢献するお寺」をテーマに、寺子屋学シンポジウム開催しています。

◆平成 24 年　2012

　尖閣諸島を国有化したことに中国が反発し、日中関係が負の交流時代に入っていったようです。4 月 22 日（火）東京スカイツリーが完成し、社会的に元気回復のきっかけになることを期待したものでした。

女子力とまちづくりフォーラム
　平成 24（2012）年 1 月 21 日（土）　聖徳大学生涯学習社会貢献センター
　共催　聖徳大学生涯学習研究所、NPO 法人全国生涯学習まちづくり協会
　分科会「聖徳大学から飛び出した女子力」
　このフォーラムは、女子大らしい事業を実施しようとスタートしたもので、その後、継続していきました。当初は経験がなかっただけに真剣に取り組んだ事業であり、何よりもそれが新鮮に感じられて参加できたという意見もみられました。(220 ページ参照)

全国生涯学習まちづくり実践研究交流会(佐野市)　平成 24(2012)年 2 月 25 日(土)
　佐野市の生涯学習大会として周囲の自治体を引き入れて、全国生涯学習まちづくり実践研究交流会として参加を呼びかけ実現したものでした。いつもは交流の機会が少ないのですが、今回は多くの市民の参加で新鮮な交流機会となりました。本来の学習にはもっと交流機会がセットされてもよいと思われます。何よりも楽しいはずです。

横須賀市子ども・創年とまちづくりの集い　子ども創年まちづくりシンポジウム
　平成 24（2012）年 8 月 18 日（土）横須賀市・神奈川歯科大学
　まちづくりレポート「市民活動がまちを変える」池田恵美子氏
　「子どもとまちづくり」佐々木誠氏（横須賀小学校教諭、TOSS）
　　講演「生涯学習まちづくりの成果と動向」福留強（聖徳大学教授）
　大田順子理事長（当時まち研副理事長）が、70 歳から大学に挑戦し、ついに大学院、博士課程まで挑戦した神奈川歯科大学で、いわば初めてまち研の理事長として実施した研修会でした。TOSS(東京教育の法則化運動)の教師たちも多数参加したこともあって、シンポジウムは、かなり踏み込んだ内容でしたが成功しました。しかし終わっての交流会ができなかったのが残念でした。
　横須賀駅前繁華街にある大田理事長が経営するホテルパレス 1 階喫茶店で 10 名程度が集まったのですが、このときのメンバーがせめてグループとして活動していれば、横須賀市の取り組みはもっと違ったのではないかと後々までも後悔していたことを思い出します。

（4）日韓生涯学習まちづくりフォーラム　金ケ崎大会

平成 24（2012）年 8 月 25 日（土）、金ケ崎町中央生涯教育センター

金ケ崎町文化体育館

共催　金ケ崎町、金ケ崎町教育委員会、全国生涯学習市町村協議会

NPO 法人全国生涯学習まちづくり協会、聖徳大学生涯学習研究所

オープニング　岩手県警察音楽隊、南方幼稚園、髙橋由一氏（金ケ崎町長）、崔云實氏（韓
　　国生涯学習振興委員長）、上月正博氏（文科省審議官）、菅野洋樹氏（岩手県教育長）

基調提言「2 つの国の生涯学習宣言都市から学ぶまちづくり」福留強（聖徳大学教授、
　　全国生涯学習まちづくり協会理事長）

シンポジウム「地域の活性化図書～日韓両国のまちづくり推進～」

　　金得永氏（韓国学校生涯教育研究会）、崔云實氏、李在晩氏（韓国・テグ市東区長）、
　　上月正博氏、髙橋由一氏、横尾俊彦氏（多久市長）、コーディネーター・福留強

　島根県・竹島（韓国名・独島）の領有権問題を巡り、韓国に対する日本人の感情が悪
化していた時期での日韓生涯学習まちづくりフォーラムの企画となってしまい、複雑な
心境でもありましたが、韓国人の参加者の一人が筆者に言いました。「私たちは、今日
の事態を予感していました。私たちのような民間の交流を国民の立場でコツコツと積み
上げることによってのみ、真の日韓関係は深まるのだと思います」そう言われて、韓国
の参加者の言葉に共感したものでした。確かにそうかもしれないと思ったからです。

　このイベントは猛暑の中で行われたこともあって、シンポジウムの途中で、参加者に、
ネクタイを外しましょうという提案で、会場にホッとした空気が流れたようでした。ほ
のぼのとした雰囲気を感じられて良かったという声が圧倒的でした。髙橋町長は、終始
冷静で、韓国の参加者をもてなす姿勢を崩さず、あたたかくふるまわれるなど、東北の
名町長らしい風格を感じさせ、印象的でした。

NILE 生涯学習国際会議

平成 24（2012）年 11 月 22 日（木）　韓国・大田市

韓国平生教育エキスポ　韓国・大田市　11 月 22 ～ 23 日

　筆者以外に日本からの参加はありませんでした。韓国の主催者側に、筆者の出席につ
いて日本の文科省に相談しましたか？ とたずねますと、「交流がないので福留先生に直
接お願いをさせていただきました」ということでした。翌日、文科省に行き、経過を説
明すると、担当者から「福留先生に任せます」ということで落着しました。

　テーマは「社会教育と仕事（職業）を考える」でした。欧州の数ヵ国とアジアから 3 ヵ

国の発表でした。日本では直接、社会教育と仕事は考えにくいことや、社会教育法23条で規制されている例などを話しました。話の中で、日本では生涯学習とまちづくり分野で仕事づくりも広がっている事例を紹介したところ、参加者の関心を集めました。

また、崔云實教授（大田大学）が韓国の学会で語られた内容は、筆者と韓国生涯学習推進のかかわりで、次の内容でした。「韓国の生涯学習（平生学習）に最も大きな影響を与えているのは福留教授です。日本の生涯学習を紹介し、韓国に多くのアドバイスをしていただきました。平生学習まちづくり、平生学習まちづくり研究会、全国平生学習フェスティバル、全国平生教育市町村協議会など、すべて韓国にもあります。それらは言うまでもありませんが日本から取り入れたものばかりです。福留教授に韓国の大田大学など5大学で講義等をしていただき、韓国の平生教育学会での講演を含めて10回程度の指導を受けてきました。日本にある生涯学習に関する仕組みや、大会などすべて韓国でも行われています」

崔教授は、日本の著名な生涯学習都市も、数多く視察されています。掛川市、八潮市、隼人町をはじめ、志布志市の創年市民大学まで視察され、夜の名物懇親会（飲ん方）まで参加されています。韓国政府でも、朴槿恵大統領就任のころは、韓国の生涯学習のトップとして貢献しました。日本で言えば、生涯学習局長の地位になっていました。今は大学に復帰され学長であり、韓国内の生涯学習系全国紙の社長も兼任されています。チェさん（と筆者は呼んでいます）は、これからも日韓の生涯学習推進のリーダーとして大きな期待があります。

なお、韓国の生涯学習の関係者のあいだでは、筆者の「生涯学習まちづくりの方法」（日常出版社・平成5〈1993〉年11月）が韓国語で翻訳されていることから多く読まれているようです。

38時間以内に、韓国に来てください

平成24（2012）年12月5日夜、一通の電話がありました。韓国文部省からでした。
「今から38時間以内韓国に来ていただけませんか」
「38日ですか」
「いいえ38時間です」
「何があるのですか」
「NILE生涯学習国際会議（韓国・大田市）です。アジア各国が参加していますが、日本の参加者は誰もいないのです。参加国から先生の参加希望があります。

前回の発表を聞いて、日本の発表を希望したいということです。38時間以内にぜひ来ていただきたいのです」このイベントの主管国は、中国と韓国とのことでした。

　筆者は、300名近い参加者のなかで日本人ゼロはあり得ないと思い、とりあえず行かなければならない、と勝手に決めて参加することにしたのです。
　この学会の開催要項は聖徳大学にFAXされているということで、翌日、大学に出勤してみると学会の要綱がFAXで入っていました、その日程要項には、筆者・福留強の名前は入っていませんでした。筆者への参加オファーは直前に決まったのだということが十分に理解できました。

生涯学習・アジア太平洋会議（韓国・麗水市）　平成24（2012）年12月6～7日
　日本から福留が出席発表ということで、平成24（2012）年12月6～7日、生涯学習アジア・太平洋会議（韓国・麗水市）に単身、飛行機で飛びました。
　驚いたことに、当日のプログラムには筆者の名前が入っており、さらに直前に送った発表のレジメまで入っていました。おそらく直前までの作業で入れたのでしょう。場合によっては徹夜の作業だったに違いありません。韓国の学会の事務局のパワーに深く感動したものでした。
　筆者の発表が終わると、多くの参加者から質問の山でした。なんとか伝わったことを感じました。もちろん言葉の壁もありどれだけ話せたのか自信はなかったのですが、参加者の聞きたいことに対しては答えたという気分でした。終始友好的なムードで行われたこともあって、参加してよかったと思いました。このときのメンバーがせめて連携していれば、アジア7ヵ国の繋がりが深まっていたかもしれないと思うと、少し後悔しました。

日韓生涯学習まちづくり国際フォーラム　韓国・テグ市
　平成25（2013）年10月11～14（月）
韓国白石大学校大学院講演（ソウル市白石大学）　平成25年10月13日（日）
　まち研会員を募り、韓国のテグ市で開催された「韓日生涯学習まちづくり国際フォーラム」に参加しました。あいにくの雨天で、30名近くのメンバーは、野外会場のため、びしょ濡れの参加でした。自由交流の日に、筆者はかねて依頼されていた白石大学校大学院のゼミでの講演に参加し、若い学生たちと交流の時間を持ちました。驚くほど筆者に関する情報を持っていました。一部は「生涯学習まちづくりの方法」（日常出版）を活用していました。学生にはこれからも一緒に研究しましょうと呼びかけました。

● 韓日生涯学習まちづくり関係史

2003年	3月11日	生涯学習発展国際フォーラム テーマ「地域人的資源開発と生涯学習都市」会場　大田大学 全北大学校、公州大学校　3大学で講義
	8月9-14日	韓国生涯学習関係者60人が訪日。八潮市、東京都墨田区、 千葉県民プラザなどで研修「韓日生涯学習まちづくりの実践 現況と課題」日本からは全国生涯学習まちづくり研究会員 50名が参加
	9月25日	「生涯学習まちづくりの方法」韓国出版記念交流パーティー （大田市）。福留強著、日常出版2003年11月出版　韓国語 に金得永氏が翻訳出版したもの
	9月26日	第2回大韓民国　第2回全国平生教育祝祭（韓国生涯学習祭）
	9月27日	第1回韓日友好生涯学習まちづくりフォーラム事例研究会
2007年	8月7日	ソウル行政学会（大田広域市）「日本の生涯学習まちづくり の動向」講演
	11月24日	生涯学習まちづくり全国創年大会（志布志市）韓国から12 名参加
	12月20日	大田市（利川市市長含む）議員団、聖徳大学生涯学習研究所 来訪
	12月6-7日	生涯学習アジア・太平洋会議（韓国・麗水市）
2008年	6月16日	韓国・条例研究所「子ほめ条例のまちは変わるのか」福留強 著翻訳
2012年	8月25-26日	日韓生涯学習まちづくりフォーラム（岩手・金ケ崎町）
	11月22日	NILE生涯学習国際会議
	11月23日	韓国平生教育エキスポ（韓国・大田市）国際セミナー「地域 革新のための生涯学習都市づくり事業の動向と課題」
2013年	10月11日	韓日生涯学習まちづくり国際フォーラム（韓国テグ市琴湖辺）
	10月12日	韓国・白石大学校大学院　講演

参考：韓日生涯学習まちづくり関係史　金得永・岐阜韓国教育院院長文献より

● 平成23年（2011）

2月5日（土）	関東地区まちづくりネットワーク交流会
2月26日（土）	子どもをほめて育てよう研究会黒石大会（青森県黒石市）
2月28日（月）	青少年育成指導者養成教育シンポジウム（文部科学省）
3月11日	東日本大震災　以後2週間各事業は中止
3月15日（火）	「もてなしの習慣」出版（悠雲舎）
3月19日（土）	東御市創年シンポジウム（長野県東御市）
5月25日（水）	中野区民大学（東京都中野区）2回
6月4日（土）	矢板市ふるさと創年大学（栃木県矢板市・中央公民館）2回
7月2-3日（日）	まちづくりコーディネーター養成講座
7月17日（日）	立川市創年コミュニティ研究会（東京都立川市・大山団地自治会）
9月3-4日	旅のもてなしプロデューサー養成講座
10月15日（土）	全国創年市民大学フォーラム（鹿児島県志布志市）
10月22-23日	第27回まちづくりコーディネーター講座（聖徳大学生涯学習社会貢献センター）
11月25日（金）	金ケ崎町生涯学習大会（岩手県金ケ崎町・中央公民館）
12月1日（日）	勝浦ミラクル人会議（千葉県勝浦市・妙海寺）

● 平成24年（2012）
通信文化新報で「郵便局とまちづくり」連載

1月21日（土）	第1回聖徳大学女子力とまちづくりフォーラム（聖徳大学生涯学習社会貢献センター）
2月11日（土）	全国市町村協議会フォーラム「空き活用とまちづくり研究会」本別町
2月11日（土）	上士幌でバルーン飛行
2月25日（土）	全国生涯学習まちづくり実践研究交流会（栃木県佐野市）
2月26日（日）	「空き活用」とまちづくり研究会・四国大会（愛媛県新居浜市）
3月19-28日	南イタリア旅行（ローマ、フィレンツェ、ピサ、ベネツィア、他）
4月12-13（金）	韓国・大田市訪問 水原市京畿道教育長、大田開発長、李チャンギ所長
5月22日（火）	東京スカイツリーオープン
6月9-10日	聖徳大学生涯学習フォーラム　まち研総会
8月18日（土）	横須賀市子ども・創年とまちづくりの集い（神奈川歯科大学）
8月25日（土）	日韓生涯学習まちづくりシンポジウム（岩手県金ケ崎町）
9月8日（土）	日本を元気にする女子力フォーラム（東京タワー）女子力協議会発足
11月4日（日）	平戸市まちづくり交流会、九州地区ミニサミット（長崎県平戸市）
11月22日（木）	NILE生涯学習国際会議（韓国・大田市）
11月23日（金）	韓国平生教育エキスポ（韓国・大田市）
12月6-7（金）	生涯学習アジア・太平洋会議（韓国・麗水市）

平成 25 ～ 27 年（2013-2015）

12　交流がもたらす活性化

　韓国・朴槿恵大統領、中国・習近平国家主席の出現により、日本のアジアにおける立場も微妙な時期でした。国内的には、三浦雄一郎氏エベレスト最高齢登頂に拍手を送りました。富士山が世界遺産になったほか、イチローが日米通算 4,000 安打達成、東京五輪決定（2020 年）など明るいニュースもありました。NHK 朝ドラ「あまちゃん」の「じぇじぇじぇ」や、「今でしょ！」「お・も・て・な・し」「倍返し」「アベノミクス」などの流行語が耳に残りました。

◆平成 25 年　2013
交流は「地域資源」楽しみが増えます
　「交流は地域資源です」隠岐の島の山内道雄町長が語っていましたが、筆者もまったく同感です。いかなる場合もイベントと交流は最重要事項という認識でした。交流には、地域間交流、異業種交流、同業種交流、国際交流など様々な態様があります。交流で、真摯に他に学ぶことによって新しい可能性が広がっていきます。交流は、まちづくりにとっても重要で効果的な手法です。交流するということは、まず相互理解が深まるということです。他を知ることによって自らを自覚する、自己評価に役立てることができます。地域も同じで自らを知ることは、地域がより発展するための基本的な条件といってもよいものです。その意味で「交流は地域資源」と言われているのです。まちづくりにおいては、これらの交流を積極的に繰り広げることによって、内外へアピールし、市民を刺激することになり、内部から活性化させることが可能になるものです。

（1）楽習フェスタ

第 14 回聖徳大学生涯学習フォーラム　平成 24（2012）年 6 月 10 日（日）
聖徳大学生涯学習社会貢献センター
　楽習フェスタ 2012、聖徳おしごとデパート、第 14 回聖徳大学生涯学習フォーラムと 3 枚看板方式のイベントになりました。名称は 4 つ。いずれもイベントの性格を表しているだけにスタッフの意見が強く反映しているようでした。
　共催　聖徳大学生涯学習研究所、NPO 法人全国生涯学習まちづくり協会

記念鼎談「子どもの力を育む～地域に子どもの出番を創れるか～」稲垣美穂子氏（女優）、田中壮一郎氏（国立青少年教育機構理事長）、福留強（聖徳大学教授）

かねて実施してみたいという意見から実現した鼎談でした。3人ともセンターに関わっていただけに、青少年総合センターの役割を改めて浮き彫りにした形になりました。

分科会「家族と地域の役割」助言者・西村美東士氏（聖徳大学教授）

「今、伝えたい創年の役割」助言者・清水英男氏（聖徳大学教授）

楽習フェスタ 2013　聖徳大学生涯学習フォーラム　まち研総会

前年度に引き続き「おしごとデパート」をより具体的にするために、伊勢丹百貨店に協力を依頼して、多様な職業体験（お仕事デパート）を実現することにしたものです。

平成 25（2013）年 6 月 22 ～ 23 日（日）　聖徳大学生涯学習社会貢献センター

第 1 日目　提言「人が変わる。地域が輝く」福留強（聖徳大学生涯学習研究所長）

記念講演「子どもに多様な体験をさせよう」明石要一氏（千葉大学名誉教授）

分科会「この地域、この仲間、私の役割～子どもから創年まで、生涯学習の関わりを考える」をテーマに、「市民と共にまちづくり」「女性とまちづくり」「子育てタウン」「音楽と福祉のまちづくり」の 4 分科会で、12 の事例について研究協議。

第 2 日目　松戸おしごとデパート伊勢丹松戸店

「子どもの参加者に対し仕事体験をさせる」という点からデパートの協力で実現したユニーク事業でした。警察官、消防署員、郵便屋さん、テレビ局のアナウンサー、新聞記者、デパートの受付案内、お菓子屋さんなどのリアルな現場を想定して遊びながら体験し仕事を考えるという事業。さらに仕事をしてポイントをためて、メタポイントで買い物をしようというもの。関係 5 機関の協力を得て実現した画期的なイベントとなりました。自治体関係者も多数が見学に参加され、大学と地域の関連機関との連携の場づくりに大きな成果が得られました。大勢の子どもたちを迎える事業は初めてで、研究すべき課題も認識させられました。終了後、まち研会員による総会を実施しました。

（2）女子力とまちづくりフォーラム

聖徳大学生涯学習研究所は、平成 24（2012）年 1 月 21 日に開催した「女子力とまちづくりフォーラム」をさらに発展させた「女子力フォーラム」を女子大学にふさわしい事業として継続していきました。

第 2 回女子力とまちづくりフォーラム in 聖徳大学は、平成 25（2013）年 2 月 16 日（土）にテーマ「女子力が、まちの活性化に活きる」として実施しました。

女子力とまちづくりフォーラム

平成 24（2012）年 1 月 21 日（土）　聖徳大学生涯学習社会貢献センター

主催　聖徳大学生涯学習研究所

共催　NPO 法人全国生涯学習まちづくり協会　　後援　千葉県教育委員会、松戸市他

協力　株式会社富士通研究所、全国生涯学習市町村協議会

分科会「聖徳大学から飛び出した女子力」2 分科会で 10 人の発表者

シンポジウム　塩見みづ枝氏（文科省社会教育課長）、佐藤良子氏（立川市大山自治会）他

基調提言「女子パワーで日本を元気に」福留強（聖徳大学生涯学習研究所長）

記念講演「女子力で輝いて生きる」田渕久美子氏（脚本家）

　田渕久美子氏は、ＮＨＫ大河ドラマ「篤姫」「江：姫たちの戦国」の脚本で、数多く受賞された人気脚本家です。気難しい人を予想していましたが、「驚くほど明るく、さわやかでユーモアのある人です。会うとわかりますよ」という原口泉氏の紹介もあってフォーラムに招いたものでした。事実、まったくその通りでした。会場にも田渕作品を期待する声が聞かれました。

女子力フォーラム　女子力が、まちの活性化に活きる

学校法人東京聖徳学園創立 80 周年記念事業

平成 26（2014）年 2 月 1 日（土）　聖徳大学生涯学習社会貢献センター

主催　聖徳大学生涯学習研究所

共催　NPO 法人全国生涯学習まちづくり協会

後援　千葉県教育委員会、松戸市教育委員会他　　協力　アルゴ・ピクチャーズ

「女たちのまちおこし」鼎談　小泉朋氏（「女たちの都〜ワッゲンオッゲン〜」プロ
　　デューサー）、福田智晴氏（企画）、福留強（聖徳大学生涯学習研究所長）

基調講演「女子力がまちを活性化する」清水英男氏（聖徳大学教授）

映画上映・ダイジェスト版「女たちの都〜ワッゲンオッゲン〜」

参加者交流会「Salon de soleil」2 つの交流グループで交流交歓討議

「女性がまちづくりに関わるきっかけ」臼井真美氏、長江曜子氏

「ふれあいの場をどう創るか」鈴木麻里子氏、劔持英子氏、清水英男氏

　「女たちのまちおこし」「女たちの都〜ワッゲンオッゲン」を制作した熊本県天草の女性を加えて、フォーラムを実施しましたが、映画の上映と合わせて女性のパワーをあらためて考えようという意見が数多く聞かれた研究フォーラムでした。

　松戸市内で大学の生涯学習研究所に関わる多くの女性が集まった研究会で、女子大学にふさわしいという学内の評価も高いものでした。また、天草の女性たちの活躍が、大きな刺激になったという学生も少なくありませんでした。日常的な筆者の話が、やっと現実に見えたようでした。

（3）廃校活用研究会　全国生涯学習市町村協議会フォーラム

　子どもの数が減っていくなかで、学校が廃校になる例が増え続け、廃校数の発生は毎年平均450校を超える状況です。学校は地域のシンボルみたいなもので、学校が地域から消えることは、住民にとって大きな不安を与えるものです。そこで、この廃校になる学校を地域資源としてとらえ、その活用と研究を推進するために、廃校活用研究会を結成しました。

「空き施設」（学校の場合）の現状

　平成14（2002）年から令和2（2020）年までの19年間で、全国の公立小中高校、8,580校が廃校になっています。全国で毎年450校が廃校になっているわけです。つまり毎日どこかの学校は1校以上が消えているということになります（令和4〈2022〉年3月文部科学省発表）。廃校の活用については、平成24（2012）年度（調査開始）以降に廃校となった学校数6,834校について活用調査した結果、未利用が多いという実態が明らかになりました。

「空き活用」とまちづくり研究会・北海道大会　平成24（2012）年2月11日（土）
全国生涯学習市町村協議会フォーラム　北海道本別町中央公民館

　「田舎が輝くまちづくり　ひとが動く　まちが変わる」をテーマに開催した平成21（2009）年11月28〜29日（日）の「北日本生涯学習まちづくりフォーラム」の実績を踏まえ、本別町で新規に生涯学習市町村フォーラムを実践しました。高橋正夫町長が全国生涯学習市町村協議会の会長として活動した延長上にあるものでした。

　基調提言「過疎と高齢化から脱却するまちづくり」福留強（聖徳大学名誉教授、NPO法人全国生涯学習まちづくり協会理事長）

　基調報告「わが町の『空き活用』と活性化について」高橋正夫氏（北海道本別町長、全国生涯学習市町村協議会長）

　事例研究「地域の活性化と『空き施設』の効果的な活用」

　「廃校を活用したまちづくり」北海道新冠町総務企画課まちづくりグループ

　「砂川市商工会議所の挑戦」那須淳一氏

　シンポジウム「地域資源の活用とまちづくり」コーディネーター・福留強

　「みんなの廃校プロジェクト」杉浦健太郎氏（文部科学省文教施設企画部）

　「まちづくり教育」河田祥司氏（教育技術法則化運動TOSSおりーぶ代表）

　「空き施設活用の現状と課題」竹中貢氏（上士幌町長）

この大会は、毎年続けるということで、第4回生涯学習市町村協議会フォーラムとして、本別町中央公民館で開催されました。大会は、本別町の空き資源活用の実態報告等があり、これからのまちづくりに、さらに有効活用の方向が示されました。文部科学省の杉浦健太郎氏の廃校活用プロジェクト等の話に参加者がメモを取る姿が印象に残りました。今後ますます増える廃校は、自治体にとっては頭痛のタネであるようです。これらの研究会は、以後、活発に展開されました。

全国生涯学習市町村協議会フォーラム（聖徳大学）廃校活用研究会
「空き」活用とまちづくり～廃校の利活用を考える～
平成22（2010）年12月14日　聖徳大学生涯学習社会貢献センター
基調提言「地域の活性化と廃校の効果的な活用について」
杉浦健太郎氏（文部科学省文教施設企画部施設助成課長補佐）、福留強（聖徳大学教授）
事例研究「わがまちの廃校活用に関する現状と課題」
「3校同時廃校に伴う施設の有効活用について」石塚一美氏（矢板市生涯学習課長）
「自然体験施設『田舎ランド』」吉田一志氏（那須塩原市生涯学習課社会教育主事）
「廃校を利用して」榊原恒司氏（NPO法人生涯学習サポートセンターえころ・de・うふ理事長）
「田辺市における廃校活用の現状と課題について」真砂充敏氏（田辺市長）

「空き活用」とまちづくり研究会・四国大会
（「空き活用」に成功した事例を学ぶ全国生涯学習市町村協議会フォーラム）
平成24（2012）年2月26日（日）　新居浜市別子銅山記念図書館
基調講演「新居浜市のまちづくりの現状と課題」佐々木龍氏（全国生涯学習市町村協議会副会長・新居浜市長）
基調講演「まちづくりの転換～過疎と高齢化から脱却するまちづくり～」福留強（聖徳大学生涯学習研究所長）
解説「みんなの廃校プロジェクトと市民活動」蒲田仁氏（文部科学省文教施設企画部施設助成課地域振興係長）
事例研究「地域の活性化と空きスペースの有効活用について」
岡山県井原市、高知県津野町、兵庫県西脇市、兵庫県淡路市の4都市の実践事例が発表されました。「空き資源」と考えれば、まちづくりにとっては魅力的であり、可能性を広げるものになりそうです。

全国「空き」活用とまちづくりフォーラム in 矢板　栃木県矢板市

平成 25（2013）年 9 月 7 日（土）　矢板中央公民館

主催　栃木県矢板市生涯学習推進本部

共催　全国生涯学習市町村協議会、矢板市、矢板市教育委員会、NPO 法人全国生涯
　　学習まちづくり協会、聖徳大学生涯学習研究所

全国廃校等「空」き活用研究会・実行委員会発足　神奈川県横浜市

平成 25（2013）年 4 月 13 日

　少子高齢化時代の深刻な影響として、自治体には学校をはじめ多くの空き施設の存在
が問題化しつつあり、市町村協議会としては加盟自治体の共通の悩みでした。そこで特
別プログラムとして、「全国廃校等『空』き活用研究会」発足総会にかえて全国空き活
用研究協議会を発足させることになりました。会長に福留強（聖徳大学教授）が決定し
て、基調提言をしましたが、いわば就任のあいさつにもなっていました。

学校統合による「空き」活用と地域づくり研究会　軽米町教育振興運動集約集会

平成 26（2014）年 2 月 7 日（日）　軽米町農村環境改善センター

共催　軽米町生涯学習推進本部、全国廃校等「空き」活用研究会、NPO 法人全国生
　　涯学習まちづくり協会、等

（4）全国生涯学習まちづくり協会と酒々井町が連携協定

　平成 25（2013）年 6 月 21 日（金）、酒々井町と NPO 法人全国生涯学習まちづくり
協会との連携協定書を小坂町長と交わしました。目的は、第 1 条に「本協定は、相互
の密接な連携と協力により、地域の課題に迅速かつ適切に対応し、活力ある個性豊かな
地域社会の形成と発展に寄与すること」と明記してあります。その事業として、(1)まち
づくり、(2)人材の育成、(3)生涯学習、(4)地域文化の振興、(5)学術研究、(6)その他、前条
の目的を達成するために必要と認める事項と定められています。

　その活動として公民館の一室に「まちづくり研究所」が置かれ、そこを拠点にするこ
とにしました。具体的には、町民を対象とする講座の開設と、「輝く創年コミュニティ
フォーラム」の実施でした。企画の中心に、担当課長の岡野義広氏の努力もあって、小
坂町長とのコンビにより素晴らしい事業に発展していきました。

酒々井まちづくり研究所オープン

町長の発案で公民館の一角に、酒々井まちづくり研究所が設置され、平成25（2013）年6月25日オープンしました。地域課題の解決やまちづくりを研究する場として設置した町民主体のたまり場で、誰もが自由に参加できる場を目指しています。また、情報発信の基地を目指しています。その所長に、筆者が委嘱されました。雑誌「ガバナンス」（平成26〈2014〉年1月号90頁）に掲載されるなど、一時、関係者に注目されたようでした。

これを機に、平成25年4月〜3月にかけて酒々井町青樹堂師範塾5回、8月5日（水）酒々井子どもおもてなしカレッジ3回、9月3日（火）酒々井アニメーター講座2回、10月1日（火）酒々井まちづくりコーディネーター講座、酒々井旅のもてなしプロデューサー講座4回など、次々に活発な事業が展開されました。

輝く創年とコミュニティフォーラム酒々井大会

平成25（2013）年12月8日（日）

「創年」を冠したコミュニティフォーラム大会は、全国で酒々井町のみということで、関東各地から多くの参加者が訪れました。オープニングから交流パーティーまで、華やかで活発な展開で実施され、俳優の出演者を囲む姿もみられました。

4分科会14事例が発表され、広く各県から参加し、シンポジウムも全国区の指導者、文部科学省幹部、国会議員の副大臣クラスなどの講師が記念講演を行うなど、県教育委員会以上のスケールの大会でした。その後もこれらの事業を推進していったことにより、関東各県でも酒々井町の生涯学習まちづくりは一目置かれていました。

当時の「酒々井フォーラムの報告書」は、全国一という評価もされたほどで素晴らしいものでした。実際、驚くほど内容も充実し、国でも参考にしたほどでした。

「千葉県コラボ大賞」受賞

日本図書館協議会主催の「図書館とまちづくりシンポジウム」（パシフィコ横浜）や、千葉県生涯学習大学校では銚子市など6ヵ所で延べ9回の講座に参加したことなど、特色のある年度になりました。延べ2,000人の創年世代に対し、まち研や創年の普及に努めたものでした。また、郵便局員の新聞「通信文化情報」では、1年間週1回の連載で生涯学習を提起し、郵便とコミュニティなど、まちづくりに貢献する郵便局を考えた1年でもありました。

これらの一連の活動が評価されたのでしょうか、千葉県の「千葉県コラボ大賞」を受賞しました。本人はあまり趣旨もわかっていないのですが、これからの活動に力をいただいたものと思います。

◆平成 26 年　2014

　2月冬季五輪開幕、宇宙飛行士の若田光一さんが日本人初の国際宇宙ステーションの船長に就任。6月富岡製糸場と絹産業遺産群が世界遺産に登録。外国人旅行者が3千万人を突破、外国人がまちで目立つようになりました。酒々井まちづくり研究所オープニングフォーラムと位置付けた創年コミュニティフォーラムも成果を広げました。

筑後市・創年とコミュニティ大会　平成 26（2014）年2月22日（土）

　地域の多くの団体、リーダーなどと積極的に交流し、活動を広めることがまち研の使命であると考えた年でした。世代間交流の事業として、おもてなしカレッジ、地域資源として団体等の活動を探った「松戸ふるさと創造講座」、筑後市の創年とコミュニティ大会など、規模は小さいけれども密度の濃い地域事業がいくつか注目されました。なかでも筑後市の創年とコミュニティ大会は、近隣の活動団体との交流を軸に、創年の勢いを感じさせる活気のある交流会で、富田川チカ子氏ら、ちっごの会が活躍しました。

坂元地区活性化プロジェクト

　平成 26（2014）年4月27日（日）～鹿児島・曽於市坂本地区（6回）

　7月12日（土）曽於坂本過疎セミナー

　9月27日（土）曽於活性化セミナー、曽於過疎化セミナー　曽於市坂元公民館

　鎌田建設の協力で、曽於市の限界集落とみられる坂本地区で6回開催した地域おこしセミナーです。地域分析や基礎的な理解などの学習のほか、ワークショップを取り入れた事業を実施しました。プロジェクトは、少しずつ成果を上げていったようです。

　6回の講座でしたが、地域の約 30 名の参加者は意欲的な取り組みを行うことによって、これまでにない地域への自信を得たということでした。その成果を発表しましたが、発表当日の皆さんの自信は、出席された五位塚市長も驚くほどであったといいます。

郷里のまちづくりに関わってほしい

鎌田　善政

　先生とは、新潟県佐渡の小木に同行して以来の付き合いです。わが郷里にいた人なので地域への想いは人一倍で、生粋の薩摩隼人です。大学教授でありながら、全国のまちづくりを指導されているのです。わが曽於の開発研究など手掛けていただき、地域を刺激していただいたところです。全国 1,000 ヵ所以上を指導されてきたと聞いていますが、本人は郷里に関わっていないことを苦にされているようです。実際は、隼人町時代と霧島市観光計画基本計画の委員長などで関わっていただきました。多くの自治体を見

てきた実績から、全国生涯学習市町村協議会を指導されています。曽於市の坂本地区の村おこし学習にも尽力していただきました。

　先生はアイデアマンで、実行力の人といわれており、まったくその通りです。いずれ霧島市に帰っていただき郷里のまちづくりにも指導いただきたいと願っています。全国各地に郷里があるようなリーダーとして、全国的な指導者として、だれもが認めるところです。

　全国生涯学習まちづくり研究会が35周年と聞き、今更ながらその継続された努力に深く感動します。そこには、仲間を大切にすることも大きな要因だと思います。多くの仲間とともに、この偉業を成し遂げられていると思います。先生の周りにいる大勢の一人とし、今後もサポートできればと考えております。いつまでも健康で元気でありますよう祈念します。

　　　　　　　　　　　　　　　　　　　　　　　　　　　　　　　（鎌田建設社長）

青少年おもてなしカレッジ担当者研修　千葉県・東金青年の家

平成26（2014）年8月8日（金）

　観光立国の日本にとって、「日本のおもてなし」は、世界の話題であり目標とされるなど、いまや重要な日本の観光資源です。日本人として最低限の資質を身につけ、日本人の素養として広くおもてなしを体得することが求められます。

　そのリーダー、実践者たちを育成するため「青少年おもてなしカレッジ」を実施しました。日本のおもてなしの良さを学び、広く国際性のある青少年の育成を目指すものです。そのために、地域で新しい活動、「おもてなしの市民活動」の進め方などを学び実践しようと考えたものです。

・青少年育成アドバイザー

　青少年育成アドバイザー協議会の会員の認定資格です。かつて青少年育成国民会議は、内閣府から都道府県市町村に至るまで、青少年の健全育成を図ろうと設置された国民運動の組織でした。しかし小泉政権時に、これらは国の組織から廃止されました。

　この組織は、当時通信教育で資格を取れるようにシステム化を図っていましたが、国の廃止に伴い、通信教育を受講中の有志たちは宙に浮いてしまったのでした。各県に学んでいた取り残された受講生の全国組織が、現在の組織として活動しています。

　青少年育成アドバイザーは、この有志達が立ち上げ、全国組織に発展しているものです。中部研修会のほか、全国の各ブロックでも指導者研修を行っています。

◆平成 27 年　2015　事務局開き
　事業構想大学院大学事業構想研究所エコミュージアム地方創生プロジェクトを立ち上げたことと、東京・根岸にまち研事務所を設置したことが、一大ニュースでした。

（5）平戸市生涯学習まちづくりフォーラム

九州地区生涯学習ミニサミット in 平戸

　平戸市は、平成 15（2003）年 2 月 23 日（日）の平戸市生涯学習まちづくりフォーラム（長崎県民大学連携講座）をはじめ、県内でも考えられないフォーラムが開催され続けました。平成 19（2007）年 11 月 17 日（土）の平戸市公民館大会を平戸市生涯学習まちづくりフォーラムと位置づけ実施してきました。

　平戸市は、美しい玄海に面し、緑の山並み、美しい港、岬に見える島原城、オランダとの交流の歴史をのぞかせるまちで、海に面したオランダ商館、お寺とキリスト教会が同時に見える異国情緒たっぷりのまちです。市役所は全国一海に近い場所にあり、玄関のそばまで海水がつながっています。小さなまちに全ての光景がコンパクトに集まっている都市です。

　このサミットでは、基調講演「生涯学習まちづくり各地の実践に学ぶ」福留強（聖徳大学生涯学習研究所長）をはじめ、事例発表は次のとおりです。「各地の実践から」「生ごみリサイクルが伝えるもの」近藤孝子氏（平戸市）、「木ケ津千灯篭祭り」村節雄氏（平戸市）、「社会教育委員の活動」江里口充氏（筑後市）、「志布志創年市民大学とエッセイコンテスト」杉尾通浩氏、「公民館のコーディネート機能による生涯学習まちづくりの創造」林田匡氏（熊本市）、「日本人なら魚を食え　大分佐伯の東京タワーでのイベント戦略」土井克也氏（佐伯市）。

　これらの事業の経験から、平成 27（2015）年 2 月 22 日には、創年コミュニティ研究大会を西日本で初めて開催したのでした。

創年コミュニティ研究大会西日本大会in平戸大会
　平成 27（2015）年 2 月 22 日（日）　平戸市文化センター、国際観光ホテル旗松亭
　報告　「平戸市のコミュニティ活動」度島地区まちづくり運営協議会
　基調提言「コミュニティ再生〜町内会・自治会を見直す」福留強（聖徳大学名誉教授）
　分科会「創年と女性」「コミュニティ」「観光まちづくり」3 分科会で事例 12 協議
　シンポジウム「自治会からはじまるまちづくり」佐藤良子氏（立川市）、中川保敬氏（熊本大学教授）、黒田成彦氏（平戸市長）、長谷川きよみ氏（始良市）
　交流会　国際観光ホテル旗松亭

まち研との出会い

川上　茂次

　「継続は力なり」と言いますが、「まち研」創設35周年を心よりうれしく思います。また生涯教育が謳われ生涯学習として文科省とともにその推進と普及に心血を注いできた福留先生の御労苦に敬意を表します。

　先生との出会いは平成10年10月の佐賀県多久市で開催された全国まち研大会の分科会に小生のヒラド・ビッグフューチャーズ活動の「子ども海彦山彦ものがたり交流」の事例を発表した事でした。

　生涯学習の素晴らしさと必要性に魅せられ福留先生に平戸市への生涯学習の導入を懇願し、12月議会で平戸市に提言。平戸市も同意し、早速平戸市生涯学習講座の開設を図りました。当初は福留先生も多忙であり、矢部村教育長、故・椎窓猛氏を紹介され、椎窓氏に指導を仰ぎその基礎を固めて行きました。翌年に福留先生も来平していただき庁内に推進本部、推進委員を設け、定期的に官民それぞれの生涯学習講座を開き生涯学習の神髄をご教導いただきました。

　その後、平戸市出身の日大総長、故・永田菊四郎記念永田図書館と公立公民館複合施設のこけら落としに、市民挙げての生涯学習大会を開催しています。講師等の紹介は時の市長より一任され、基調講演に福留強先生、パネルディスカッションの主要パネラーに当時の生涯学習推進の第一人者でありそのパイオニアの掛川市長、故・榛村純一氏、平戸市生涯学習の種を撒いた福岡県矢部村教育長で作家の椎窓猛氏他5名のパネラーを招聘しました。その内容と盛り上がりたるや、福留先生をして全国大会より盛り上がり素晴らしいと絶賛のお褒めをいただいたほどでした。

　活性化グループで重要文化的景観選定や世界遺産登録の支援活動、ふるさと根獅子の食まつりやお節料理の全国販売、都市農村交流、国内外の青少年自然体験、棚田保全の酒米食米オーナー制度による農業等の体験学習も推進しています。福留先生には、小生が主催するこれらの事業の指導をいただいてきました。NPO法人九州経済研究所所属5大学の教授陣による市民大学（壮年大学）講座の開講等による人材育成活動にも没頭できたのは、生涯学習のお蔭であります。

　今日では平戸市民があまねく生涯学習を口にし、多様なサークル活動や地域運営協議会活動に神髄が生かされています。まち研の、全国の学習本山としてのさらなる益々のご発展を期待しています。

（平戸市根獅子・飯良まちづくり運営協議会会長）

東京・根岸に本部事務局設置　スタッフ（地域活動研究員）活動開始

　平成27（2015）年5月30日（土）、山手線鶯谷駅から徒歩10分、根岸の住宅街に事務局を開設しました。ささやかなものでしたが、スタッフだけは岩田美紀氏、鮫島真弓氏、田中温子氏という最高のメンバーがそろった時期であり、いくつかの企業からも注目されるほどでした。早速酒々井町長がお祝いに駆けつけてこられたので、感激しました（写真下）。

　多くの夢を描いていましたが、問題は3人の給与をNPOとして満足に支払えないことでした。そしてやがて経営難になってしまい、転出せざるを得なくなったのでした。NPO運営の困難さを感じた1年でした。

「ボーイズビー安美食」会員の定期交流会　平成27（2015）年9月4日（金）開始

　日常的な交流事業を心がけていても、やはりともに語り合うのが一番です。ボーイズ・ビー・アンビシャスをもじった「ボーイズビー（ル）安美食」は、うまくて安いものを食べながら交流する、という意味の造語です。意外と多くの人が面白がって集まり、大ヒットでした。3,000円会費でビールを飲みながらとはいっても、大勢の酒飲み好きというわけでもなく、かなりゆとりを持った交流でした。老若男女問わず創年もこれからの活動に大いに夢を語りました。「創年よ大志を抱こう」と呼び掛けていました。

まち研の役員　理事に原口泉氏など

　当時の役員は、筆者を軸に、対面しての会合ではなく電話で連絡するという仕組みで行いました。理事長・福留強のほか、副理事長・清水英男氏、理事・松下倶子氏、原口泉氏、大田順子氏、佐藤良子氏、野口晃一郎氏、松澤利行氏、鮫島真弓氏などを委嘱し、監事に山崎捷子氏、仮屋茂氏（子ども育成塾）が役員に名前を連ね、実践力を示していたようです。現実に社会的にも説得力のあるスタッフがそろっているという誇りがありました。

講演会後の名刺交換から

鮫島　真弓

　前職で介護や子育ての仕事をしていくなかで、地域に暮らす人々の気持ちが変化していくと、どの人も暮らしやすくなるはず！　と感じていた時、福留先生の講演中「人が変わると、まちが変わる、まちづくりが大切で創年世代が生き生きと活躍できるのです」の言葉に大感動したことを思い出します。「聖徳大学にいらっしゃいませんか」と誘っていただいてから９年。私は東京・根岸のまち研事務所で女性３人と先生の４人で、新たな「全国生涯学習まちづくり協会」をスタートさせていました。多くの講座を開催し、色々な地域へ行く機会も増えました、何より多くの人々との出会いがありました。全国の自治体の首長さんや、俳優さんなど、著名人との付き合いや時には食事会などもありました。俳優の山本學さん、三ツ木清隆さん、稲垣美穂子さんなどとも付き合いは続き、思い出深いものがあります。福留先生の幅広い人脈に驚くばかりです。

　印象に残るのは、事務局の岩田美紀さんとの鹿児島県喜界島のまちづくり講座で、先生抜きでスタッフだけの喜界島ワークショップの運営でした。美しい島、海も空も食べ物も昔から大切に守り抜いた文化などを資源に、観光コースの新発見を目指したワークショップを重ねて、オンリーワンの地図を作り、独自の観光案内が出来上がったことは忘れられない思い出になっています。

・住民と創ったたまり場・酒々井事務所

　東京・根岸から千葉県酒々井に事務所の移転を行いました。ここでは全国生涯学習まちづくり協会で居場所のモデルを実現したいと、人口２万人の小さい町で居場所作りへの挑戦が始まりました。駅近でもほぼ人通りがない、空き店舗が多いまさにシャッター通りでした。財政力のないまち研の事務所づくりも、先生が知らない中で実現させました。「楽しい場所を作りますから、家で使わない物をご寄付ください」と恥ずかしげもなく引越しの最中から前を通る人達に呼びかけたのです。先生が休んだ３ヵ月もしないうちに、居場所の備品（テーブル、いす、食器棚、食器、パーテーション）などなどは、共感してくださる方が、ひとり、ふたりと増え、備品も揃ってきたのでした。どんなことがあっても成功させる！　という思いでひとりひとりに思いを丁寧に伝えていったのが功を奏したのでした。後で、初めて新事務所に先生が顔を見せたときの驚きの顔も、うれしそうな顔も忘れられないものです。

　福留先生の言われている「年金プラス５万円」を少しでも実現出来るように、手作りの手芸品を展示販売、家庭菜園で余った野菜の販売、庭で出来た柿、みかん、ゆず、金柑の販売で収入を得ていくシステムを合わせて、コーヒーなどの飲み物を飲みながら楽しくおしゃべりする場所を提供する形でスタートしました。初めての来客との話のきっ

かけにまずコーヒーをと考え、静岡から有名コーヒーを取り寄せし、コーヒーのファンも増やしました。手作りの手芸品は、作品が売れることで作家さんの腕は益々上達していきました。無農薬の野菜も大人気となりました。庭の果実が現金化するとは思わなかったけれど、売上金で肥料も購入出来て、翌年もたわわに実がつく良い循環が出来ました。人が人を連れてきてくださるようになり、一日に20人から多いときは40人近くの方が来店しました。その頃から、昼飯をみんなが持ち寄り始め楽しい食事会となりました。そうなると得意料理のお披露目となる訳で、レシピの交換も日常となりました。

　みんなが自由に集まって、ＨＡＰＰＹになる場所を目標に掲げ、障がいをお持ちの方も、認知症の家族の方も、癌の方も来てくださいました。この場所に集まって楽しくおしゃべりして幸せになってもらえれば、このまちに安心してすみ続けられると思いました。まさに、福留先生の言われる「人が変わるとまちが変わる」を実感しました。

　近隣の整骨院との連携も出来ました。待合の時間に KOKO でコーヒーを飲んでいただくという流れもスムーズでした。人から人への口コミが一番の信頼と信用を生み、たくさんの人の居場所となりました。時には人生相談の場所にもなっていました。まちの福祉課や地域包括支援センター、社会福祉協議会からも信頼していただき、新聞にも載せていただきました。7年間でまちの人達から愛される場所に成長させていただいたのでした。

（ふるさと交流KOKO店長）

（6）私らしさ　このまちに咲かせます

佐野市生涯学習まちづくりフォーラム

　当時、筆者にとって全国的な最大事業は、栃木県佐野市と千葉県酒々井町の2つの事業でした。佐野市生涯学習まちづくりフォーラムは、佐野市をはじめ関東の各県から委員を選び、準備委員会を組織化し、従来の生涯学習振興のイベントに重ねて大々的なフォーラムになりました。

関東一円に広げたフォーラム

　「私らしさこのまちに咲かせます」は、栃木県佐野市の生涯学習推進のキャッチフレーズ。佐野市のまちづくり長期プランなどの冒頭に書かれているものです。平成5（1993）年10月の全国生涯学習まちづくり研究会佐野大会、平成12（2000）年10月全国子どもサミット、佐野大会など、長い期間にわたって佐野市とは連絡していたものです。

　こうした縁で、佐野市の事業に関わっていました。佐野市長に相談して、西日本で行われている中国四国九州地区生涯学習実践研究交流会を関東でも模して実行し、持ち回り学会方式（自費参加なので大会経費が掛からない）の交流会開催を提案し、実現した

ものが生涯学習まちづくりフォーラムで、毎年開催されているものです。実行委員を関東各県から委嘱し、開催しています。これまで佐野市独自に進めていた生涯学習大会にドッキングさせたもので、1日で延べ3,000人を超す大会になっていました。各県の委員もすべてボランティアで参加していることから、うまみのある事業で、なんと市長は今後、毎年佐野市で開催すると宣言してしまいました。

全国学びとまちづくりフォーラム in 佐野　全国生涯学習まちづくり研究大会
全国生涯学習まちづくり研究大会と2枚看板の大会となりました。
平成25（2013）年2月9～10日（日）　佐野市文化会館　他
基調講演「人間観光～佐野市まちづくり実践のとき」福留強（聖徳大学教授）
　楽習講師フェアのほか、分科会では「生涯学習まちづくりの可能性～公共施設の利活用」など6分科会18の事例発表があり、シンポジウムでは「今こそ生涯学習の時代」をテーマに永池榮吉氏（スコーレ家庭教育振興協会長）、藤野公之氏（文科省生涯学習政策局政策課長）、松下倶子氏（恵泉女学園長）、大田順子氏（学校法人緑ヶ丘学院理事長）、岡部正英氏（佐野市長）の5人と筆者の司会で、活発でアットホームな大会のカラーを鮮明にしたものでした。「全国学びとまちづくりフォーラム in 佐野」は平成26（2014）年、27（2015）年と続きました。

＊

・平成28（2016）年3月5日～6日　全国学びとまちづくりフォーラムin佐野
　全国生涯学習まちづくり研究交流大会との2枚看板方式とし、テーマ「あなたも主役　学びを活かして地域創生」は、一貫して「あなたらしさ　咲かせます」を下敷きとしたものでした。NPO法人全国生涯学習まちづくり協会も共催し、内閣府、文部科学省、関東各都研教育委員会、地域活性センター、国立青少年教育機構が後援することで、まさに全国大会の規模になりました。
　1日目オープニング講演は「地域創生と社会教育　学びを通じた地域の再生」をテーマに谷合俊一氏（文科省生涯学習制作局社会教育課長）が登壇しました。
　2日目12分科会は40の事例発表を分科会ごとに行いました。交流会は、ずばり「名刺交換特産品の交流」と銘打ち、もう一つのイベントであるような錯覚を覚えるほど盛大に行われました。楽習講師フェアなど合わせ延べ3,000人の参加が報告されています。

＊

・平成29（2017）年3月4日～5日　全国学びとまちづくりフォーラムin佐野2017
　「全国生涯学習まちづくり研究交流大会」の2枚看板で、「学びを通じて地域創生　あなたも今日から活躍人！」をテーマに開催。後援は内閣府、文部科学省、国立青少年教育振興機構、栃木県公民館連絡協議会、県PTA連合会、県子ども会連合会、㈶地域活性化センター関東各都県教育委員会等が後援し、関東大会のイメージが強まりました。

233

シンポジウムは、牧野篤氏（東京大学大学院教授）、石川雅史氏（文科省社会教育課専門官）、小曽根治夫氏（佐野市生涯学習課長）、竹原和泉氏（NPO法人まちと学校のみらい代表理事）が登壇。基調提言「大会を振り返って～さあはじめよう　あなたも今日から活躍人」は清水英男氏（全国生涯学習まちづくり協会副理事長）が行いました。

大規模イベントを実施した成果

この「全国学びとまちづくりフォーラムin佐野2017」全国生涯学習まちづくり研究交流大会は、筆者は大会当日入院をしてしまい、清水英男副理事長（元・聖徳大学教授）に多大な負担をかけてしまいました。大会顧問としてそれまで毎年関わってきたのですが、この機に役を辞しました。また実行委員会も地元主体の実行委員会へと縮小していき、大会は縮小していったと聞いています。

筆者はこうした自治体の大会等に招いていただき、数多く参加してきました。主催者はどのように変わるのか、それぞれ長期的に感想を聞いてみたものですが、各地のアンケート等をまとめると、およそ次の良かった点が挙げられていました。

知名度が上がった、職員の自信、実力が上がった、イベントに係る多様な体験がその後の仕事に役立っている、人脈が広がった、組織に関わるメンバーの結束が高まり自信と意欲が芽生えた、などでした。失敗も多く含まれているはずですが、多くは楽しい交流会で終わり、新しい自信と意欲がわいてくるというのが一般的なのです。何よりも多くの市民に活動の意義が理解され、生涯学習への理解が高まるなどの成果があった話を数多くうかがいました。イベントをやり終えることによって新しいリーダーが生まれる例は珍しくありません。組織の目的を一つずつ達成していく過程として、こうした発表的イベントは不可欠なものと言えるでしょう。

大会を重ねてきた佐野市は、人口約11万5,000人、栃木県の交通の要所でもあり、農業と商業の都市であり、筆者は、生涯学習都市宣言や、子どものまち宣言、男女共同参画宣言都市、ラーメンの街などの印象が強く、好きな都市の一つです。長期に市長を務められた前市長・岡部正英氏は、かつて東京・青森間の県対抗駅伝の選手だったという元気な市長でした。私の提案はすべて受け入れてしまうことで、市役所の部長クラスは、筆者が市役所に行くと何かが起こるといわれ、警戒されたということを聞きました。

事業構想大学院大学　事業構想研究所　平成27（2015）年7月21日（火）

社会人を対象とする大学院大学「事業構想大学院大学」に研究所を開き、研究事業を実施することになりました。原宿、表参道の交差点にある地下鉄駅、表参道駅裏で、直線距離で40メートル。4階建ての小ビルが大学で、いわば財界が創ったといわれる大学院大学です。参加者も、かつて縁のある自治体から10名が参加。いわばゼミ方式で授業を進めるものです。参加者は、大田順子氏、池田恵美子氏、松村和順氏、相原富子

氏、岡野義広氏、谷口瑞穂氏、山口幸子氏など本誌でも登場する人ばかりでした。

　書店に並ぶ月刊「事業構想」と連動しており、授業料は高額なのですが、十分に成果で取り戻せるという自信もあって開設したものです。しかし実際は苦しいスタートでした。ただ集まったメンバーはさすがに第1級の実践家たちでした。最後まで講座を成就できなかったことは後悔がのこります。

千葉県生涯学習大学校

　千葉県が実施している高齢者対象の、1会場に数百名を抱える講座で、千葉、船橋、松戸、茂原、銚子、流山の県下6会場に出講しました。平均年齢70歳を超えるいわば高齢者福祉の事業でした。千葉県の教育委員会事業ではなく福利厚生に位置づく事業でした。6会場はいずれも熱心な参加者であふれていました。

　事業を県から委託されている千葉銀行の地域活動を進めるセクションの要請を受け、プログラム編成を検討したこともありました。ポイントは学習の成果を地域に活かすということ。特にまちづくりに関心を持てるように配慮しました。男性が多い市民大学でした。学習熱心という一言ではいいあらわせない学習への思いや集まることへの重要性をしみじみと感じることでした。

「図書館がまちを創る」出版の思い出

永島　静

　福留先生に初めてお会いしたのは平成19（2007）年夏、聖徳大学生涯学習社会貢献センターでした。「福留先生に興味を持ってもらうには、言葉だけではなく、目に見える具体的なお話がいい」と紹介者のアドバイスがあったので、東京創作出版がこれまで作った本のなかから中高年の生きがいに関する本を選んでお持ちしました。福留先生はお手に取り、「いいですね、お借りできますか？」と笑顔でおたずねくださいました。その時のうれしかったことを今でも忘れません。

　印象深いのは、「図書館がまちを創る」を制作したときのことです。全国の図書館を「生涯学習」と「まちづくり」の視点で紹介した図書館紹介で、行脚した図書館の数はおよそ1,000館。そこからユニークな館を厳選したものでした。当時はネットも今ほど発達しておらず、珍しい図書館の存在はあまり知られていませんでした。しかし内容が斬新すぎて他の出版社が首を縦に振らず、開業したばかりで流通販売の経験が浅かった私に出版のチャンスが回ってきたのでした。それが発売後即完売し、一ヵ月もたたず、たちまち増刷のヒット本となりました。時代を先取りする福留先生の先見の明に驚いたものです。本は全国の公共図書館で所蔵しています。

　福留先生にはその後、聖徳大学の季刊誌や、「わくわく創年時代」「まちを創る青少年」

他、多数出版していただきました。東日本大震災後の海外からの復興支援を克明にレポートしたまち研会員・仮屋茂さんの良書「地球の裏側からの東日本大震災復興」や、吉川市長・中原恵人さんの誠実で緻密なまちづくりへの取り組みを紹介した「小さな指がさし示す向こうに価値ある未来があるように」出版も福留先生とのご縁で生まれました。

　福留先生は、文部省（現文部科学省）社会教育官時代から全国の自治体に赴き、生涯学習まちづくりの指導をしてこられ、訪れたまちのスタッフの方々のお名前や交わした言葉などすべて覚えておられます。優れた頭脳と熱い情熱をもって全国の生涯学習まちづくりに尽力する福留先生は、教育者としての真摯な態度と優れた決断力を持つ指導者の鑑でもあります。ここで「創年宣言」（令和5〈2023〉年・東京創作出版）から、先生のすばらしい資質を育んだ源流に触れる一文を引用いたします。

　「チャレンジには失敗はつきものです。筆者はこれまでも学生の失敗は基本的に許し、場合によっては、ほめることの方が多かったと思います。何かを起こさなければ失敗をしないわけですし、しないよりチャレンジして失敗するほうがよく、失敗をおそれて実行しないほうがむしろ不満を残します。様々なことで、泣きながら失敗を謝ってくる学生も何人かおりましたが、失敗を慰めるのではなく、常に原因を自分で考え対処するように指導しました。そして挑戦し、実践したことを心からほめることに努めてきました。少年時代から自分もそうして育てられてきたと思うからです」　　　（東京創作出版代表）

● 平成25年（2013）

1月19日（土）	第28回まちづくりコーディネーター養成講座
	（国立オリンピック記念青少年総合センター）
2月16日（土）	女子力フォーラム「女性の新しい働き方」（聖徳大学）
2月9-10（日）	全国学びとまちづくりフォーラム in 佐野（栃木県佐野市文化会館）
4月13日（土）	全国廃校等「空」き活用研究会・実行委員会発足（神奈川県横浜市）
4月〜3月	酒々井町青樹堂師範塾　5回
6月25日（火）	酒々井町青樹堂師範塾入門式
6月21日（金）	全国生涯学習まちづくり協会と酒々井町による連携協定
6月22-23（日）	聖徳大学生涯学習フォーラム（まち研総会）
7月13-14（土）	地域を元気にするまちづくりフォーラム　天童大会（山形県天童市）
9月7日（土）	全国「空き」活用とまちづくりフォーラム in 矢板（栃木県矢板市）
10月1日（火）	酒々井まちづくりコーディネーター講座
10月11-14日	韓日生涯学習まちづくり国際フォーラム（韓国・テグ市）
12月1日（日）	ミラクル人会議・お寺とまちづくり研修（千葉県勝浦市・妙海寺）
12月8日（日）	輝く創年とコミュニティフォーラム酒々井大会
	（酒々井町中央公民館、プリミエール酒々井）

● 平成 26 年（2014）

1月〜2月4日	酒々井旅のもてなしプロデューサー講座　4回（千葉県酒々井町）
2月1日（土）	女子力フォーラム　聖徳大学生涯学習社会貢献センター
2月7日（日）	学校統合による「空き」活用と地域づくり研究会　軽米町教育振興運動集約集会（岩手県・軽米町農村環境改善センター）
2月8日（土）	廃校活用と地域づくり研修会（岩手県軽米町）
2月15日（土）	旅のもてなしプロデューサー講座（おもてなし市民活動入門）
2月22日（土）	筑後市・創年とコミュニティ大会（福岡県筑後市）
3月2日（日）	全国学びとまちづくりフォーラム佐野大会（栃木県佐野市）
4月23日（水）	青少年おもてなしカレッジ（横須賀市・緑ヶ丘学院）
4月27日（日）	坂元地区活性化プロジェクト（鹿児島県曽於市・坂元地区）　6回
5月〜2月	松戸ふるさと創造講座開講（千葉県松戸市・市民ホール）　6回
6月21日（土）	まちづくり空き資源活用研究会・まち研総会（横浜市・アポロニア）
9月20日（土）	第30回まちづくりコーディネーター講座（きれいのたね）　1日目
9月21日（日）	女子力映画シンポジウム（千葉県酒々井町・中央公民館）　2日目
10月4日（土）	酒々井年金プラスα研究会（千葉県酒々井町・中央公民館）
11月22日（土）	生涯学習フェスティバル天童（山形県天童市）

● 平成 27 年（2015）

2月15日（日）	地域を元気にするフォーラム（鹿児島県曽於市・坂元地区公民館）
2月22日（日）	創年コミュニティ大会西日本大会 in 平戸大会（長崎県平戸市）
2月28〜3月1	学びとまちづくりフォーラム in 佐野（栃木県佐野市）
5月30日（土）	台東区根岸・事務局開き（東京都台東区）
6月27日（土）	まち研修総会（さわやか千葉県民プラザ）
7月21日（火）	事業構想大学院大学に事業構想研究所、研究事業を実施（東京都渋谷区）
8月23日（日）	青少年おもてなしカレッジ合同合宿
9月4日（金）	会員の定期交流会「ボーイズビー安美食」を開始
11月8日（日）	第3回輝く創年とコミュニティ・フォーラム（千葉県酒々井町・中央公民館）
12月10日（木）	とりで知学女性プロジェクト　西舘好子氏出演（茨城県取手市）

平成 28 〜 29 年（2016-2017）

13　女性たちの活躍

◆平成 28 年　2016
　熊本地震が発生。北海道新幹線が開業。リオ五輪開催。小池百合子氏初当選、女性初の都知事誕生へ。マイナンバー制度がスタート。「民泊」始まる。アメリカ大統領選でドナルド・トランプ氏がヒラリー氏を破って勝利し、世界中が驚きました。

　もっと女性の出番が多くてもいい
　まち研では、見過ごされていた市民大学と女性を見直すべきという声がありました。事実、まち研の各地の活動家としての女性たちの活躍は見逃がせません。あらためて女性の力がもっと生かされるべきです。まち研のイベント等への参加者には女性も少なくありませんが、多くはお客様ではないかという指摘がありました。確かに指摘通りで全体を動かすような運営に関わる女性は多くないということに気がつきました。当初はまちづくりというキーワードも女性たちには縁のないものと受け取られていたようです。
　平成 15（2003）年、筆者は、内閣府男女共同参画推進のネットワークの委員を経験したことがあり、決して男女共同参画に関心がなかったわけではないのですが、軽視していたといわれても仕方のない取り組みだったといわざるを得ないようです。女性の社会参画には、年齢構成に関心があったくらいでした。いずれにしても、もっと女性の出番が多くてもいいと思います。本誌でも紹介されているまち研に関わった女性たちも、佐藤良子氏、池田恵美子氏、臼井真美氏、小窪久美子氏、長谷川きよみ氏、鮫島真弓氏、塩井川公子氏、沢環氏、高塚加代子氏、成田賀寿代氏、堀口貴恵子氏、沖山サト氏など、いずれもまちづくりで全国的に活躍する人たちです。
　大学の研究者では、岩橋恵子氏、谷岡経津子氏、松下倶子氏、長江曜子氏、齊藤ゆか氏、久次弘子氏、小川誠子氏、荒谷信子氏、山田知子氏などの方々がまち研をサポートしていました。言うまでもなく、行政ともかかわってきた研究者としても第一級の大学人たちばかりです。まちづくりの第一線でマスコミにも取り上げられている人が少なくありません。いずれも男性社会を飛び出してきたパワフルで魅力的な女性たちであり、全国をリードする女性たちと言えるでしょう。
　イベント実施の面でも、鯖江市の全国ＯＣサミット in 鯖江（241 ページ参照）をはじめ、女性を中心とした運営による例は多く、いずれも高い評価を得ています。

（1）男女共同参画社会

　世界経済フォーラムは、令和元（2019）年12月のジェンダーギャップ指数を発表、日本の男女平等度は153ヵ国中121位、先進7ヵ国中最下位となり、新聞では日本の女性活躍道半ばと報じられていました。一見、信じられないような調査結果ですが、日本の評価が低いという結果は、それなりに考えさせられるものでした。

　まだまだ社会的に数多くの問題が横たわっていることを踏まえ、国は男女共同参画社会の推進を重要な行政課題として積極的に取り組んでおり、その推進の手を緩めるべきではないと考えられます。平成28（2016）年には女性活躍推進法が施行され、従業員301人以上の企業に女性の活躍に向けた行動計画の策定が義務付けられています。実際の感覚とはかなり違っていますが、これは女性政治家が少ないことが大きな要因のようです。

　男女共同参画社会とは、「男女が、社会の対等な構成員として、自らの意思によって社会のあらゆる分野における活動に参画する機会が確保され、もって男女が均等に政治的、経済的、社会的及び文化的利益を享受することができ、かつ、共に責任を担うべき社会を形成すること」をさしています。（男女共同参画社会基本法第2条）

　こうした社会の実現を目指して様々な政策を加速するとしており、国は地方創生を推進する傍ら、女性活躍推進法の制定を実現させています。

・男女共同参画社会基本法5つの基本理念

　「男女共同参画社会基本法」（平成11〈1999〉年6月23日公布・施行）には、「男女の人権の尊重」「社会における制度または慣行についての配慮」「政策等の立案及び決定への共同参画」「家庭生活における活動と他の活動の両立」「国際的協調」の、5つの基本理念がうたわれています。しかし世界的に見ればまだまだ不十分ということなのでしょう。

　男女共同参画について、今日、あらためて法律で規定するまでもないことなどという意見も耳にしますが、やはり無謀な意見のようです。まだ不十分だからこそ、この法律の意義があるわけです。当然のことですが、国民全体の問題として、男女共同参画社会を築く必要があります。

（2）地方創生とまちづくり

地方創生とまちづくりを考える研修会
平成 28（2016）年 1 月 26 日（火）
東京都麹町・千代田放送会館ホール（都市センターホテル）
全国生涯学習市町村協議会創立 15 周年記念事業
　「地域資源を生かすまちづくり〜市民活動を育てる」をテーマに、会員の研修の機会
にすると共に未加入の自治体の加入を促進するために、地方創生とまちづくりを考える
ことを目指した研修会を実施したのでした。事業報告、決算の承認、平成 28 年度事業
計画予算案、役員選任他、総会後の研修会でした。
　主催　全国生涯学習市町村協議会
　協力　事業構想大学院大学事業構想研究所、NPO 法人全国生涯学習まちづくり協会
　基調講演　「社会の事業構想、地域と事業構想」田中理沙氏（事業構想大学院大学学長）
　事例発表「地域資源を生かすまちづくり〜市民活動を育てる」
　　①島根県海士町長 山内道雄氏「ないものはない〜離島からの挑戦」
　　②宮崎県日南市長 﨑田恭平氏「創客創人のまちづくり」
　シンポジウム「地方創生時代の生涯学習を考える」リレートーク
　横尾俊彦氏（市町村協議会長、佐賀県多久市長）、前田終止氏（鹿児島県霧島市長）、
﨑田恭平氏（宮崎県日南市長）、山内道雄氏（島根県海士町長）、小谷和浩氏（文部科学
省生涯学習政策局参事官）、コーディネーター・福留強（全国生涯学習市町村協議会世
話人）
　まち研からの参加は少なかったのですが、何人かの首長の間で、まち研の活動が話題
になっていました。かつてまち研と共催して研修会等を開催した隼人町や多久市などに
ついては、交流会などであいさつが交わされていました。

地域を元気にするまちづくりフォーラム　地域づくり委員会創設 20 年記念事業
平成 28（2016）年 7 月 24 日　天童市北部公民館
　平成 22（2010）年 5 月の天童市まちづくり研修会（山形・天童市北部公民館）以来、
6 年ぶりの山形県天童市での研修として、地域を元気にするまちづくりフォーラムを開
催しました。天童市の地域づくり委員会創設 20 年記念事業の一環として行われました。
　共催　地域を元気にするまちづくりフォーラム実行委員会、天童市、同市教育委員会、
　　　　全国生涯学習市町村協議会、NPO 法人全国生涯学習まちづくり協会
　基調報告「天童北部公民館の取り組み」佐藤茂男氏（天童北部公民館長）

基調講演「創年が元気、まちづくりに活かされる力」福留強（聖徳大学名誉教授）
事例発表　軽米町、朝日町など４事例
　ワークショップを４グループで行い、発表に対する講評を、鮫島真弓氏ほかが行いました。初めてワークショップを取り入れたフォーラムで、住民参加を強調した研修・フォーラムでした。90名の参加者は、一様に楽しかったと発言していました。

全国ＯＣサミット in 鯖江　平成 28（2016）年９月３日（土）
　ＯＣとは、おばちゃんという意味のようです。多くのおばちゃんたちに呼びかけサミットを実施したのは鯖江市の栗山裕子さん。鯖江市の社会教育で活躍している市民です。
　鯖江市では女子高校生が市役所を訪れ、まちづくり事業を手伝ったことから評判になり、テレビで全国的に報道されました。その活動は高校の副読本にも紹介されるなど、話題になったものでした。市教育委員会は気をよくして教育委員会内部に高校生のデスクを備え、職員扱いのコーナーを設けるなど話題をさらに広げることにしたものでした。
　そのことを面白くないと考えていた栗山さんらは、わがまちづくり研究会を訪ね不満を述べたのでした。自分たちは20年もまちに協力し活動したのに、女子高生がたかだか１〜２年の活動での別格扱いはあまりに不平等というわけです。そこで提案したのが、教育委員会などあてにしないで、自ら世間にアピールする大会を開こうという案です。２月の話でした。
　６月にはその準備のための事前研修会を実施し、作戦を考え、そして実現したのが「全国ＯＣサミット in 鯖江」でした。筆者はその事前研修会でワークショップを提案し、参加してみました。約30名の女性たちが研修し、ひそかに市長も様子を見に来られたようでした。
　本番は９月。アッと驚く300人の女性たちが近隣の県からも参加したのです。この模様は、マスコミの話題となりました。以後、大会は継続しているようです。市内の弁当屋を動員して共通の食事を提供するなど、きめ細かな運営が参加者を感動させたものでした。また当日参加者全員に配られた手作り鯖江のメガネデザインの「手提げ」は素晴らしい作品で、以来、日常的に持ち歩く人がたくさんいるようです。OC（おばちゃん）たちの底力を見た思いでした。

◆平成 29 年　2017
　理事長の長期離脱
　この年の 1 月から、理事長（筆者）は、人生最大のピンチに見舞われました。前年
12 月にがんが発見され、入院することになったのです。その過程で心臓病も発覚し、
がん手術前に心臓に係る手術が優先され、1 月中旬に 2 週間の入院手術を、さらに、2
週間後にがんセンターで胃の全摘手術を行ったのでした。この間の 3 ヵ月に予定されて
いた講演等はすべてキャンセルせざるを得なかったうえ、以来 3 ヵ月は全く活動できな
い時期が重なり、予定の連携活動が実施できず、新年度計画も立たないまま年度が過ぎ
ていった 1 年になってしまいました。
　まち研は、筆者の動きが最も大きく影響しているという人がいます。事実、それに異
論はありません。その筆者の入院中はもちろん、退院してからも大きなブレーキがかかっ
たような気もしています。現実に自治体と約束した事業をキャンセルせざるを得ず、福
留がダメになったようだ、からはじまり、多くの友人たちに気を遣わせる結果になって
しまいました。事業構想大学院大学も事業継続を断念しましたし、仕事を 4 割程度減ら
しました。会員が離れる場面もあったようです。理事長は年齢も高くなったし健康面で
も心配で無理をさせるわけにはいかないし、と気遣っていただく場面が目立ち、まち研
にとっても急ブレーキの時期でした。

（3）酒々井事務所 KOKO

　東京都根岸の閑静な住宅街の一角に事務所を設置しましたが、会費納入等が激減した
ことや補助事業が無くなったことなどもあって、家賃の支払いが大きな負担になりまし
た。東日本大震災もあって、東北地区の会員には会費を無料とする措置などをとったた
め、約 4 割の会員が減少したことも影響しました。
　岩田美紀氏、田中温子氏、鮫島真弓氏という 3 人のスタッフは最高で、事務能力や指
導力などを含めて対外的にも評判の女性たちでした。
　平成 29（2017）年に、小坂泰久酒々井町長からの救いで、千葉県酒々井町駅前の空
き店舗を無料に近い家賃で勧められ、ここに本部を移転させることにしたのでした。駅
前のシャッター通りですが、20 畳ほどの清潔な店舗の跡でした。東京から約 1 時間と
いう遠いところへの移転についての意見もありましたが、成田空港に近いということは
全国からも近いということだ、という理論で事務所設置が決まったものでした。
　筆者は当時、大病で 3 ヵ月の入院と、休養を強いられてしまい、鮫島さんたちに移転
の一切を任せていました。しかし、3 ヵ月後に事務所に着いてみて驚きました。

地域で創ったたまり場

　酒々井町のまち研事務所予定場所には、事務所兼喫茶店機能に必要な、あらゆる備品が見事にそろっていたのです。なんと当初、なにも無い空き店舗でしたが、読書サークルを主宰する杉山修氏らの移動図書の書架をはじめ、冷蔵庫、食器類と棚、コーヒーセットなど、いつの間にか生活必需品がそろっていました。住民がこれらの調度品を寄贈してくださったのです。来客が多く、事務所の責任者であるべき筆者が行っても、座る場がないどころか、スタッフに来客が多くて空き時間がないという状況でした。

　この千客万来の盛況の原因はただ一つ、優れたスタッフの魅力です。鮫島氏、田中氏、岩田氏の魅力で地域の人が圧倒的に支持したものだったのです。マスコミにも知られ、おそらくまちの目玉になるほどの話題の「KOKO」になっていたのです。全国でも注目の創年のたまり場になるほどのものでした。

　持ち寄り野菜の100円コーナーなど、わずかでも収益が上がるようでした。客同士が知り合いになり、交流の場が広がり、手作りの漬物やお菓子などを持ち寄り、お茶を飲みながら語り合う時間は、笑顔があふれ、幸せいっぱいの光景がありました。多くはそれが楽しみで店に来て、帰りには温かい気持ちになっているのです。いわば、多くの町民は、彼女たちスタッフの人柄に惹かれていたのです。

　シャッター通りがKOKOの余波を受けて活性化したと町民は見ていました。地域の高齢者が散歩で立ち寄り、生活相談することも珍しくなく、地域に無くてはならないたまり場になっていたのです。雑誌や新聞などでも紹介されるほどになっていました。もっぱら高齢期の皆さんが多く、「素敵な場所を酒々井に作っていただきました。素晴らしいスタッフに会う楽しみもあって、いつも立ち寄っています」という女性、無口ですがほぼ毎日のように立ち寄る男性などがいました。スタッフの手の空く時間がない日が続いていました。「創年のたまり場KOKOは、間違いなく酒々井の名所ですよ」と、口にする人もいました。県内外からの視察もありました。

　鮫島真弓さんは、NPO法人全国生涯学習まちづくり協会の副理事長を務め、KOKOはその活動の場として存立していたものでした。しかし、令和4（2022）年7月、惜しまれて撤退しました。

（4）各地で活躍する市民大学

各地の市民大学のニュースが飛び込んできます
　「ふなばし市民大学校まちづくり学部」（千葉県船橋市）、「前橋市民大学・明寿大学４年制」（群馬県前橋市）、「まちを好きになる市民大学」「まるごときたひろ博物館員養成講座」（いずれも北海道北広島市）、「花巻シニア大学」（岩手県花巻市）など、多彩な事業で知られる市民大学も数多く見られます。そのほか、「みと弘道館大学院・さきがけ塾」（茨城県水戸市）、「よねざわ鷹山大学」（山形県米沢市）、「東松山きらめき市民大学」（埼玉県東松山市）、「新居浜市生涯学習市民大学」（愛媛県新居浜市）、「ニューライフカレッジ霧島」（鹿児島県霧島市）等、いずれも地域に定着し特色を発揮しています。

全国市民大学連合の設立
　市民大学・市民講座は、一定の規模、歴史、活動の水準等を考えれば、少なくとも全国に2,000程度は存在していると推定されています。市民大学相互の交流を図るとともに、学習成果の活用やプログラムなどの研究を進めようと全国市民大学連合を組織化しました。専ら市民大学の卒業生組織が活動している団体に呼び掛けて設立したもので、具体的な活動等は今後の課題となっています。いずれにせよ軌道に乗せたいものです。
　これまで全国の市民大学が、連携して組織的に活動したことはなく、過去に全国生涯学習市町村協議会の交流事業、全国生涯学習まちづくり協会事業として、この市民大学交流大会を、埼玉県、鹿児島県で実施したことがあります。全国ブロック別の研究大会を企画し、いずれは全国大会を開催するなど交流事業も検討しています。
　全国市民大学連合としては、令和元（2019）年11月、市民大学連合の設立以来、市民大学指導者養成講座（東京・ＮＨＫ文化センター）のほか、優良市民大学の推薦、市民大学の開設支援等を行っています。

優良市民大学
　「市民大学の学習成果をまちづくりに活かそう」と平成30（2018）年度の市民大学の活動内容に関する全国調査を行い、優良市民大学25を推薦しました。コンクールという形式をとらず、申請団体だけでなくいずれも審査員（調査委員）が一定の基準で選定したものです。代表的な事業として、特色ある市民大学の事例のほかに、筆者が直接かかわった次の市民大学が特色ある例として挙げられそうです。
　よねざわ鷹山大学、柏シルバー大学院、中野生涯学習大学、東松山きらめき市民大学、前橋市民大学、明寿大学、可児市生き活き創年ゼミ、栗東100歳大学、市民大学きた

もと学苑、さやま市民大学、ふるさとちっご市民塾、関東シニアライフアドバイザー協議会があります。いずれも安定しており、多くはまちの名物になっているものです。そのほか郷土の偉人の名を冠した事業も増えており、人集めに効果を発揮しています。上杉鷹山（よねざわ鷹山大学）、森鷗外塾などのほか、伊能忠敬、石田梅岩、吉田松陰、中江藤樹などの偉人を取り上げる例もあり、いずれも人気を博しています

まち研ガールズ（銀座）　平成29（2017）年10月12日（木）

東京・銀座きれいが丘会議室

　7回シリーズの講座で、学び、旅まち研究所主催として「まち研ガールズ講座」を実施しました。まち研のスタッフを養成する狙いでしたが、残念ながら成果はなく、活動家を養成した感じでした。様々なイベント等を実施し、それらの機会にめぐり合うというのが自然の形でしょうが、いずれも情報提供のマンネリ化や拙さなどが原因で広がらないという、悩みだけが広がってしまった感じでした。宮本初枝さんがまち研スタッフとして合格の評価でしたが、通勤距離から実現しませんでした。

　まち研をステージとして、観光事業をすすめるまちづくりを研究して、自治体の開発に貢献する、自治体と協力して特産品を開発して収益を上げるなど、あらゆることができるという夢を持っているのですが、なかなかそういう夢を描いている人は少ないようです。

松戸ふるさと発見講座　学びの仲間に作家

　松戸市の生涯学習市民大学の受講生の中の一人、太田俊明氏から、講座終了の日に1冊の本をいただきました。「姥捨て山繁盛記」という小説でした。ダムの湖底に沈む村をモチーフにしたいわば村おこしを表したものですが、これが日経小説大賞を受賞したものでした。2年間も付き合いながら、私に対して一言も紹介しなかったのです。調べてみると、ペンネーム坂本光一作「白色の残像」は、江戸川乱歩賞を受賞という輝かしい実績の作家だということがわかりました。神宮球場で遊撃手として活躍したということも耳にして、あらためてたずねてみました。「どうでした」「ほぼ全敗でした」「誰と戦いましたか」「江川卓でしょうか」と、これは東京大学しかありません。東大野球部で活躍していた人でした。私の講座を受講中に出版されたのが「一身二生〜吉宗の遺言」でした。吉宗を研究する、いわばバリバリの一線級の作家が身近なところにいたということです。書き下ろした小説を手にして感動してしまいました。また太田氏が2年間にわたって学習しつづけられたことにも大きな感動を覚えました。

　こうしたすばらしい実績を誇る人が、きっと他の分野にも多いかと思われます。私にとっては、こういう人々と出会うことが無上の喜びです。そしてできれば、多くの創年の仲間に、情報を届けることができれば最高でしょう。

245

あれから 35 年！「生涯学習まちづくり」の進化

古市　勝也

　平成 30 年 12 月、「人口減少時代の新しい地域づくりに向けた社会教育の振興方策について」（中央教育審議会答申）では、「社会教育は個人の成長と地域社会の発展の双方に重要な意義と役割」を持つとして、「人づくり」・「つながりづくり」・「地域づくり」の「学びと活動の好循環」を提唱しています。

　令和 4 年 8 月、「第 11 期中央教育審議会生涯学習分科会における議論の整理～全ての人のウェルビーイングを実現する、共に学び支えあう生涯学習・社会教育に向けて～」が提唱されました。そこでは、生涯学習・社会教育をめぐる現状と課題を「人と人の『つながり』の希薄化、困難な立場にある人々などに関する課題が顕在化・深刻化」と捉え、「社会的包摂と、その実現を支える地域コミュニティが一層重要」としています。また、社会人の学び直しをはじめとする生涯学習が一層重要」ともしているのです。

　「生涯学習・社会教育が果たしうる役割」として、「生涯学習」は「職業や生活に必要な知識を身につけ自己実現を図るためのもの。他者との学び合い・教え合いにより豊かな学びにつながるもの」。「社会教育」は「学びを通じて『人づくり・つながりづくり・地域づくり』の循環を生み、持続的な地域コミュニティを支える基盤となるもの」としながら、4 つの役割が重要としています。

　①ウェルビーイング（「個人」の幸せ＋周囲の「場」の良い状態）の実現としています。

　②「社会的包摂の実現」では、貧困状況にある子ども、障害者、高齢者、孤独・孤立の状態にある者、外国人、女性など、それぞれに学習ニーズに対応して「誰一人として取り残すことなく、学習機会を提供する」としています。

　③「デジタル社会に対応」では「デジタルデバイド解消を含め、デジタルによる格差や「国民全体のデジタルリテラシーの向上を目指す」としています。

　④地域コミュニティの基礎」では「学び」を通じた、人と人とのつながり・絆の深まりが、地域コミュニティの基盤を安定させる」としています。

　ここまで来ると、平成元年にスタートした「生涯学習まちづくり研究会」が「学びを核に、人と人をつなぎ、学び合い・認め合い、活動してきた」理念・方針・手法は「素晴らしい」「間違い無い」と確信します。

　35 年もの長い間、一貫して生涯学習まちづくりは、わが国唯一であることを改めて確信しています

（九州共立大学名誉教授）

● 平成 28 年（2016）

1月13日（水）	関西地区まちづくり交流会
1月26日（火）	地方創生とまちづくりを考える研修会（東京都麹町）
3月5-6日	学びとまちづくりフォーラム佐野（栃木県佐野市）
3月19日（土）	とりで知学　女性プロジェクト（茨城県取手市）
6月1日（水）	松戸市ふるさと発見創造講座（千葉県松戸市）
7月24日（日）	地域を元気にするまちづくりフォーラム（山形県天童市）
4、7、8月	おもてなしカレッジ研修（東金青少年自然の家）3回
9月3日（土）	全国OCサミット in 鯖江（福井県鯖江市）

● 平成 29 年（2017）

3月4-5日	全国学びとまちづくりフォーラム in 佐野（栃木県佐野市）
3月20日（月）	創年アドバイザー講座（神奈川県横浜市）
4月1日（土）	酒々井事務所KOKOオープン（千葉県酒々井町）
7月25日（火）	筑後市創年短期大学（福岡県筑後市）
11月8日（水）	まつど生涯学習フォーラム（千葉県松戸市）
10月12日（木）	まち研ガールズ（東京都銀座）

平成 30 〜令和元年（2018-2019）

14　横須賀ストーリー

　平昌オリンピックが開催、日本は冬季過去最多のメダル 13 個を獲得。7 月の西日本集中豪雨では河川氾濫で死者 200 人の甚大な被害のニュースが駆け巡りました。貴乃花親方、安室奈美恵さん引退や羽生結弦選手、大坂なおみ選手など若者の引退や活躍が話題でした。「そだね〜」が流行語に。

（1）大田順子理事長が誕生

　筆者は、全国生涯学習まちづくり協会の理事長を辞して、大田順子副理事長へ理事長のバトンをタッチしました。そして、まち研は、マンネリ化を避け、心機一転、新組織として刷新しようという期待もこめて動き出しました。会員組織が不振であったこともありますが、これらをゆだねる意味もあり、さらに前年度の長期入院の経緯もあって、理事長交代となりました。

　「従来の全国生涯学習まちづくり協会の歴史等を全く無視し、新しい発想で自由に運営していただきたい」というのが唯一の条件でした。

　まち研本部は、横須賀市の汐入駅前のビルを事務局としました。新型コロナウイルス感染症が蔓延する直前にマスク提供の場所として名乗りを上げるなど、マスコミで報道されたこともあって短期間ながら注目されました。

　大田順子理事長は、横須賀市にある緑ヶ丘学院（女子中学・高等学校）の理事長であり、自らが運営する会社社長を務める人です。いわば同期の戦士でもあります。70 代で神奈川歯科大学を卒業され、大学院から博士課程まで続き、70 代後半に歯学博士になったという、全国的にも知られる生涯学習のモデルにもなりそうな人物です。全国最高齢の女子大生として新聞等でも大々的に取り上げられていました。

　新理事長の活動を、当然、筆者も全力でサポートしますが、まったく異なる観点から新しい発想が生まれる期待も内外から集めています。

248

◆平成 30 年　2018

　西日本豪雨で各地に甚大な被害が相次ぐなど、活動のペースを落とさざるを得ない状況になってきました。

総合教育政策局の設置

　平成 30（2018）年 10 月 16 日、文部科学省は新時代の教育政策実現に向けた大きな組織再編を実施しました。人生 100 年時代、超スマート社会（Society5.0）、グローバル化や人口減少など社会構造の急激な変動をはじめ、教育を取り巻く環境の変化に対応するため、教育分野の筆頭局として総合教育政策局を設置しました。

・総合教育政策局の目指すもの

　「社会が急速に変化する中で、生涯学習社会実現の重要性は一層高まっています。一方で、生涯学習局または生涯学習政策局が設置された後も、学校教育政策と社会教育政策とが縦割りで展開されているとの指摘もあり、生涯学習政策の一層強力な推進が不可欠と考えられます。今回の組織再編により新たに設置される総合教育政策局は、これまでの取組を大きく前進させ、学校教育と社会教育を通じた包括的で一貫した教育政策をより強力かつ効果的に推進し、文部科学省の先頭に立って、誰もが必要なときに必要な教育を受け、また学習を行い、充実した生涯を送ることができる環境の実現を目指します。局の名称については、学校教育・社会教育を通じた教育政策全体を総合的・横断的に推進する機能の重要性がより明確となるよう、「総合教育政策」を冠するものです」

（文部科学省資料より）

GO Forward 創年時代　神奈川大会　全国生涯学習まちづくり研究会

　全国生涯学習まちづくり研究会・神奈川大会を、筆者も、初めて観客席から参加して感動したものです。やっと自分の手を離れて実施されたことがうれしく感動していました。養老孟司氏の講演をメインに、これまでとは違う内容であり、それなりにわが手を離れて飛躍しているように感じられ、心底うれしく思ったものでした。

　交流会になってやっと自分の出番が巡ってきて、いつものまち研の雰囲気になったようでした。

・GO　Forward　創年時代　神奈川大会〜 100 歳時代をどう生きる〜

　平成 30（2018）年 6 月 10 日、神奈川歯科大学大講堂

　共催　全国生涯学習まちづくり研究会神奈川大会実行委員会、横須賀市

　NPO 法人全国生涯学習まちづくり協会、全国生涯学習市町村協議会

　後援　文部科学省、三浦半島地域活性化協議会、神奈川県教育委員会、京急電鉄、

　　　かながわ信用金庫、湘南信用金庫

協賛　日本生命、緑ヶ丘学院、神奈川新聞
オープニングアクト　洋画家・松井守男氏「遺言」、バッハ演奏者・鶴田美奈子氏アートコラボ
基調講演　「100歳時代を生きる」養老孟司氏（東京大学名誉教授）
分科会「創年時代の学び」「コミュニティの形成」「創年時代を生き抜く健康」「若者の社会参加」「創年の働き方改革」の5分科会で、12事例の研究討議
アトラクション「渡辺真知子スペシャルライブ」
シンポジウム「人生100歳時代は、輝く創年時代」二宮伸司氏（国立教育政策研究所社会教育調査官）、上地克明氏（横須賀市長）、小坂泰久氏（酒々井町長・全国市町村協議会副会長）、島村善行氏（医療法人洗心理事長、医師）、福留強（聖徳大学教授）

　特別展示に松井守男氏作品、緑ヶ丘学院おもてなしカレッジ生徒の会などがあり、多彩な事業として注目されました。内容も、初めてのイベントとはいえ、規模の大きさやしゃれた演出など洗練された研究会が実現したことが、誇らしく思えたものでした。
　まち研の活動としての「GO Forward 創年時代 神奈川大会」は、新スタートとして活気ある大会となりました。大田理事長のおひざ元とあって、学生を含む多くの参加者があり、あらためてまち研を認知させたイベントでした。

喜界島フォーラム（ワークショップ）　平成30（2018）年6月23～26日
　事務局スタッフが、鹿児島県喜界町において、地域の宝さがしのワークショップを行いました。このフォーラムは、地域活性化に貢献しようとするものです。事務局から鮫島真弓氏と岩田美紀氏の2人が担当し、数回の研修を行いました。この時の印象を、鮫島真弓氏の寄稿文から一部を引用します。

＊

　印象に残るのは、先生抜きの、はじめての事務局スタッフだけの鹿児島県喜界島のまちづくり講座の運営でした。大揺れのプロペラ機での初訪問にはじまり、優しい島の人

達や圧倒的な大自然に触れ、多くの不安も払拭されました。美しい島、海も空も食べ物、昔から大切に守り抜いた文化などを資源に、観光コースの新発見を目指したワークショップを重ねて、オンリーワンの地図を作り、独自の観光案内が出来上がったことが、忘れられない思い出になっています。　　　　　　　　　　　　　　　　　（鮫島真弓）

　創年たまり場研究会　平成30（2018）年3月10日　松戸市文化ホール
　初めて創年のたまり場研究会を実施しましたが、実際の経営者が少なかったことから、もっぱら俳優の山本學氏の公演が楽しみで集まったという感じでした。終わって松戸駅前の喫茶店カフェ・ド・カオリに集まってから、実際の研修になったような感想でした。

（2）クルーズ市民大学　市民大学指導者セミナー

　平成30（2018）年10月26～29日、パシフィックヴィーナスの大型客船で3泊4日クルーズ船の体験をしました。クルーズと市民大学と指導者コースをセットにしたものでした。
　神戸港を出港して、韓国の釜山に停泊し、1日上陸して観光地を楽しみ、再び船で神戸港に寄港するというものです。途中には、船内で市民大学養成講座を実施するという計画でした。豪華な船旅と研修交流を組み合わせたもので、好評を博しました。
　神戸港を出て関門海峡を通り、韓国釜山港に停泊し、船内に宿泊しました。船内から、韓国最大の花火大会を楽しみました。
　翌朝は上陸し、釜山市外も巡り、世界遺産の旅をして夕方に帰船し、日本に向かうという4泊5日のクルーズでした。リラックスタイムでは船旅の食事や夜のおやつタイムなどを楽しむという、文字通り楽しさいっぱいの研修事業でした。
　船内で食事中に室内合奏団に囲まれハッピーバースデーのハプニング演奏があり、多くの船客の注目を浴びました。その日（10月27日）は、筆者の誕生日でした。思い出に残る誕生日を、仲間とともに体験するという文字通りハッピーなひと時でした。

◆平成 31 年（令和元年） 2019

「令和」に改元されました。皇室典範特例法に基づき、4 月 30 日をもって天皇陛下が譲位され上皇さまとなり、翌 5 月 1 日に皇太子殿下が天皇陛下に即位されました。30 年余り続いた「平成」は幕を閉じ、同日「令和」に改元されました。新しい元号になり、なにか新しい時代になるという期待も膨らむ年でした。

ＮＨＫ文化センター青山講座　平成 31（2019）年 1 月 19 日

　東京・青山にあるＮＨＫ文化センターで、市民大学指導者養成講座を実施し、20 名が参加しました。市民大学指導者養成講座は、ＮＨＫ文化センターの講座としてやってみませんかという要請があり、ＮＨＫが運営するカルチャーセンターで行うことによってＰＲ効果があると思われることから、実施することにしました。受講料が高くなるという思いや不満がありましたが、ＮＨＫ文化センターで実施することは今後の広がりを考えれば意義あることだという意見もあり、実施したのでした。

　課題は受講者の皆さんが、市民大学の講師としてどのような形でデビューするかが注目されるところです。指導者を増やし、組織化し、組織的に活動できるようにすることと並行して考えなければならないでしょう。

　ところで、市民大学の拡充と発展や指導者育成のために市民大学指導者のセミナーを開催することは、新組織とつながるメンバーを増やすという意味もありましたが、思わぬ失敗をしていることがわかりました。東京ですからさぞ多くの希望者がいるに違いない、という予想は裏切られました。ぎりぎりの人数が集まったのでした。東京人にとって「市民大学」とは何かがわかっていなかったのです。

　しかし、都民は、「区民」としての学習機会があります。いわゆる区民大学です。品川区、文京区、中野区など伝統の区民大学が存在し、多くの受講者がいることは広く知られています。理念は市民大学と共通していますので、今後の東京での講座の広がりを期待しているところです。

関西地区市民大学指導者セミナー　令和元（2019）年 6 月 15 日　大阪市立労働会館

　まち研としては、大阪市内の会場で行う初のセミナーでした。まち研の名称で、関西で実施された事業は、明石市で行った全国生涯学習まちづくりサミット以来のことでした。10 名程度の参加者でしたが、これまで以上に可能性を感じる研修となりました。

　関西のまち研では、核になる人材が少なく、また広報等に難があるため、なかなか実施しにくいのです。今回の参加者を軸に、継続して実施できる可能性を感じました。兵庫の川本寿信氏、加東市の長濱暁子さんらが加われば、より広がるセミナーに発展しそうで機会ができればと考えています。

島村コンサート医療講座

千葉県松戸市の島村トータル・ケア・クリニック院長の島村善行医師が主催する松戸市民劇場でのコンサートは、新人のクラシック演奏者を迎え、コンサートの時間と島村医師の医療講座を組み合わせたユニークな講座です。

会場は中高年者でほぼ満席で、真剣な学習風景が見られます。行政主催でなく、医療機関の学習機会という点も特色ある事業ではないかと思われます。多くの客はほとんどが島村医師の患者だった可能性もありますが、楽しくてためになる医療講座と言えるでしょう。

筆者も島村医師の指名で何回かステージに登壇して、創年の意義と社会活動への参加を呼び掛ける話をしましたが、会場近くの大学の生涯学習センターに勤務していたこともあって、多くの知り合いが参加していることがわかりました。

認知症カレッジ　平成31（2019）年1月30日

令和7（2025）年には65歳以上の高齢者の5人に1人が認知症という、誰もが身近に認知症を感じる時代になっています。島村善行医師を中心に認知症カレッジシリーズを実行してみました。島村医師が2ヵ月に1回実施している松戸市の市民ホールのコンサートと医療に関する講演会の時に、会場に呼び掛け、私たちのいう「創年」について話す機会がありました。また、認知症予防に係る講座を開始したことを案内し、参加希望または関心のある人に挙手してもらったところ、およそ9割の手が上がりました。

そこで、島村クリニックの医師団とまち研が手を組めば大勢参加者が来るという予想で、認知症カレッジを開催したのですが、予想は大きく外れ、ほとんど参加しないという状況でした。原因は、近所に認知症講座に行くことを知られたくないし、そう思われたくないというごく当たり前の心情だったのです。

そこで「認知症予防サポーター」としての資格取得講座にしましたら、少し反応が見えてきたようでした。

社団法人の認可「社団法人全国元気まち研究会」発足　令和元（2019）年7月29日

NPO法人全国生涯学習まちづくり協会に協力する形で、従来の全国事業を引き継ぐ団体として新たに社団法人全国元気まち研究会が設立されました。

横須賀に拠点を移した全国生涯学習まちづくり協会は、汐入駅前の一等地、ドブ板通りの入り口にあるビルの1階に事務所を置き、さまざまな事業を開始しました。活動や参加者の範囲は限定されましたが、従来の事業にとらわれず、横須賀、神奈川をベースに活動するということでした。もちろんそれでもかまわなかったのですが、全国に散らばる従来の会員のネットが機能しなくなるという心配もありました。そこで、まち研に協力する活動でフォローするという意味もあって、全国元気まち研究会をスタートさせ、

社団法人の研究会をスタートさせたものでした。

　当初は、企画会社の応援で各社からの寄付金で運営費をまかない、会費は取らずに設立しようと話し合いました。その結果、会員は在籍しない会となったのです。

　スタート当時の読みが浅かったと思いましたが、研究会は思った以上に名前を売ったような気がしました。遊びに傾いたイベントに苦言をいただく場面もありましたが、とにかくなんとなく動いているという雰囲気だけはありました。

（3）中国訪問・中日高齢者創年活動研究会設立　北京市調印

　令和元（2019）年10月10日、中国の北京から「創年」を中国でも取り上げるということで、北京に行くことになりました。筆者を含め10名のメンバーが旅行に加わりました。北京の共産党員のホテルというところに滞在しましたが、北京の発展に一同目をむきました。ただ、さすがに現代の北京で日本人を見ることはほとんどありませんでした。

　交流の場面で、いくつかの相互提案がありました。それらは、相互交流をすすめることや、それぞれの国で研究会の開催を持つことなど、今後の両国で話題になるようなことばかりでした。中国側も、北京大学教授陣や経済界リーダーなど、そうそうたるメンバーが出席しているようでした。

　ただ、北京滞在期間中、日本に関する情報は皆無で、中国人が日本をよく知らないといううわさは事実のようでした。

歴史を創る人は今が出発点

長谷川　幸介

　日本には数多くの研究者が存在します。多くの場合、私は二つに分類されると考えています。歴史を語る研究者と歴史を創る研究者の二つです。この分類からすれば、福留強先生は、常に歴史を創る側に身を置き続けた研究者だと強く感じています。しかも、先駆的に歴史を切り開き続ける使命を抱き続けている稀有な存在だと思います。35年間、いや、それ以前からも本当に感謝しかありません。

　事実は一つだが真実は数多存在する。数多の真実を翻訳することが課題です。科学は専門性を主眼に据え続け、多様に細分化し、互いの科学的真実は切り離されています。そして、市民の言葉と全く異なった専門用語がそれぞれの真実を主張しあっています。「社会」を知るには、経済学や心理学、社会学など多様な真実をつなぎ、翻訳（市民の言葉）を続けなければなりません。福留強先生は、科学的真実を市民の言葉に翻訳するだけで

なく、人生の意味にまで昇華させてきました。だから、まちづくり活動を「新しい学びカタチ」として整序し、市民の生きがいづくりをプロデュースしてこられたと思います。

社会教育の目的は「人間の幸せ」「幸せ装置＝社会」を学び、作り変えること。学校教育と社会教育の区分けから「社会教育の意義」は語られてきました。学校教育以外の分野が社会教育だということです。この視点を大きく転換し、その根底に「生涯学習」という哲学を組み込んだのは 30 〜 40 年前のことです。「生涯学習」という用語を手に入れた時、その曖昧性に悩みました。福留強先生は、この課題に「全国生涯学習まちづくり協会」を設立させることによって、その解答を模索してこられたと思っています。「創年」という造語には、その方程式が示されているようです。社会と格闘し、人生を豊かにする活動の中で、「生涯学習」という言葉が豊かに息づいてくるということなのでしょう。

人間は、「明日」を知っている唯一の動物です。だから、「今」をどう生きるか。人間は「明日」を知ってしまった生き物です。その結果、いつか死ぬということも知ってしまった悲しい動物です。しかし、「こうしたい明日」があるから「今」を発見できるのだと思います。こうして、35 年間の「今」を積み重ねてこられたのだと思います。「明日はこうしたい」という熱情は決して冷めることはありません。だから、福留強という社会思想家は、跡を継ぐ多くの仲間を育み、ネットワークを創り続けているのではないでしょうか。

私は、歴史を語る人として「協会 35 周年」を祝おうとは思いません。歴史を創る人の一員として「35 周年」を祝いたいのです。福留強先生、そして、全国生涯学習まちづくり協会にかかわる皆さん、おめでとうございます。

(茨城県生涯学習社会教育研究会会長)

わくわく創年チャレンジ大学（階上町）　令和元（2019）年 11 月 23 日

青森県階上町の 2 年制の町民講座で、おおむね 45 歳以上の中高年を対象に、年金プラス α の生き方を考え、まちづくりを中心に学ぶ講座。8 月 3 日開講の 2 年講座で、初年度は観光まちづくり課程、ふるさとフォトコーディネーターの認定証が得られる講座。3 期目は、旅人の眼でまちを観るという実習で写真撮影し、新しいまちの魅力を再発見して楽しむというものでした。

担当者の金見靖子さんは、新人当初からのまち研メンバーであり、さわやか女性の代表のような人で、その後の活躍ぶりはめざましく、東北でも知られるような手腕を発揮されています。

講座はカメラを持ってまちを歩き、気に入った光景を撮影し、その作品を持ち寄り、新しいまちの魅力を発見します。成果を活用できればヒット間違いなしという講座でした。

● 平成 30 年（2018）

1 月 18 日（木）	医療まちづくりシンポ（千葉県松戸市・島村トータルケアクリニック）
2 月 18 日（日）	平戸市生涯学習都市宣言 10 周年記念大会（長崎県平戸市）
3 月 10 日（土）	全国たまり場研究会（千葉県松戸市・松戸市文化ホール）
6 月 10 日（日）	全国生涯学習まちづくり研究会・神奈川大会　Go Forward 創年時代　神奈川大会（神奈川県横須賀市・神奈川歯科大学）
6 月 23-26 日	喜界島フォーラム　ワークショップ（鹿児島県喜界町）
7 月 14 日（土）	関東地区学びと創年交流会（東京都浅草・台東区民会館）
7 月 22 日（日）	お花茶屋探検研究会
7 月 28 日（土）	平戸市フォトコーディネーター（長崎県平戸市・創年産業大学）
10 月 26-29 日	クルーズ市民大学
11 月 7 日（水）	まつど生涯学習フォーラム（創年市民大学東日本大会、千葉県松戸市）
11 月 11 日（日）	第 6 回輝く創年とコミュニティフォーラム（千葉県酒々井町）

● 平成 31 年（令和元年・2019）

1 月 12-13 日	市民大学指導者セミナー
1 月 19 日（土）	ＮＨＫ文化センター青山講座（東京都港区）
1 月 24 日（木）	まつど生涯学習大学（千葉県松戸市）
1 月 30 日（水）	認知症カレッジ（千葉県松戸市）
2 月 2 日（土）	志布志創年市民大学　卒業式・修了式（鹿児島県志布志市）
2 月 22-24 日	青少年アドバイザー研修会（国立オリンピック記念青少年総合センター）
3 月 3 日（日）	平戸根獅子の食まつり（長崎県平戸市）
3 月 20 日（水）	酒々井青樹堂師範塾（千葉県酒々井町）
4 月 7 日（日）	横浜事務所オープン（神奈川県横須賀市）
4 月 24 日（水）	酒々井青樹堂入門式（千葉県酒々井町）
5 月 25 日（土）	学びの施設総合研究セミナー（東京都江東区・有明パナソニック）
6 月 1 日（土）	全国創年まちネット（仮称）スタート（まち研誕生）
6 月 15 日（土）	関西地区市民大学指導者セミナー（大阪市立労働会館）
7 月 29 日（月）	社団法人の認可「社団法人全国元気まち研究会」発足
8 月 3 日（土）	わくわく創年チャレンジ大学（青森県階上町）
8 月 18 日（日）	事務所開き・市民大学審査会（東京都港区六本木）
9 月 20 日（金）	「元気まち情報」創刊号発行
9 月 21 日（土）	全国元気まち研究会結成記念パーティー（東京湾クルーズ）
9 月 28 日（土）	志布志創年市民大学イキイキ塾（鹿児島県志布志市）
10 月 10 日（木）	中国訪問・中日高齢者創年活動研究会設立（北京市調印）13 日まで
11 月 23 日（土）	わくわく創年チャレンジ大学（青森県階上町）
11 月 30 日（土）	日中創年活動研究会発足（東京都台東区・生涯学習センター）

令和2〜4年（2020-2022）

新型コロナウイルス感染拡大時における
15　脱3密社会で問われるまち研の存在

◆令和2年　2020

　菅義偉首相誕生、新内閣が発足。新型コロナウイルス感染症(COVID-19)の感染拡大、緊急事態宣言発令、東京オリンピック・パラリンピックが延期に。コロナ対策緊急事態宣言など、新型ウイルスに世界が閉鎖されてしまった時期でした。こうした時期にまち研は何ができるのか問われることになりました。

新型コロナウイルス感染症が日本列島に蔓延

　新型コロナウイルス感染症は、令和元（2019）年12月初旬に、中国の武漢市で第1例目の感染者が報告されてから、わずか数ヵ月ほどの間にパンデミックと言われる世界的な流行となりました。わが国においては、令和2（2020）年1月15日に最初の感染者が確認された後、全国的に蔓延し、日本中の活動を停滞させました。

　国民の全員がマスクをするという生活に一変し、3密（密閉空間、密集場所、密接場面）を避け、相互に接しないことが徹底されました。いわば、マスク時代とも言えそうな時代であり、多くの活動が中止、延期され、社会全体が沈滞化した時代を体験しました。

　まち研としては、何とか組織を維持し活動を続けようとする努力がなされた時代だったと思います。

新型コロナ感染拡大、緊急事態宣言発令　令和2（2020）年4月7日〜5月25日

　学校等は、3月2日〜5月31日まで全国一斉休業になり、東京の街中で子どもの姿を見られなくなりました。あの浅草の雷門の前から人影が無くなり、仲見世も人がいなくなってしまったのです。これほど緊急事態宣言は徹底されたのです。交通機関も大半は運休となり、結果的に観光業を中心に多くの企業が倒産しました。あらゆるイベントは中止になり、日本中が止まったと感じたものでした。100年後の歴史にこの日々のことは明記されることでしょう、

　日本中のあらゆる活動がストップし、もちろん海外も同じですが、これほど人類が一つの病に手を携えたことがあったでしょうか。国民全員がマスクをして顔の半分が見えなくなってしまったのでした。社会の活性化復興が課題となり、政府がその対応として施策を打ったのは、観光支援策 GoTo トラベル（7月22日）でした。

　コロナ禍で停滞した観光の活性化支援として、GoTo トラベルは成果を上げるはずで

257

したが、一方でコロナ蔓延にも影響したことから、中止しました。筆者もこの支援策を活用してミニ旅行を体験しましたが、観光業界の必死さを感じたものでした。高速バス利用の名古屋行きは、半額以下の経費で実現しましたが、交通渋滞で大幅な予定変更となり、以後、「GoTo トラブル」と呼んでいました。

階上町生涯学習元気まちフォーラム　町制施行 40 周年事業
令和 2（2020）年 10 月 17 日（日）　ハートフルプラザ・はしかみ　オンライン実施
共催　階上町生涯学習まちづくり推進本部、階上町、階上町教育委員会、全国生涯学習市町村協議会　協力　社団法人全国元気まち研究会
オープニング（コロナ禍を乗り切る!!）　免疫力アップ体操・川口太陽氏（フィットネスインストラクター）
基調提言「人生 100 歳時代の生き方」福留強（聖徳大学名誉教授）リモート出演
実践発表　青森県内、町内地域づくり・活性化に関わる団体 2 事例
アドバイザーは社団法人全国元気まち研究会・齋藤広子氏（副理事長）、鮫島真弓氏（理事）。会場は人数の制限をし、交流会等はなし。アドバイザー、コーディネーターはリモート出演。町民約 80 名がコロナ対策をとりつつフォーラムに臨みました。事例発表と講演は東京・駒形の元気まち研究会事務所からオンライン参加という初めての形式でした。
令和 3（2021）年度事業として唯一の大会参加でした。筆者は浅草駒形の事務所からパソコンの画像の中で出演するという初めての体験でした。こういうこともできるのですね。青森県階上町で生涯学習まちづくりの中心として活躍するのは、社会教育のベテランである担当者の金見靖子さん。彼女のリーダーシップで実現した事業でした。

社会教育一筋で

金見　靖子

まちづくり研究会 35 周年の中で様々な出会いから、今日まで活動できたことを実感します。階上町の生涯学習のまちづくりに係る経過を、改めて見てみますと、まちづくり研究会、福留先生と関わってきた事業が柱になっていたことがわかります。

私と研究会の最初の出会いは、管内市町村の教育委員会担当者の研修会で福留強先生の講演をお聞きしたことでした。住民の生涯学習を推進することでまちづくりにつながっていくということ、まちづくりの活動が生涯学習であることなど、別物と思っていた生涯学習とまちづくりがつながっていることに感銘を受けたのでした。

その後、上司が直接、福留先生に交渉し、平成 8 年 2 月に初めて当町にお越しいただくことになりました。その晩の歓迎会で特産の「いちご煮（うにとあわびのお吸い物）」

を振舞ったところ、福留先生がおいしいと激賞され、おかわりをされたのを懐かしく思い出しました（実は高級なお吸い物だっただけに、周りはおかわり!? と内心ヒヤヒヤしていたのです）。

その後、先生からお声をかけていただき、平成10年には東北地区生涯学習まちづくり研究大会を開催させていただきました。役場に入ってまだ数年しかたっていない自分が、全国の生涯学習関係者の方々とお話させていただきながら、シンポジウムや分科会、りりーずの方々とローンボウルズの体験などができたことは、とても貴重な体験でした。

まち研の協力で、地域アニメーター養成講座も何度か開催することができ、通常ではお呼びできないような講師までご紹介いただきました。講座から「はしかみゆいっこの会」や「はしかみかだる会」等の活動団体も生まれ、マップの作製のほか郷土かるた作りやかるた大会、しきたり本の発行などができたことは、大きな成果だったと思います。

事業を通じてお会いした講師の方々とは、初対面なのになぜか親しみがわき、「生涯学習」「まちづくり」というキーワードでみなさんつながっているということを感じることができました。お陰で、まち研を通して、全国の関係者の方々ともつながることができ、他の大会やフォーラムにも参加する機会をいただくことができました、これらの多くの出会いは私の財産となっています。

また、東日本大震災で当町も被害を受けましたが、まち研関係者の方々にもご心配いただき、励ましのメッセージ等いただきました。復興に進む姿を紹介させていただく機会も与えていただき、本当にありがたく思いました。まちづくり研究会での出会いをきっかけに、私も20年近く生涯学習、まちづくりに携わることができました。その間、多くの貴重な体験や出会いがあり感謝しております。人生100年時代、まだまだこれからです。まち研にかかわる皆様とより一層つながり、各地で輝いている皆さんと出会えることを楽しみに、さらに40周年に向かいたいと思います。　　　　（青森県階上町）

オンライン忘年会　令和2（2020）年12月12日

コロナ禍の中で、3密を避けるため仲間が会うということには限界がありました。その中で何回かリモート会議があり、慣れないながら数回のリモート会議に自宅でパソコンの画面を通じて参加するという、かつて考えたこともない手法が行われているのですが、この方法で忘年会を実施するというものでした。直接会うことなく参加者はそれぞれ自宅に居ながらパソコンの横にビールを置き、乾杯をし、飲みながら画面を通して話すというものです。飲みたいだけ飲めるし、いつ出てもよい。着替えることもない、制約はまるでなく、パソコンを操作できることが唯一参加条件ということになるわけです。

結論から言うときわめて可塑性に富む手法でした。お互いは画面を通じてですが、そこそこ緊張もあるという忘年会でした。こういう会議だと全国から参加できるメリットがあり、いつでもできるという自信を得ました。歴史的なイベントでした。

◆令和3年　2021

　新型コロナウイルス感染症の世界的な感染拡大、世界は暗い世界に向かっているような時期でした。自民党総裁となった岸田氏が首相に就任。大谷翔平選手がメジャーリーグベースボールで最優秀選手賞（ＭＶＰ）に。東京オリンピック・パラリンピックで日本史上最多58メダル獲得と、新型コロナワクチン接種開始が大ニュースでした。

東京オリンピック・パラリンピック1年延期　無観客で開催

　新型コロナウイルスの感染拡大で1年延期された東京オリンピック・パラリンピックが令和3（2021）年7月から9月にかけて開催されました。コロナ禍が終息しないなかでの開催に反対の声もある中、無観客という異例の開催でした。

コロナ禍社会、全行事が中止　会員減少が続く

　3密を避けるというコロナ対策の徹底によって、あらゆる行事が中止ということになりました。自治体でも社会教育行事どころではなく、首長の政策は何をおいてもコロナ対策になっている状況でした。人間の生活がこれほど徹底して制限されることがあるのかというほど、あらゆる場面で人が集まるということができなくなってしまい、とうとう行事そのものも消えていったのでした。

マスク時代のコミュニケーション

　コロナ禍により、すべての人が、すべての場所でマスクを外せない状況が続きました。人の顔の一部がマスクであり、クラスの仲間の顔全体に接しないまま、学校に3年間通った高校生も多いといいます。マスクをつけた顔の友達しか知らないということになりそうでした。卒業まであまり顔を見なかった生徒たちも多いようです。

情報化社会に適応できない高齢者

　コロナ対策のワクチン予防注射がはじまったとき（令和3〈2021〉年5月17日）、東京都では、最初に高齢者が予約を始めるのですが、インターネットでの予約は初日から混乱しました。案の定、多くの高齢者たちはパソコンを所持しない、操作できない、案内の意味が分からない等々…該当者の多くは困り果てていました。パソコン、情報化社会について対応できない高齢者の現実が露呈したのでした。

　振り込め詐欺の被害者も、高齢者が圧倒的に多いということは周知のとおりです。情報社会に対応できない高齢者を狙う犯罪の増加は、高齢者自身に自己防衛力が求められますが、なかなかうまくいかないようです。また、偏向するマスコミも話題になりますが、情報リテラシー（情報を的確に読み書き活用するための能力）を高める必要があります。

　残念ながら多くの高齢者は、こうした情報時代に対応できない現状です。新たな現代

社会に関する知識に疎くなることが、社会的に若者から尊敬されない原因になっているようです。これからも世間についていける力だけは会得しなければなりません。

わくわく創年チャレンジ大学　令和3（2021）年10月16日　リモート開催

　公民館で一定の参加者が集まって学習する一方で、階上町教育委員会は、リモートで参加者を確保し、平成元年から計画通り「わくわく創年チャレンジ大学」を継続しました。他の自治体がほとんど実施できなかった講座を中断することなく実施できたのは、そのために研究したということでしょう。リモート利用の講座として全国に先鞭をつけたのです。社会教育課や公民館等の熱意が町民を動かしているようです。

創年の華

　シンガーソングライターの沢環さん作詞・作曲の歌のタイトルです。この歌にまち研の明るい未来を込めて手踊りも入れ、まちの応援歌として歌われています。いつも会場に彼女がいるだけで明るくなってしまう雰囲気があります。ギターを抱えて歌いつつ、いつの間にか観客総起立で踊らせてしまいます。会場に何百人いても動かしてしまう力と明るさがあります。

　「コロナが収まり皆様に直接この歌をお届けする日を心よりお待ちしております。人がそこに集まってやさしさと思いやりが、ほんの少しでもあれば、まちは輝いていく、そんな想いを歌にのせて唄っております。35周年記念パーティーで皆さんと一緒に歌いたいのです」と沢さん。まち研の歌は、「唄があれば」（芹洋子氏）が、まち研発足当時歌われて以来のことです。

　沢環さんは、「まちづくりコーディネーター」としても活動され、後に沖縄や愛媛での全国大会等で登壇発表や歌を通してまちの応援歌を披露していました。特に韓国から代表団の方々との交流の際に

は、日本の歌を韓国語に替えて歌い、大変喜ばれたことが記憶に残っています。当時は、地方でラジオ番組を持ち、電波を通して地域との交流をしていましたが、シンガーソングライターとして活動するようになってからは、地域の応援歌を通して活性化に貢献しています。「創年の華」を皆で歌えたらいいでしょうね。

　「創年の華」作詞・作曲　沢　環
　心にいつも輝きの華を咲かせてゆこう
　生きてきた証　今もなお歓び満ちた
　創年の華を咲かせてみようよ

2. 生きる力　まちを思うふるさと魂
　人々の願い共に語ろう　これからの未来を
　一人一人の歩みの中で　今出会いの
　中で　感じ合う心　君に伝えよう創年の
　想いを
　　　　　　　　　　　　　（以下略）

・創年レコードを出した創年歌手

　十和田市の村上勝行氏は〔演歌〕「創年」を歌い60代でデビューした人です。一時は有線放送でトップになったようで、話題になったものです。体調を崩し一時活動停止の後、平成4年に活動を再開されました。まさに全国の創年の星で、青森県だけでなく東北全域で復活を応援している人が大勢いるのです。

◆令和4年　2022

　ロシアのウクライナ侵攻。安倍元首相が凶弾に倒れる。北京オリンピックで日本勢のメダル獲得数が歴代冬季オリンピックのなかで最多となりました。新型コロナ感染者が1日あたり10万人超えが話題に。改正民法が施行され、成人年齢が18歳になりました。

＊

　まち研の活動として、組織も活動も最も低下した時期だったと思われます。浅草駅から徒歩3分、駒形橋を渡ったところに事務所をオープンし、ふるさと交流KOKOとしましたが、活動家がいないため組織力が活かされなかったという苦心がありました。コロナ禍でまったく活動ができなかった年でした。

　よこすかの花

　NPO法人全国生涯学習まちづくり協会の大田順子理事長（横須賀市・緑ヶ丘学院理事長）が自叙伝「よこすかの花」（東京創作出版）を出版しました。

　主婦、会社経営を続けての学びから、強い信念、実行力で会社経営、学院の整備、まち研の責務を達成しているのです。その意思の強さに素晴らしさを感じます。

　学びの姿勢は、今も変わらず、これまでの活動をさらに活発化させています。理事長のパワーと夢を「よこすかの花」として、一冊の本にまとめられました。

　これまでの様々な、そして大胆な挑戦の数々は、綿密な計画と自信に裏付けられているように見えます。とにかく実践してみるという大田順子氏の姿勢は一貫しているのです。こうした指導者の姿勢は、学院に学ぶ少女達に大きな力を与えているに違いありません。

　「よこすかの花」は、創年の生き方を示した記録としても関心を集めています。

　「生涯学習でまちが変わった」　令和4（2022）年度の出版

　全国生涯学習市町村協議会20周年記念誌として発行された本です。協議会の加盟自治体の首長が出版しているものですが、自治体関係者や各種の資料をもとに、20年間の活動資料を整理して筆者が執筆したものです。基礎的資料はまち研の活動記録を下敷きにしてあります。

　令和4（2022）年度に発行されましたが、いずれもコロナ禍時代に執筆できたものでした。50余の自治体の実践事例とともに、新職員にとって大いに参考資料になるだろう、という思いで書いたものです。未加入自治体に読んでもらえたらという願いが込められています。非売品。

● 令和 2 年 (2020)
新型コロナウイルス対策による緊急事態宣言

2月14-16(日)	青少年育成アドバイザー養成講習会（東京都・国立オリンピック記念青少年総合センター）
3月14日（土）	関東シニアライフアドバイザー研修（東京都渋谷区・消費科学センター）
4月16日（木）	全国にコロナ対策緊急事態宣言
7月21日（火）	栗東100歳大学（宮城県・栗東市総合センター）
8月26日（水）	しすい青樹堂師範塾5期（千葉県酒々井町）
10月17日（日）	階上町生涯学習元気まちフォーラム　オンライン会議（青森県階上町）
12月2日（水）	コロナ対応のため事務所閉鎖
12月12日（土）	オンライン忘年会

● 令和 3 年 (2021)
新型コロナウイルス感染症の世界的な蔓延

3月10日（水）	しすい青樹堂師範塾　5月27日青樹堂6期（千葉県酒々井町）
6月19日（土）	創年アドバイザー講座　リモート
7月14日（水）	社会教育主事講習　茨城大学社会連携センター　リモート
7月23日（金）	東京オリンピック　無観客で開始
10月16日（土）	わくわく創年チャレンジ大学　リモート
12月2日（木）	庄内町まちづくりセミナー（山形県庄内町）
12月4日（土）	わくわく創年チャレンジ大学

● 令和 4 年 (2022)

8月7日（日）	曽於市そお年大学（鹿児島県曽於市）
11月3日（木）	ふるさと交流KOKO（東京都浅草・本部事務所開設）コンサート
11月11日（金）	「生涯学習でまちが変わった 全国生涯学習市町村協議会20年のあゆみ」出版
11月16日（水）	庄内町まちづくりセミナー（山形県庄内町）〜17日
11月28日（月）	舟形町まちづくりセミナー（山形県舟形町）

令和5～6年（2023-2024）

16　ポストコロナ時代の出発

◆令和5年　2023
　脱コロナへ向け、マスクは自己判断、旅行等もほぼ解禁、コロナ禍から少しずつ脱却しつつありました。事務所から近い浅草にも大勢の旅行者の姿が戻ってきました。外国人もかなり目立ってきました。3月24日、WBC（ワールド・ベースボール・クラシック）決勝で日本がアメリカを破り世界一に。栗山英樹監督をはじめ史上最強チームと言われたチームの快挙に日本中が沸きました。

まち研35周年記念事業
　筆者にとって35周年記念誌を作成することは、自分史を書くようなものだったような気がします。資料を集め、年表を作成し、様々な記録を加えつつ、過去35年の手帳を点検し、年表どおりなのかを確認することなどに、多くの時間を要しました。コロナ禍のためにできるだけ外出を控える習慣が定着しつつあったことも、作業にとっては好都合でした。当時の手帳のメモを見ながら、当時お付き合いいただいた担当者の名前や行った場所などを鮮やかに思い出し、名前と当時の思い出がよみがえることがしばしばでした。そして多くの方々の協力にあらためて感謝することでした。

（1）創年の学びのまちフォーラム

創年と学びのまち研究大会・志布志大会　令和5（2023）年2月18日（土）
鹿児島県志布志市・志布志市文化会館
　まちづくりに関わる人が一堂に会して、「生涯学習」「創年時代」をキーワードに、基調講演、事例発表、シンポジウムなどを通じて、参加者相互の交流を図りました。これからの地域活性化に役立てるという趣旨で、私が参画したコロナ禍時代唯一の対面による大会となりました。志布志市文化会館に約100名が集まり、小規模になってしまいましたが、この時期にしては十分だったのではないかと関係者は納得していたようです。
　事例発表として、「百年の旅」の山田まゆみ氏、事務局からはKOKOの指導者・鮫島真弓氏、薬膳料理研究の郷田美紀子氏（宮崎県綾町）が発表、評判どおりの内容で参加者の共感を得ました。

264

基調講演「薩摩の学び〜まなびの機会と内容」は、志布志創年市民大学学長を兼ねる原口泉氏（志學館大学教授）。市民にとって身近なテーマとして感動を呼んでいました。

シンポジウム「学びのある創年が活かされるまちを目指して」は、山縣由美子氏（福岡女子大学講師、九州大学理事）、川村和男氏（農学博士）、鮫島真弓氏（全国元気まち研究会）、谷一文子氏（図書館流通センター社長）、下平晴行氏（志布志市長）、福留強（聖徳大学名誉教授）で進められました。

コロナ禍時代で初の対面での事業となりました。ただ、恒例の仕掛け人会議を実施するまでには回復していないことが残念でした

曽於市　創年と学びのまちフォーラム〜創年の女性シンポジウム

令和5（2023）年2月19日（日）曽於市末吉公民館

曽於市のシンポジウムでは、鮫島真弓氏ら5人の女性陣と、五位塚剛氏（曽於市長）、鎌田善政氏（鎌田建設社長）による討議が盛り上がり、新しい顔ぶれによる研修に参加者もかなり満足度が高かったようでした。

3月の志布志市、曽於市のイベントは、コロナ禍時代での対面による数少ない事業でした。この2日間で、まち研の活動で活躍が期待される女性リーダーが誕生したようです。沢環氏、山縣由美子氏、下豊留佳奈氏、村下亜梨沙氏、津留信子氏、吉元弥生氏など、女性リーダーとしてまち研の活動の流れに新しい名前が出てきたような気がしました。これまでにすでに各地で活躍している皆さんは、今後の事業で接する機会もある人ばかりでしょう。

（2）ふるさと交流 KOKO

地方自治体の東京拠点を構想して設置

ふるさと交流 KOKO は、元気まち研究会の東京事務所として、また地域 PR の拠点の役割を担う地方自治体の出先機関として、情報発信の拠点にすることを目指して平成4（2022）年に設置し、自治体とまちづくり研究会などの団体との共有本部を目指しました。所在地は、東京都墨田区東駒形で、地下鉄銀座線浅草駅から徒歩3分、浅草雷門から5分、駒形橋を渡る交差点付近でした。ふるさと交流 KOKO は、まち研の東京での拠点でもありました。東京でも下町の観光地、浅草は銀座と並ぶ東京の名所です。その一角の、比較的閑静な地に、店舗営業も可能な1階に喫茶を加えた事務所でした。

担当の鮫島さんの人気もあって、いつも来客がありました。家主の多賀谷さんご夫妻のお人柄にも魅力を感じていました。この地の利を生かして自治体の東京出張所という構想もありましたが、令和6（2024）年2月に閉所となりました。

残念ながら閉所となったふるさと交流 KOKO ですが、KOKO が新しく浅草に開所したときの新しい挑戦への喜びを、担当の鮫島さんは次のように記しています。

　令和４年夏から、場所を東京の浅草に移して "新みんなの居場所 KOKO 駒形" をオープンしました。また一からのスタートです。東京の観光地でもあり、人通りも多く酒々井とは真逆です。お店の中身も全然違いますので、さあこのまちに何が必要なのか？一人暮らしの高齢者の食事が困っていることが判り、ランチ作りから始めてみました。少しずつですが、常連のお客様も増えてきました。酒々井と同様、丁寧な対応と笑顔を忘れずに、お店の周りの高齢者の皆さんに楽しい場所となるように努力していきたいと思っています。一つ嬉しいことは、酒々井のお客様達が月に一度来店してくださることです。忘れずにいてくださることが私にとって最高の評価だと思っています。
　それと、さすがに東京の観光地だと思った出来事は、一人旅のアメリカ人女性の方がランチを食べてくださり、私も下手な英語でしたがコミュニケーションをとって写真まで撮っていただいたことです。楽しい時間を来店中のお客様と一緒に共有できました。
　毎日が新しい出会いに、ワクワクドキドキの連続です。酒々井の実績を胸に、更なる進化が出来るように努力していきます。福留先生と最後まで理想のまちづくりを探求していきたいと思います。

（鮫島真弓・NPO 法人全国生涯学習まちづくり協会事務局長）

まち研 35 年福留さんと歩んだ 40 年

工藤　日出夫

　福留強氏とは、かれこれ 40 年になります。私が社会教育図書出版社に入社した1970 年、新しい企画を求めて上野公園に所在する通称 "国社研" 「国立社会教育研修所（現・国立教育研究所社会教育実践センター）」で当時の専門員・俵谷正樹氏に取材したのがきっかけで、社会教育に関心を持ちました。当時は木造の建物で決して恵まれた環境ではありませんでしたが、専門員の職員は情熱をもって、社会教育主事の育成や社会教育の振興について研究されていました。
　福留氏との最初の出会いは国社研でした。福留氏は南国・鹿児島の出身で、第一印象は「明るく人なつっこく天真爛漫」でした。私はこのころはよく国社研に出入りしていました。その後福留氏は、文部省（現文部科学省）社会教育官になり、九州女子大学教授、その後、聖徳大学へ移り、生涯学習まちづくり研究会を本格的に動かしていました。
　私と福留氏との付き合いが最も濃密であったのは、氏がまち研の活動を本格化した、聖徳大学へ着任する前の時期でした。私は生涯学習社会を見ての「社会教育専門書」の

出版社、教友社を立ち上げました。当時、立教大学教授の岡本包治先生をはじめ社会教育の研究者や文部省の専門官、公民館活動の人たちと面識を持ち、その一人が福留氏でした。

　私は昭和63年、埼玉県日高町に生涯学習指導員として、文部省の全国生涯学習まちづくり推進事業の委託を受け、推進計画の策定や公民館で生涯学習啓発事業を進めていました。福留氏は日高町の生涯学習のアドバイザー的存在で、職員研修や市民講座の講師等で活動していただいていました。特に生涯学習推進大会で「全国ひだかサミット」の開催では、シンポジウムのコーディネーターを務めるなど中心的役割を担っていただきました。

　これを契機に埼玉県内の生涯学習熱は大きく飛躍し、北本市、久喜市、生涯学習都市宣言をした川島町が日高町に続けと取り組み始めました。そこには必ず「福留強」がいました。隣にちゃっかり「クドウヒデオ」も…。フクちゃん・クドちゃんコンビの誕生ともいえる時期でもありました。そのころ福留氏は文部省社会教育官に任官され、第1回全国生涯学習フェスティバル（学びピア）が千葉県幕張メッセで開催されました。福留氏から埼玉県のモデル事業の市町も参加してもらえないかとの依頼があり、各自治体の首長に交渉し、北本市、久喜市、日高町が参加し、応えた記憶があります。

　福留氏は、女性の地域活動にいち早く注目し、全国生涯学習まちづくり研究会の発足と共に「地域アニメーター養成講座」などを開催し、女性の活動を全国に紹介した功績は大きいことです。全国集会を開催すると、個性豊かな活動家が参加し、楽しい時間を共有させていただきました。まさに至福の時間でした。その一部は、「地域に輝く女性たち」という事例シリーズ（日常出版刊）に紹介されています。

　「生涯学習とまちづくり」というキーワードで、全国の自治体の生涯学習振興のアドバイザーやイベントへの企画と出演、研修会での講師等、たくさんの機会を得ることができました。亀岡市の生涯学習センター（ガレリア）の建設構想と実施計画の策定は、記憶に残る成果の一つです。生涯学習市町村長との面識も福留氏の紹介が多く、埼玉県八潮市の藤波市長、京都府亀岡市の谷口市長は特に印象に残っています。

　人を引き付ける魅力、新しい言葉を生み出すアイデア、未来に向けて飛躍する「ヒトの魅力」を引き出す天才でした。私の成人後の人生の半分は福留氏と時間を共有していたので、ここ数年、特にコロナ禍で会う機会が減ったのはもったいない。

　まち研35年。80歳を超えた「光輝高齢者」（いまだ北本市議会議員）の工藤からのメッセージとします。

　　　　　　　　　　　　　　　　　　　　　　　　　　　　　　　　（北本市議会議長）

脱コロナはゼロからの出発

気が付けばかつてのまち研はほとんど消滅しているようです。会員組織として会費徴収などなく、活動もなかったため、実質会員がいないという実態になりました。生涯学習や、まちづくりを話題にする人もいなくなってしまった感があります。全国各地の活動家や指導者の多くは、引退や立場の転向等によって、ほとんど接する機会もなくなっています。脱コロナは、いわばゼロからの出発です。本誌にかかわっていただいた皆さんを中心に、あらためて再スタートをしたいと思うのです。言うまでもなく最高のスタッフを抱えているわけですから、十分に回復は可能です。

・最初からやり直しが必要

筆者の寿命も切れそうですが、最後まであきらめずに、まち研再興を目指してみたいと思います。そのことが寿命を伸ばすことになるかもしれません。一人一人にお返しをしなければならないと思います。ほとんど会えない人もありますが、本誌を届けられればと思います。今後、全国の各ブロックで生涯学習まちづくりに関する研修大会が実施されます。各地から改めて走り出した自治体が、大きな影響を及ぼすものと思われます。最初からやり直しが重要であることは誰もが感じていることです。本誌が読者の手にあるころは、かつてのまち研の姿がよみがえっているでしょう

ウィズコロナ・アフターコロナの時代となった今、皆であらためて顔を見つめ、笑顔で心から交流を深め復活したいものです。意思の疎通を図るために、せっかく体験したコロナ禍時の手法を駆使することで、違った教育効果、学習効果が得られる期待もあります。

そお年講座　市長も受講中

曽於市が今、全国的に注目されています。

曽於市が令和4（2022）年度から実施している講座等をもとに令和5（2023）年6月から毎月第1土曜日に行っている生涯学習とまちづくりに関する講座は、近年では珍しい事業です。筆者が集中的に協力しており、この講座から曽於市のまちづくり活動家を養成したいと考えています。五位塚市長も受講申し込みをされており、その意気込みは本当に素晴らしく、こうした市長とともに学べる市民もまた幸せでしょう。できれば昼夜に実施したいという考えで市長と意見が一致しています。

曽於市の中村教育長は筆者と小・中学校、高校、大学も教育学部まですべてにおいて後輩であるということがわかり、意気投合、互いに盛り上げることを誓い合いました。講座のまとめ役は野村紘一学級長と山之内秀雄副学級長で、諸留泰子氏ほか、少数ながら素晴らしいメンバーぞろいでした。鹿児島弁の文化を伝える胡摩ヶ野千穂さんは、鹿児島弁劇団「べぶんこ会」で頑張っている人です。

（3）創年の日宣言　　曽於市、創年宣言のまち第1号に

　令和5（2023）年9月2日、創年がまちを元気にするというテーマで、そお年講座の一部を、創年宣言大会に代えようという提案がありました。市長部局が動き出しました。「敬老」の日に代わり「創年の日」を宣言するというものです。曽於市末吉中央公民館で行われた全国初の創年宣言交流会には100名の市民が集まり、90歳代3名を含む7名の創年が体験発表をし、大きな反響を呼んでおり、市では、改めて創年宣言大会を全国的に呼びかける大会を実施することを申し合わせました。曽於市から創年宣言のまち第1号として大胆な構想が飛び出すことが期待されます。

五位塚剛・曽於市市長
　鹿児島県曽於市について、筆者はいま、全国的に見て可能性に富むまちの一つと思っています。あらゆる資源に恵まれた市というだけでなく、市長がその最大の要因なのです。農家であり自ら農作業をする市長。何かの情報を提供すると即答で「やりましょう」です。その判断基準は明瞭簡単です。市民のためになるかどうかの1点なのです。素朴で、頑健で、好奇心旺盛、市民の先頭に立てる市長をリーダーとする市民をうらやましく思います。創年運動を提案したとき、「それはわがまちがやるべきことです。名称からして、これからは曽於の年、創年でしょう」という答えが返ってきました。このまちのために何かしてやれないかと思ってしまいます。鹿児島県出身の筆者にとっても誇りであり自慢でもあるまちです。
　いま「そお年講座」を開設していますが、これはいわば基礎的な人材養成の一部です。市長や行政が提案する事項を市民が理解出来るようにしなければなりません。いかに優れた施策も、市民の理解力がなければ実現しないでしょう。
　曽於市内で数回の講座を手伝いましたが、それらの講座の受講申し込み者には必ず市長の名前があります。さすがと思わせる光景です。市長の学習意欲が市民に大きく影響しているように思われます。

「創年宣言」令和5（2023）年9月1日出版
　昭和世代の生き方として、創年に係る記録をまとめたものです。洒落た表紙でまず注目します。創年アドバイザー養成講座のテキストとしての活用も期待していることから、プログラムに則して14章にまとめています。これまでにない筆致で、多くの話題が組み込まれています。一読されると博学になるかもしれません。身近な話題が多いのも特色で、歴史上の人物と並んでわが友人の名前が随所に登場するのも特色です。マリリン・

モンロー、織田信長、福沢諭吉、聖徳太子に並んで友人たちの名があるかもしれません。

　創年を広げることが狙いの本ですが、意外と教養書ではないかという人もいます。いずれにしても「面白い」を意識して創年を提唱しているものです。A5版、272ページ定価1600円（＋税）東京創作出版。全国書店で注文取り扱いしています。

創年楽校　みささ観光学科　令和5（2023）年8月20日（日）

　ユニークな事業名に魅せられてしまいました。仕掛けは生涯学習課長の角田正紀氏と青少年育成のリーダーで住職の山本邦彦氏でした。山本達也社会教育課長や三徳山皆成院住職の清水成真氏という素晴らしい指導者に会うことができました。この事業がさらに名物事業に発展するよう提案しながら、日本海側のまちづくりの拠点が生まれそうな予感を感じました。多くの出会いと三朝温泉の温泉を堪能した日でした。

　後日、東京で松浦弘幸町長と会う機会がありましたが、なるほど、いつでも来いという積極的な姿勢を感じたものです。多くの人材を擁しているという自信が見えたような気がしました。

庄内町まちづくり

　冨樫透市長と樋渡真樹社会教育課長の若い姿が浮かぶ庄内町は、なぜかずいぶん昔から付き合っているまちのような気がします。ふるさと鹿児島とも縁のあるまちというだけで、ぐっと身近に感じられるからかもしれません。真剣で、前向きな皆さんの姿勢から、いくつかの先導的な取り組みが期待できそうな気がします。

　町民の中で清河八郎の研究グループがあることがわかりました。幕末に活躍した勤皇の志士で、その活動から東の坂本龍馬と呼んでいるようで、夢はNHK大河ドラマ化を実現することだとして活動していました。

躍進の姶良市

　鹿児島県の中央部に位置する人口約7万7,000人の姶良市。鹿児島市に隣接し錦江湾の奥側にひろがる鹿児島市のベッドタウンとして南九州で唯一人口増の発展都市です。筆者は、社会教育から生涯学習、やがてまちづくりへと生き方が広がっていきましたが、その原点は、姶良町にあると考えています。建昌小学校から重富中学校の教員としてスタート。20代を姶良で過ごしました。やがて鹿児島県教育委員会社会教育課、国立社会教育研修所、文部省社会教育局、生涯学習局と教育行政を担当し、多くの経験の機会をいただきました。それらのスタート時、小倉永人氏、小松清吾氏、古薗清一氏という3人の県下で知られる学校長に仕えたことが、その後の筆者に大きな影響を与えました。幸運な人生の基礎を姶良町の大校長に鍛えられたと思っています。

　人口2万4,000人の姶良町が合併して市制を敷いたころの姶良は4万人を超えてい

ました。急速に人口が増えていったのです。のどかな田園風景の姶良も、今では人口増加の活気ある都市に日々発展しているようです。市民の中には筆者と青春時代を姶良で過ごした人々も多く、かつて中学校でユニークな取り組みにより話題になった時代の生徒たちは、今や創年の中核的な役割を果たすリーダーたちになっているのです。

姶良の駅とまちづくり研修会

令和5（2023）年12月1日（金）、姶良市公民館で「帖佐駅前整備庁内プロジェクト報告会」が行われ、筆者も「帖佐駅前のまちづくり」というテーマで講演をしました。100名を超す職員が5グループの研究成果を発表しましたが、いずれも素晴らしく若い職員たちの熱が伝わるものでした。この研修は職員の意識向上はもちろん、町内の一体化をめざす市長の意図が見事に成果を上げたものでした。駅がまちにどういう役割を果たすのかを、市役所の職員が数週間かけて議論した成果を発表しあうという画期的な研修であったようです。

湯元敏浩市長は、新しい姶良市づくりに市民とともに取り組む意欲と情熱にあふれ、若さと研究心と行動力のある、多くの人を惹きつける市長です。全国生涯学習市町村協議会でもリーダー的役割を担う一人として期待されています。筆者は湯元市長にお会いするたび、謙虚でありながら実際は意欲満々の実践力を持つ情熱の人と感じています。全国生涯学習まちづくり研究会の全国的な活動をしていた姶良が、これからもその活動を継続し、新たな組織として市民ボランティア活動を広げていくことを期待したいと思います。

姶良まち研では、姶良市民の麓宏吉氏、長谷川きよみ氏をはじめ、筆者の生徒であった上野寿洋氏、米森瑞恵氏など、まち研の若い会員も数多く活躍しています。豊富な人材で活動が進められることによって、姶良市はさらに魅力の都市として輝くでしょう。市長と市民の距離が次第に近づき、さらに大きく飛躍する都市の予感があります。市長は、市民がリーダーとして姶良のために活躍できる力やエネルギーを培うといった、いわゆる市民力を育てるきっかけとして、まちづくりセミナーや職員研修などを計画されています。ここから多くの市民活動家を育成しようとしているのです。筆者も姶良市に、全国からまちづくり関係者を呼ぶような大規模な研究大会誘致を呼びかけており、その実現に腐心しているところです。

本誌が読者に届くころ、大きな話題に発展して、全国まちづくり大会の話題が、発展することを期待しているのです。

ミゾベース

霧島市溝辺の町にミゾベースという活動集団の屋敷を利用した5軒の個性的な仕事場があり、思い思いに起業化している人たちに会いました。霧島市の市議会議員、今吉直樹氏、塩井川公子氏の両議員が中心となって、溝辺町からまちづくりを考えようと企図したものでした。前向きで研究熱心な2人の市議を中心に、毎月1回程度の勉強会がスタートしました。市内から有志が思い思いに参加し、ふるさとを熱っぽく語る姿は真剣そのもの。故郷を思う市民の姿は、当然とはいえ、感動するものです。

（4）まち研の再建へ

新まち研本部

社団法人元気まち研究会の新理事が集まりました。川村和男氏、松浦剛氏、鮫島真弓氏、永島静氏です。皆さんは、筆者のブレーンで、リーダーの川村氏は、かつて中学の教師をしていたころの重富中学校の生徒でした。私が受け持った生徒のなかでも一番の秀才で、農学博士でもあります。これから全国的に活動ができればと、期待するところです。

本誌の発行とともに、新まち研の再スタートとなります。企業経営のノウハウを活かして、松浦氏は的確な判断をしてきた人です。女性リーダーは言うまでもなく鮫島真弓さん。誰からも親しまれ、いわばまち研は彼女がいるからもっているといってもよいでしょう。かつて鹿児島県でもミス指宿として市の顔となって活躍したことはあまり知られていませんが、鹿児島を代表する女性の一人です。

ブロック別まちづくり研究会　全国生涯学習市町村協議会との共催で実施

令和になって、リーダーの交代やコロナ禍で事業の中止が相次ぎ、3年間の休止期間で会員ゼロが続いていました。大田理事長としても期間中、会員を動員する活動らしいものはまったくできなかったという現実がありました。

令和5（2023）年度に、いくつかの改革をスタートしました。本部事務局（駒形）を活用して全国発信し、創年倶楽部創設、社団法人全国元気まち研究会内に個人会員を募り、全国的なネットワークを形成しようとするものでした。

生涯学習推進体制も消極的になり、全国生涯学習市町村協議会の脱退も相次いでいました。加入しているものの活動もなく、やむなく財政的な事情もあって脱退していったのです。再建策の目玉は関係自治体がブロックごとに集まり、まちづくり研究大会を実施して、往年の盛り上がりを取り戻すことです。令和5年度事業から令和6（2024）年度まで、全国7ブロックで個性的な大会をシリーズ化し、全国学びとまちづくり研究大会を開催することになりました。

◆令和6年　2024
全国学びとまちづくり研究大会

　全国生涯学習市町村協議会と共催で、日本列島を縦断するまちづくりの全国版研修大会を開催する計画が生まれています。2年間に7会場で、コロナ禍後の本格的な全国大会を開催したいというものです。新しい時代のスタートであり、初めての事業として岩手県矢巾町、鹿児島県曽於市で実施することになりました。

　曽於市・創年の日宣言大会は令和6（2024）年3月に実施し、全国に創年の意義を発信するため、市長をはじめ市民組織も立ち上がりました。次年度への継続開催に向け、市民力の向上を目指しています。

　令和になり、生涯学習体制は文科省でも見られなくなりました。しかし、人々の生活に生涯学習という学びは不可欠です。生涯学習で地域の活性化に成果を上げてきた自治体が結束して、「学びのまちづくり」をテーマに、各自治体の目指す方向でこの期間中に研究大会等を行います。新しい地域づくりに貢献するためにそれぞれの活動成果を持ち寄り、連携し、研究を広げて実践に努めます。

　この事業は、高齢社会の活性化、青少年の健全育成、生涯学習まちづくり、観光の振興などまちづくりの基本的な課題について全国的に発表し、地域の発展に役立てようとするものです。

　活動の基礎を築く拠点の一つである志布志市では、下平晴行市長、福田裕生教育長以下、事務局の河野尚仁生涯学習課長補佐、坂元裕樹係長のコンビの活躍が特筆されます。

● 令和5年（2023）

1月12日（木）	志布志創年市民大学（鹿児島県志布志市）
2月18日（土）	創年と学びのまち研究大会・志布志大会（鹿児島県志布志市）
2月19日（日）	創年と学びのまちフォーラム〜創年の女性シンポジウム 　　　　　　　（鹿児島県曽於市・曽於市末吉公民館）
3月23日（木）	しすい青樹堂師範塾修了式（千葉県酒々井町）
7月2日（日）	そお年講座（6回講座）（鹿児島県曽於市）
8月20日（日）	創年楽校　みささ観光学科（鳥取県三朝町）
8月24日（木）	庄内町まちづくりセミナー（山形県庄内町）
9月2日（土）	そお年講座 創年の日シンポ（鹿児島県曽於市）「創年宣言」出版記念
12月1日（金）	姶良の駅とまちづくり研修会（鹿児島県姶良市）
12月16日（土）	ミゾベースセミナー（鹿児島県霧島市）

● 令和6年（2024）予定

2月	ＫＯＫＯを閉所
3月〜	曽於市創年の日宣言大会（鹿児島県曽於市）

3部　令和時代の活動と課題

まち研 35 周年記念誌

　本誌では、多くの方に寄稿でまち研にかかわる思いや体験、心にしみる思い出などを語っていただきました。大学の講義でも、まち研の多くのエピソードを語り、それが生きた資料にもなっていたと思います。多くの人々の支えと友情に感謝しながら今日まで続いているのですが、権力や財力で人々を集めたわけでなく、お互いの強い意志と絆があったからだと思います。一つの事業が終わり、みんなで笑いあうあの瞬間の歓びだけで 35 年来たと言っても過言ではありません。

　本誌では各地で行った多くの事業を紹介しましたが、その一つ一つには、たった一行に表現されていても、実現に多くの時間を要して会議を重ね、経費に苦労した大勢の仲間の苦心が凝集しているドラマがあるのです。

　生涯学習現役を説き、創年を提唱している建前から、筆者が自ら辞めることはありません。35 年を振り返って記録をまとめたのですが、最後の 5 年間は、その苦労を大田理事長に担っていただきました。限られた条件の中で大田理事長は、この時代に則した的確な指導を続け、ご自身の学院指導のなかでも生涯学習まちづくりについて配慮されていました。ただ運悪くコロナ禍の停滞期と重なってしまい、今後の再建について、いくつかの課題が横たわっています。

（1）令和時代の活動

横須賀新拠点と平成 30（2018）年の神奈川大会

　大田理事長が平成 29（2017）年にまち研の新理事長として横須賀で新体制がスタートし、翌年には、神奈川歯科大で「Go Forward 創年時代　神奈川大会」を開催、逗子に在住で神奈川県ゆかりの養老孟司氏の講演、画家の松井守男氏の絵画、歌手の渡辺真知子さんの出演など一流のアーティストの協力で新体制の初イベントは大成功に終わりました。令和 2（2020）年からコロナ禍の影響で多くの事業が停止しましたが、新しい歴史を確実に残しています。

コロナ禍の時期の実践事項

1　**汐入事務所**　横須賀市の汐入駅前の地の利を生かして、市民活動の拠点を目指す。店舗、事務所、研修会場等の機能を有する事務所を設置しました。

2　**コロナへの対応で話題**　店舗機能を活かして、新型コロナウイルス感染症が蔓延の中、予防のためのマスクを用意し、販売等の取り組みで地域の関心を集めました。

3　**神奈川でワークショップ**　城ヶ島の住民との交流を図り、「食」をテーマとするワークショップを実施しました。

4 　創年日々タイムズの発行　神奈川新聞で学んだ市民記者たちが、「創年」を対象に地元のニュースを取材して市民に情報を集め、毎月提供しました。

5 　「よこすかの花」出版　大田理事長の半生を様々な活動記録とともにまとめました。

6 　まち研35年記念誌（本誌）の発行　本誌の発行を提案し、実質的に刊行の条件を整えました。35年間の活動記録を精査し集大成することは、大きな歴史を刻む重大なイベントでもあります。ささやかでもまち研が新たな力を生み出していくための契機になれば、35年を飾るにふさわしい事業になるのではないかと思います。

（2）全国生涯学習まちづくり協会　活動の課題

文科省から生涯学習政策局が消えた

　平成30（2018）年10月16日、国の組織上の生涯学習体制が変わりました。文部科学省の筆頭局が生涯学習政策局から総合教育政策局となり、その政策局に生涯学習推進課や地域学習推進課などが設置されたのです。世間では、生涯学習推進が後退したというイメージを持ってしまったようです。案の定、多くの県も組織を変え、市町村もそれに倣う例が増えています。当然、時代とともに、「生涯学習」に注目し、理解する首長も少なくなりました。全国生涯学習市町村協議会等を含め、生涯学習推進を標榜する団体も減少しているようです。しかし実際は、大きな時代の変化とともに、生涯学習の意義と必要性は、むしろ高まっているのです。

市長村担当者の意識の変化

　全国生涯学習市町村協議会の設立にかかわったスタッフが皆無になってしまいました。首長の交代や、担当者の異動などで、その意義さえ分からなくなっているようです。文科省も担当部局が消え（担当者はいますが）、初任者が多くみられるようになりました。もちろん優れた人材の組織ですし国のリーダーたちですから、活動が復活すれば、たちまち強力な連携組織になるでしょう。そうした中で、まち研はこれからどうするかを考えてみる必要があります。

コロナ禍で活動が停滞

　コロナは日本人全ての活動を制限してしまいました。3密を避け、集まってはいけない、接してはいけない、あまり喋らないでとなれば、社会教育や我が活動はいわば3密によって成り立ってきたわけですから、全部が否定されたようなものでした。

　この時期だからこそできたことも数多くありました。家で資料を詳しく調べる時間ができ、私はじっくり原稿を書きましたし、全国生涯学習市町村協議会の歴史をまとめる

こともできました。コロナ禍では、リモート活動が広まり、家時間も増えました。自宅からzoomで会議を行い、青森県や東京からネットで講演をするという体験もしました。

ITリテラシーの醸成の必要性

現在ほどの情報社会でなかった昔は、いわば活字文化でもありました。高齢者も本を通して情報を集めることができ、子どもより知識は豊富でした。それが今は子どものほうが情報に強く、場合によっては大人よりいろいろなことを知っています。データを調べるのも目の前ですぐスマホを開き、えーっと思うぐらいの速さで検索できるのです。情報時代に適応できない高齢者の現実にあらためて直面する一方、若者は手元のスマホなどであらゆる情報を瞬時に取り出せる社会になっている現実も認識しました。

情報社会についていけない情報弱者になってしまっている高齢者をなんとかしなければいけないでしょう。リモート教育の素地がまだ出来上がっていないのに、情報のほうが進んでいる状況に対応するには、情報に対する考え方、ITリテラシーの醸成が不可欠です。

（3）新しい時代に対応するまちづくり活動

コロナ禍がほぼ終息し、生涯学習にかかわるあらゆる面において、あらゆる活動が負の局面から抜けだし、改めてスタートを始めました。市民が主役のまちづくりも当然のことであり、今後もさらに取り組むべき課題でしょう。自治体も、市民力育成に注力しているもので、それもまちづくりの目標の一つと言えるものです。

その中でまち研の活動は、市民の立場からできることを促進することや地域活性化のためにネットワークを駆使しながら尽力することです。今までも、それらの活動を通じて、会員の成長や生きがいづくりに貢献するという理想を描いて活動してきました。それらは各人の生涯学習と重なるもので、生涯学習まちづくりと呼ばれる活動です。

平成の30年間はまさに生涯学習まちづくりが全国的に広がったものと言えるでしょう。学習成果を地域に活かすことが生涯学習推進の一部であり、まちづくり参画の一部として評価されてきたのです。

3密を復活

ポストコロナの活動の第一弾は、とりあえず集まって顔を合わすということです。まず、まち研の原則に帰って、3密を復活させることにしたいものです。地域の課題を語り合い、酒をのみながら思いのたけを話す。そしてともに活動することも必要ですし、楽しいことに違いありません。

学習することが基本

何よりも学習することが基本です。生涯学習とは、まちづくりとは、など基礎的なことについては理解していることが必要です。専門的な用語等には関係なく、今の流れを理解していることが不可欠です。そのためには学習することが基本でしょう。イベント等を通じて、あるいは見学等を通じて理解を重ねることが有効です。

人口減社会におけるまちづくりの考え方をあらためて考える必要があります。従来の「街づくり」は、都市計画や、交通基盤の整備、駅前再開発など、もっぱら「ハード」づくりが中心で、人口増加策を前提にしていたようです。まちづくりの主役は行政であり、市民参画は少なく、功罪ともに行政責任となっていました。

これからのまちづくりはソフトが重視され、「コミュニティ形成」「市民の学習機会の充実」「指導者の養成」「学習情報の提供」など、いわゆる「ソフト」づくりが主流です。それには様々な学習と、市民活動などの実践があり、そのうえでの発信が必要です。

交流を見直す

いうまでもなく交流は資源であり、団体そのものです。自治体間交流、地域交流、異業種交流、国際交流、世代間交流、いずれも個々の実践で大きく発展するものです。ポストコロナ時代は、コミュニティ形成はもちろん、観光交流という研究や事業も考えられます。自ら生きがいづくりのため、自己を最大に発揮することなどが求められます。

まち研としては、具体的に、組織の建てなおしをすることでしょう。そのためにまず、本部機能を確立させなければなりません。大田理事長在任期間には、横須賀・汐入にまち研の本部を移動してみましたが、コロナ禍と重なって、思ったような活動ができなかったと述懐しています。さらに会員に対する情報提供の充実が不可欠でしょう。

全国大会の再開を

令和6（2024）年はまち研35周年でもあり、記念の研究大会をという話は各地で出始めています。令和5（2023）年2月18日に志布志市で久しぶりの生涯学習大会「創年と学びのまち研究大会 in 志布志」が開かれました。講演やシンポジウムなど、コロナ後で大会の開催が危ぶまれましたが、実に見事なものでした。これは、まち研としては、200回目ぐらいの大会になります。また、翌日19日は隣接の曽於市でも「創年の女性シンポジウム」を開催し、地元出身の女性を中心に活発な発表が行われました。こちらも100人近くの参加者が集まって大いに盛り上がりました。これらは団体間の連携に留意しながら、啓発イベントを意識して実施したものです。コロナ後の久しぶりの大会でしたので、35周年記念との関連事業にしたいと関係者一同、張り切りました。県外からもまち研メンバーが多数参加し、思い出に残る2日間となりました。まち研の力は、こうした研究会・イベント等によってより強固になり、活発になってくるのです。

279

全国学びのまちフォーラム　令和6（2024）年各地で大会

　下平晴行氏（志布志市長）は、今年から全国生涯学習市町村協議会の会長に就任しました。活動の第一弾として、停滞した協議会の立て直しをスタートしました。その世話人である筆者も、協議会再建に奔走している状態です。加盟団体の脱退が続く中、なんとか継続し、あるいはブロック大会等の提案などで自治体説得に関わっています。

　その成果として、令和6（2024）年度は各地で大規模な研究大会が開催される見通しです。その一つ、志布志市に隣接する曽於市も生涯学習まちづくりに取り組むユニークな活動で注目されています。曽於市は特に、全国に先駆けて「創年のまち」を宣言したことで、創年活動において、あっという間に全国に知られる都市になったようです。令和6年3月には創年都市宣言大会の開催など、市民主体のまちづくりの姿を全国に示すことが期待されています。

テーマは「絆」

　「このコロナ禍の3年間、大会が開催できなったので、開催の際は『絆』を強調したいですね」大田理事長が言っていましたが、まったく同感です。「絆」をテーマに、集まりたくなるイベントが今こそ必要です。市民が主役ということを実感してほしい、とまち研に関わった皆さんのメッセージを見て思いました。

・健康と食と学びのまち

　大田理事長は、学びと食は関連が深く、過去にも取り上げていないことから、具体的な研究の必要がある、と考えています。絆をテーマにし、全国で活躍中の仕掛け人たちが一堂に集まり、「食」を中心とし、全国各地で取り組みが見られる「創年活動」を通して、高齢社会の課題に取り組みたいとし、学び・つなげることを提唱しています。

次代のリーダーを待ち望む

　学びつなげることは、筆者のこれまでの生き方そのものでもあったと思います。それは誰であろうと続けていくべきことであり、後継者としてのリーダーが現れることを誰よりも強く願っているのです。そのために、指導者養成を狙った学習機会の提供などをしなければなりません。啓発事業としてのイベント、大会にリーダーがいつの間にか出現することもあります。懇親会も重要です。

　近隣の仲間と集い、学び、語り合う、生きがいと地域活性化に貢献する創年会員を募り、組織化するという意見もあります。地区ごとに創年組織がそれぞれ活動し、それらが大同団結することによって、高齢社会の活性化に役立てようと企図するものです。そのために、事業として、会員の研修ではブロックレベルの研修会、大会等の開催、指導者養成講座の実施、中央研修、会員の実践・研究成果の発表、機関誌・広報の発行、海外研修視察など、会員の相互交流に関する事業を実施することも必要でしょう。

国際交流の見直し

　国際交流についても、ささやかな体験ですが実践してきました。これからはアジア諸国が生涯学習に傾注する中、あらためて考える必要を感じます。韓国、中国において生涯学習、まちづくり、創年にかかる研修や活動などが伝わり、国の特色を生かした活動が見られます。もちろん日本のまち研にならったものもあるようです。

　日中、日韓の国際関係が悪化したこともあって、交流が行われる機会が遠ざかってしまいました。今後、関係が良好に回復すれば、まち研との交流も生まれる条件は整っているといってもよいでしょう。多くの関係者に経験してほしいと思います。

＊

　筆者にとっては、人生の半分近くをまち研に関わり、寝ても覚めても常にまち研が生活の大きな部分を示していたような気がします。まち研とともに生きてきて、そこでの出会いはまさに人生の糧になっています。こうして35年以上、地域づくり、ふるさとづくりを標榜しつつ、国をはじめ、県市町村それぞれの立場で関わったというのは、奇跡に近いほど恵まれていたと思います。好きな仕事が趣味であったと思いますし、多くの人々とかかわったことは、何よりもましてよい人生だったとしか言えません。

　気が付けば、私が常に最年長ということになっているようです。言い換えれば高齢者になっているということです。いまもまだやりたいことは山ほどありますが、残り少ない寿命の中で、関わった市町村とともにまちづくり研究大会を復活させたいと夢があります。その楽しさ、面白さを皆さんに味わっていただきたいし、関わる体験を深めていただきたいと思うのです。引き時を考える自分と、生涯現役を説いてきた自分への責任の間で、いまだに自問、すべてに回答した経験もない自分に失笑するしかありません。多くの迷惑をかけて生きてきたことを自覚しつつ、残る人生を皆さんにお返しする生き方に切り替えているはずですが、まだまだともに見守ってほしいと願うばかりです。(完)

編集後記

　全国生涯学習まちづくり協会の35年の思い出をたどる本誌編集で、楽しい時を過ごしました。筆者が35年間に、まち研・自治体に関与した案件は2700件を超えています。それらの記録やメモを中心に本記念誌をまとめたものです。

　まち研で関わった、あるいはともに活動した仲間の顔を思い出しながら、当時の風景をよみがえらせることが度々でした。なんと素晴らしい多くの仲間に支えられてきたのかと、あらためて思います。素晴らしい先輩、後輩、かつてのゼミの学生たちなど刺激的で最高の人々でした。わが生涯で、もう二度と会えないかもしれないことも意識していました。

　多くの自治体を訪問できたことは、筆者の人生における宝ものと言ってもよいものです。各地で出会ったサプライズ、イベントや、事件は、そのまま小説にでもなりそうなものが少なくありません。いずれも感謝しかありません。

　本誌の編集にあたっては、単に記録誌としてだけでなく、出来れば読んでいただく本にしたいと願って、年度ごとに特色が浮かぶように記してみました。

　筆者は、平成29（2017）年に大病を患い、年齢とともに体力に自信を失い、いつ倒れてもおかしくないという心境になっていました。本誌が遺作になるという自覚で書き上げました。35年のまち研の記録も、誰かが書かなければ消えてしまうという思いだけでした。自ら書きながら、命を蘇らせたような気がします。できればあの時に会ったあの人たちと、あのまちに行ってとか、夢見ながら資料を読み、楽しみながら書き続け完成させたものです。そんな時、仲間から寄せられた寄稿文が、最高の栄養剤であり、元気をいただいたものでした。寄稿文について筆者に係る感想がかなりありましたが、原文を尊重して、関連部分、年代に則して掲載しました。それぞれの執筆者が愛情をもって思い出し、書いてくださっています。いつか時間があれば、自分が関わった「まち研」や、その時代にはあっても消えてしまったことなど、読者の皆さんが加筆していただければと希みます。そして、活動が続けばさらに最幸です。

　なお、記録写真や新聞記事等もかなりあり、本誌では、ただ原稿に集中するあまり写真の使用が不十分です。これらは別冊の記録集に編集することを検討します。

　末尾ながら、本誌作成に多大な支援をいただいた大田理事長をはじめ東京創作出版の永島代表、まち研にかかわっていただいた皆様に、心から感謝いたします。本誌を活用し、コーヒーでも飲みながら思い出を語り合う機会に役立てる資料としても活用していただきたいと思います。

令和6年11月

編者　福留　強

本誌に登場した方々 50音順

あ 愛沢伸雄　166,170,187
　　相原富子　234
　　青沼滋喜　124
　　青木早枝子　191
　　青木　繁　167,187
　　青木宣人　115,144
　　青木八重子
　　明石要一　220
　　赤坂喜美　202
　　赤崎龍三郎　184
　　赤松　安　33
　　秋山周三
　　秋山　仁　187
　　秋篠宮殿下　51,54
　　浅岡　裕
　　浅香光代　46
　　朝倉文雄　131
　　浅野幸江　157
　　麻生太郎　196
　　足立宏之　39,61,66,98
　　東ちづる　62,128
　　渥美省一　61
　　渥美　治　196
　　阿比留綾
　　荒谷信子　97 131,238
　　荒平安治　154,179,180,181,182
　　有馬照子　110,124,153,157
　　有馬照子　182
　　有村佳子　186
い　猪狩和代　133
　　五十嵐進　202
　　池田千鶴　49
　　池田明美　34,49
　　池田秀男　115
　　池田恵美子　166,170,183,187,213,234,238
　　池田秀男　115
　　石原慎太郎　100
　　石井吉幸　66
　　石ノ森章太郎　35
　　石塚英彦　187
　　石塚一美　223
　　石垣裕子　125
　　石田直裕　204
　　石川房子　125
　　石川尚剛　142
　　石川雅史　234
　　市川なおみ　35
　　市田ひろみ　46,196,197
　　伊東佳雄　99
　　稲垣美穂子　45,112,113,220,231
　　猪爪範子　86
　　今西幸蔵　7,16,17,36,39,79,96,97,
　　　　　　　102,105,110,122

　　今村文雄　67
　　今吉直樹　272
　　猪山勝利　61
　　岩崎恭子　47
　　岩崎宏美　49
　　岩田美紀　230,231,242,250
　　岩橋恵子　95,112,238
　　岩見和文　120
　　岩根賢二　182
う　上野寿洋　271
　　上野通子
　　臼井真美　221,238
　　内田州昭　86
　　内田晴代　102,117,147
　　内田忠平　120
　　梅戸勝恵　61
　　占部延行　79
え　永　六輔　61,69
　　江島通子　102
　　榎木孝明　94
　　江里口充　78,81,82,83,112,228
　　遠藤　登　120
　　遠藤　忠　195
お　大田順子　7,8,9,13-20,213,230,233,234,
　　　　　　　248,250,262,272,276-280,282
　　太田俊明　245
　　大内　梓　185
　　大江健三郎　133
　　大久保寛子　93,133,140
　　大場満郎　124
　　大石忠亨
　　大槻達也　169
　　岡　宏子　65
　　岡田隆史　61,64,89,124,131
　　岡本　薫
　　岡本　仁　33,34
　　岡本包治　39,45,61,82,99,138,267
　　岡部正英　233,234
　　岡野義広　224,235
　　小笠原カオル　124
　　岡林節子　133
　　小川健吾　99
　　小川誠次　168,200,202,238
　　小木曽洋二　209
　　沖山サト　238
　　奥沢義雄　197
　　小澤芳子　39,48,61,97,110,125,150
　　小倉　満　115
　　小倉永人　270
　　小椋　佳　46,63
　　小野碩鳳　205
　　小野宗昭　124
　　大野達郎　131
　　小原知加　125,131
　　大渕麻衣子　77
か　海部俊樹　34,107,108,109
　　垣渕ひろ子　121,134

283

桂川孝裕
加藤由美子　64
金子美奈子　161
金丸弘美　199
金山康博　152
金沢　昭　202
金見靖子　255,258
加納雅裕　182
上地克明　250
神谷明宏　187
鎌倉敏夫　102
鎌田善政　48,188,189,226,265,227
蒲田　仁　223
上条秀元　53,61,138
上月正博　214
鴨志田隆
仮屋　茂　230,236
川上茂次　144,229
川上哲治　46
川田裕子　103
川並弘昭　92,140
川並香順　187
川村和男　265,272
川本寿信　252
神田北陽　89,91
菅　直人　207
菅野洋樹　214
き　菊川律子　61
木田　宏　67
北村節子　145,161,185
君原健二　87
木村幸一　71,174,175
木村清一　61,103
北島　亨　64
清原桂子
金　得永　147,156,190,214,217
岸　祐司　117
く　工藤日出夫　78,96,110,132,266,267
工藤忠継　192
国松治男　99
栗原　薫　140
栗山裕子　241
藏田義雄　197
倉上豊治　194
黒羽亮一　67
黒木直子　103
熊谷嘉子　35
黒田成彦　228
久保公人　156,157
久米　宏　62,207
け　毛塚古太郎　112
見城美枝子　43
劔持英子　221
こ　小泉純一郎　116,145,149,227
小泉　朋　221
小泉恵子　168
小出昭一郎　47

五位塚剛　166,226,265,268,269
河野尚仁　273
小窪久美子　154,180,181,238
小坂泰久　224,242,250
小坂郁夫　115
郷田美紀子　264
古口紀夫　198
小島清美　44,77
小菅千鶴　184
小玉文吾　170
小谷和浩　240
小林順子　125
小林紀子　34
古葉竹識　152
駒井昭雄　202
胡摩ヶ野千穂　268
小松清吾　270
小松むつ子　96
小山忠弘　10,17,105,114,133,199
今野公司　199
今野雅裕　144
近　総子　125
近藤太一　175
近藤孝子　228
近藤真司
近藤信夫　109
近藤義昭　124
さ　斎藤　綾　119
斎藤泰淳　44
齋藤広子　258
齊藤ゆか　16,138,139,238
斎藤夕子　152
斎藤征義　114
三枝武人　131
坂井茂子
榊原恒司　103,223
坂口錫香　125
坂本明子
坂本祐之輔　142
坂元裕樹　273
坂田真由美　49,67
坂本裕一郎　182
﨑田恭平　240
櫻井よう子　185
酒匂景二　154,181
佐々木昭雄　107
佐々木教道　212
佐々木誠　213
佐々木龍　156,157,223
佐々木英和　187,194
佐藤仁一　112,120
佐藤茂男　165,240
佐藤理恵　40
佐藤良一
佐藤良子　208,210,211,221,228,230,238
里見朋香
里見親幸　34,49,50,52,110

讃岐幸治　41,61,99,105,113,129,157
鮫島真弓　230,231,238,241,242,243,250,
　　　　　251,258,264,265,266,272
澤田小百合　56
沢　環　238,261,265
し　椎川　忍　211
　　椎窓　猛　229
　　塩井川公子　238,272
　　塩崎千恵子　61
　　塩見みづ枝　211,221
　　重岡梨栄子　103
　　紫竹ゆう子　188
　　島崎裕美　89,91,102
　　島田恭子　195
　　島田燁子　120
　　島津晴久　195
　　島村善行　250,253
　　柴山能彦　53
　　芝内健治　183
　　清水成真　270
　　清水菜穂子　63,67
　　清水英男　13,17,104,134,138,159,170,178,
　　　　　187,191,195,198,204,220,221,230,234
　　下豊留佳奈　265
　　下平晴行　9,154,181,265,273,280
　　ジェルピ　127,128,147
　　白澤嘉宏　194
　　白滝一紀　131
　　庄司幸雄　158
　　榛村純一　98,105,111~115,120,130,144,229
　　新川ひろ子　103
　　白浜　信　144
す　鈴木真理　20,46,61,99,117
　　鈴木妯雄　52,61
　　鈴木敏江　86
　　鈴木俊夫　188
　　鈴木武昭　89
　　鈴木麻里子　221
　　鈴木春夫　66
　　鈴木郁夫　188
　　鈴木博志　204
　　杉尾通浩　228
　　杉浦健太郎　222,223
　　杉村美恵　61,68,89,109,110,120,126,158
　　杉山信行　78,81
　　須藤　聡　194
せ　関口百合子
　　関　福生　117,157
　　芹　洋子　41,53,261
そ　染谷　晃　165
た　平良千賀子　134
　　高杉良知　122
　　高塚加代子　66,238
　　高橋あさ子　188
　　高橋一清　58
　　高橋寛人　120
　　高橋正夫　109,133,199,222

高橋由一　214
滝田一美　66
滝本豊文　192
竹内絵美　56
竹中　貢　37,62,63,87,110,112,131,157,222
多湖世依子　80
多湖かず子　80
多田幸子　50,55,59,61,87,99,110
立柳　聡　124
辰巳琢郎　135
田島健夫　179
田中温子　155,191,230,242,243
田中久美子　115
田中壮一郎　220
田中英夫　102,130
田中　宏　89
田中靖子　202
田中理沙　240
田中祐典　202
田中美子　61
谷岡経津子　117,130,238
谷一文子　265
谷　和樹　204
谷口瑞穂　235
谷口義久　38,40,53,96,98,99
田畑哲彦　184
玉水寿清　86
田渕久美子　221
團伊玖磨　47
ち　崔云實（チェウンシル）　157,214,215
　　千葉千賀　134
　　千葉紘子　133,134
　　千代忠央　132,144
　　沈　壽官　12
つ　塚本哲人　53
　　津川雅彦　36,43,46
　　葛原生子　197
　　津留信子　265
　　角替弘志　61
　　坪内ミキ子　45,46,48,62,68,81,99,194
　　坪倉ゆかり　75
　　坪田知宏
　　鶴迫京子　182
　　鶴田美奈子　250
　　鶴見美穂子　134
て　寺脇　研　34,92,97,99,143
と　土井克也　205,228
　　土井裕子　49,61
　　東郷恵子　182
　　冨樫　透　270
　　戸川昌子　45
　　徳光和夫　184
　　富岡賢治　92,98,105
　　富田川チカ子　226
　　友塚陽一
　　豊重哲郎　211
　　豊村綾子　140

285

豊村泰彦　48,49,59,66,110

な　永池榮吉　41,42,61,98,99,109,157,184,192,233
中石誠子　46
永井久善
長江曜子　168,221,238
中奥良則　102,110
中川司気大　48
中川　順　67
中川保敬　228
永島　静　13,16,20,235,272,282
永田菊四郎　229
永田生滋　58
那須淳一　222
中島義治　102
中島美奈子　144
長濱暁子　252
中田　実　209
中田智之　40,113
中司　宏　132
夏秋英房　158,161
長野文昭　117
中溝式子　89,191
中村哲夫　66
中村利之　122
中村正志　88,122
中村正之　53
中谷健太郎　45
名取はにわ　168
成田賀寿代　238
南部長子　144

に　西川京子
西川佳克　34
西川万文　53
二宮　至　45,198
二宮伸司　250
西村美東士　17,49,53,96,138,161,220
西村史子　122
西舘好子　191,237
西田敏行　43

ぬ　沼崎千絵子　140

ね　ねじめ正一　184

の　野口晃一郎　80,146,230
野田一夫　47
野田国義　81,112,131
野田佳彦　207
野村紘一　268

は　朴　恵淑　115
朴　權恵　219
羽柴誠三秀吉　109,118
橋本幸恵　140
橋本由美
長谷川岳　93,130
長谷川きよみ　118,165,178,228,238,271
長谷川幸介　16,17,105,185,254
羽田野昭一郎　131
秦　靖枝　185,191
鳩山由紀夫　196

花田紀子　159
花柳千代　33,34,99
馬場淳次　112
原口　泉　12,31,105,154,155,180,181,186,
195,221,230,265
林口　彰　144
林田恒正　130,144

ひ　東灘邦次　161
久次弘子　134,150,169,238
平尾昌晃　46,184
平田隆義　170
平地佐代子　56
平野　仁　33,34,99,114
平林正吉　191
広崎紀子　198
蛭田道春　53,138
日山　篤　202
樋渡真樹　270
樋渡真理子　48

ふ　深谷じゅん　198
福井善朗　196
福岡セツ子　182
福岡裕子　133
福島健郎　114
福田智穂　221
福田正弘　40
福田康夫　145,186
福田裕生　273
福留治郎　119
福留伸宏　182
福留陽一郎　67,119,157
藤尾味記子（マリア味記子）　134,158,
藤波　彰　58,59,61,66,74,89,98,99,105,
109-111,113,124,132,133,267
藤野公之　233
藤野千恵子　133
舟木幸一　85,86
船村　徹　184
麓　宏吉　103,118,271
古市勝也　17,53,76,105,246
古川恵子　67
古蘭清一　270

ほ　穂坂邦夫　145
保坂展人　61
細見幸千代
堀内邦満　136
堀口貴恵子　238
本田香織　191
本田修一　189,211
本沢俊太郎　53

ま　前沢恵子　134
前田終止　178,186,240
前田房穂　198
前野　徹　62
前原徳雄　211
真壁静夫　47,120,131
馬飼野康二　53

真砂充敏　223
益子直美　112
斑目力曠　120,131
町　陽子　113,117
松井守男　250,276
松浦　剛　272
松浦弘幸　270
松田妙子　41
松田秀樹　161
松澤利行　58,73,110,112,124,158,186,230
松下倶子　17,34,39,48,50,53,61,99,102,105,
　　　　　110,134,138,170,183,198,230,233,238
松村和順　212,234
松本洋子　156
松本義武　182
真鍋　博　99
丸山幸子　119
丸山英子　161
万尾佳奈子　191
政所利子　132,133,134

み　三浦清一郎　45,61,66,114
　　三上禮子　114,133
　　御厩裕司　192
　　美沙恒七　170
　　三島恒治　115
　　水沢豊子　117
　　三ツ木清隆　231
　　三屋裕子　112
　　宮坂広作　66
　　宮崎　緑　180,186,189
　　宮地ゆかり　65
　　三山元瑛　130
　　宮本初枝　245
　　宮本英輔　130
　　明神宏和　98

む　向山洋一　97,204
　　牟田悌三　46,54
　　村下亜梨沙　265
　　村田　昇　61
　　村山隆征　89
　　村上勝行　261

も　茂木久子　125
　　望月　彩　119
　　本宮寛子　54
　　森　英恵　46
　　森　喜朗　107,116
　　森ミドリ　43,63
　　森部真由美　144
　　森本精造　112
　　森山輝男
　　諸留泰子　268

や　八重樫（丸屋）沙樹子　140
　　八城良美　152
　　安川　博　186
　　安田育代　34
　　安田憲子　63,67
　　安原一樹　97,102

矢野　学　98,99
矢野大和　134
矢吹正徳　122
山之内秀雄　268
山内道雄　219,240
山縣由美子　265
山木義明　202
山口庸子　94,95,134
山口あかり　53
山口　麗　196
山口　謙　102
山口考子
山口幸子　235
山口達夫　119
山崎繁雄　130,131
山崎丈夫　209
山崎捷子　158,230
山崎元靖　102
山路進朗　134
山下時子　182
山下真由美　183,191
山田小百合　169
山田輝雄　143
山田知子　238
山田まゆみ　95,264
山田美也子　89
山野忠彦　50
山本　學　58,73,109,111,231,251
山本邦彦　270
山本達也　270
山本恒夫

ゆ　結城光夫　128
　　湯上二郎
　　湯元敏浩　271

よ　養老孟司　249,250,276
　　横尾俊彦　112,114,214,240
　　吉岡絹枝　183
　　吉岡庭二郎　85
　　吉田一志　223
　　吉田　康　62,165
　　吉村由美子　49,198
　　義本博司　120
　　吉元弥生　265
　　米倉　智　115
　　米森瑞恵　271

ら　ラングラン　26,127

り　李在晩　214

わ　若盛正城　152
　　渡部一清
　　渡部　徹　150
　　渡部義雄　124
　　渡瀬恒彦　43,46
　　渡辺恵一　133
　　渡辺博史　99
　　渡辺真知子　250,276

287

監修
大田 順子
学校法人緑ヶ丘学院理事長、神奈川歯科大学社会歯科学講座講師、東京電機大学国際サイバーセキュリティ開発委員、神奈川県日本赤十字紺綬有功会監事、全国生涯学習まちづくり協会理事長、一般社団法人 CSSR 代表理事、アポロニア株式会社代表取締役、歯学博士。70 代で大学院、博士課程に挑戦するなど生涯学習実践の第一人者といわれる。著書に「まちを創る青少年」（福留強 共著・東京創作出版）、「よこすかの花」（東京創作出版）、他

著者
福留　強
聖徳大学名誉教授、内閣府地域活性化伝道師、社団法人全国元気まち研究会理事長、全国生涯学習市町村協議会世話人、国立社会教育研修所主任専門職員、文部省生涯学習局社会教育官、等を経て、九州女子大学教授、聖徳大学教授・同生涯学習研究所長、事業構想大学院大学客員教授。全国生涯学習まちづくり研究会（のちに NPO）を設立、30 年間理事長として活動。自治体の生涯学習、まちづくり関連の役職等も多く、関与した自治体 1,070。著書に「いまこそ市民改革を〜生涯学習時代の生き方」（文芸社）、「子どもの心を育てる」（日常出版）、「市民が主役のまちづくり」（全日本社会教育連合会）、「生涯学習まちづくりの方法」（日常出版）、「子ほめ条例のまちは変わるのか」（イザラ書房）、「創年のススメ」（ぎょうせい）、「もてなしの習慣〜みんなで観光まちづくり」（悠雲社）、「図書館がまちを変える」（東京創作出版）、「わくわく創年時代」（東京創作出版）、「まちを創る青少年」（東京創作出版）、他

表紙絵：多湖世依子（1971 〜 2003）
全国生涯まちづくり研究会会員　童画作家　多くの遺作から毎年カレンダーを発表。表紙絵は 2021 年「よりんこカレンダー 5 月」の作品より

全国生涯学習まちづくり協会 35 周年記念誌

生涯学習時代のまちづくり　ニッポン学びの花

2024 年 11 月 20 日 発行　　　　　　　　　　定価：本体 2,000 円＋税

監　修	大田 順子
著　者	福留　強
発行者	全国生涯学習まちづくり協会
発行所	東京創作出版
	〒271-0082 千葉県松戸市二十世紀が丘戸山町 53-1
	Tel/Fax　047-391-3685
	http://www.sosaku.info/

装画・多湖世依子／装丁・板橋真子／印刷製本・モリモト印刷

© 2024 printed in Japan　ISBN 978-4-903927-41-1